W0105107

Otto Wassermann

Das intelligente Unternehmen

Springer

Berlin
Heidelberg
New York
Barcelona
Budapest
Hongkong
London
Mailand
Paris
Singapur
Tokio

Otto Wassermann

Das intelligente Unternehmen

Mit der Wassermann-Philosophie
den globalen Wettbewerb gewinnen

3., überarbeitete und erweiterte Auflage
mit 74 Abbildungen

 Springer

Dipl.-Ing. Otto Wassermann
Wassermann AG
Unternehmensberatung
Westendstraße 195
80686 München

ISBN 3-540-64856-9 Springer-Verlag Berlin Heidelberg New York

Die deutsche Bibliothek - CIP-Einheitsaufnahme

Wassermann, Otto:
Das intelligente Unternehmen : mit der Wassermann-Philosophie den globalen Wettbewerb gewin-
nen / Otto Wassermann. -3. Aufl.- Berlin ; Heidelberg ; New York ; Barcelona ; Budapest ; Hongkong ;
London ; Mailand ; Paris ; Singapur : Springer, 1999
  ISBN 3-540-64856-9

Satz: Reproduktionsfertige Vorlage des Autors
Umschlaggestaltung: heller & partner, München

SPIN: 10689597   68/3020 - 5 4 3 2 1 0 - Gedruckt auf säurefreiem Papier

Vorwort des Verfassers

Verehrte Leserin, verehrter Leser,

Sie tragen Verantwortung in einem Industrie-Unternehmen? Dann kennen Sie sicher viele Möglichkeiten, die Lukrativität und Attraktivität Ihres Unternehmens für Ihre Mitarbeiter, Kunden, Lieferanten und Kapitalgeber zu erhöhen.

Wenn Sie dieses Buch lesen, werden Sie zusätzliche, ganz neue Chancen entdecken. Und Sie werden erkennen, wie Sie diese in der Praxis realisieren können.

Sie stehen noch nicht in Verantwortung? Sie studieren noch oder sind aus anderen Gründen an diesem Thema interessiert? Dann haben Sie die großartige Chance, frei von herrschenden Paradigmen höchst intelligente, der reinen Logik folgende Wege zur positiven Entwicklung von Industrie-Unternehmen zu erkennen.

Verehrte Leserin, verehrter Leser, bitte versetzen Sie sich für das Studium dieses Buches ab sofort in die Rolle eines Unternehmensführers (Unternehmer, Vorstand, Geschäftsführer). In dieser Funktion werde ich Sie in diesem Buch ansprechen. Das macht es mir möglich, offensiv und erfrischend zu formulieren. Dadurch wird der Stoff lebendiger. Sie lesen mit mehr Spaß und Effizienz.

Sie werden neue Möglichkeiten entdecken, Ihre Erträge zu erhöhen und Ihren Kunden viel bessere logistische Leistungen anzubieten. Ihre Welt, wie Sie Ihre Kundenaufträge und Ihren Materialfluß inkl. Produktion planen, disponieren, steuern und stets pünktlich liefern wollen, wird eine andere sein.

Sie werden erkennen, wie Sie Ihr Unternehmen rückstands- und engpaßfrei - also absolut termintreu - sowie verschwendungsarm mit sehr kurzen Durchlaufzeiten logistisch an die Spitze Ihrer Branche bringen können.

Zu dem Buchtitel: Als juristische Person kann ein Unternehmen natürlich nicht intelligent sein. Sehr wohl kann ein Unternehmen von intelligenten, mutigen und jung gebliebenen Unternehmern geführt werden. Dieses meine ich mit dem 'Intelligenten Unternehmen'.

Genau diese intelligenten Unternehmer - glücklicherweise gibt es sie in allen Hierarchie-Ebenen - will ich mit diesem Buch für einen längst fälligen Paradigmenwechsel gewinnen.

Dieses Buch beschreibt einfache, logische Methoden einer äußerst erfolgreichen Gesamtphilosophie. Diese bewirken nicht nur erstaunliche Ertragssprünge, sondern sie verändern auch die Unternehmenskultur.

Diesen Weg sind bisher mehr als 60 Industrieunternehmen (mit einem Jahresumsatz zwischen 10 und 500 Millionen Euro) gegangen. Sie erzielten dabei bereits innerhalb des ersten Jahres Ertragsverbesserungen, die von den Unternehmensführern vorher nicht für möglich gehalten wurden.

Die Attraktivität dieser intelligenten Unternehmen auf Mitarbeiter, Kunden, Lieferanten und andere Partner sowie für Investoren nahm stets sprunghaft zu.

Nach fast 20 Jahren begrenzter Erfolge mit dem Einsatz von PPS-Systemen (EDV-Systeme zur Produktionsplanung und -steuerung) kam mir die Idee zu dieser Philosophie. Das führte 1984 zur Gründung der Wassermann Unternehmensberatung AG in München.

Seitdem entwickeln wir - inzwischen (1998) über 40 Mitarbeiter - diese Philosophie ständig weiter. Aus der praktischen Tätigkeit bei unseren Klienten gewinnen wir dafür wertvolle Initiativen zur ständigen Weiterentwicklung.

Diese Philosophie wurde bisher ausschließlich in Industrie-Unternehmen realisiert. Die verblüffend einfache Logik und erste Studien zeigen, daß in anderen Branchen oder gar Verwaltungen dieselben Erfolge möglich sind. Voraussetzung ist lediglich, daß die von diesen Unternehmen zu erbringenden Leistungen beschreibbar sind.

In unseren Arbeiten am Thema 'Supply Chain Management' haben wir z.B. festgestellt, daß die von Dienstleistern - früher Speditionen - heute zu erbringenden Leistungen durchaus mit einem Produktionsbetrieb vergleichbar sind und deswegen analog gesteuert werden können. Damit ist die Planung, Disposition und Steuerung unternehmensübergreifender Prozeßketten mit <u>einer</u> einheitlichen Philosophie möglich.

Das Buch wird Ihnen zeigen, wie neue, der reinen Logik folgende Ideen praktisch umgesetzt und die gesamte Unternehmensorganisation auf eine konsequent markt- und ertragsorientierte Leistungserbringung ausgerichtet werden kann. Jede beschriebene Idee ist in der Praxis so oft erfolgreich realisiert, daß ihr Funktionieren gesichert ist.

Dieses Buch setzt Ihre Bereitschaft voraus, unvoreingenommen neue, erprobte Lösungswege konstruktiv auf sich wirken zu lassen. Sie werden dabei - wegen der zunächst unglaublich erscheinenden Erfolge - gelegentlich mit Skepsis reagieren.

Das kenne und verstehe ich gut. Prüfen Sie dann, ob Sie einen Bruch in der beschriebenen Logik der zwangsläufig eintretenden Erfolge finden. Das wird Ihnen nicht gelingen. Aber Achtung! Ihre Paradigmen - das, was sie gewohnt sind zu denken und zu tun - werden versuchen Sie daran zu hindern, vorbehaltlos neue Wege konstruktiv nachzuvollziehen oder gar zu gehen. Aber es gilt:

**Wer neue Wege geht
entdeckt Chancen,
die seine Mitbewerber
nicht sehen können.**

Sie stehen mitten in einem sich fortwährend beschleunigenden weltweiten Veränderungsprozeß. Vieles von dem, was gestern noch als unumstößlich galt, erweist sich heute als überholt, oft sogar als gefährlich. Denken Sie etwa an die hochintegrierten, äußerst komplexen und in der betriebswirtschaftlichen Logik längst überholten EDV-gestützten Produktionsplanungs- und Steuerungssysteme (PPS).

Dieses Buch beschreibt, wie Sie mit einem anderen Paradigma viel schneller und sicherer z.B. folgende Ergebnisse erreichen werden:

- Sie werden die Liefertermine, die Sie Ihrem Kunden zugesagt haben, einhalten.
- Sie werden schneller liefern können als Ihre Mitbewerber.
- Die Qualität Ihrer Leistungen wird ständig weiter zunehmen.
- Ihre Kapitalbindung in Vorräten wird sich auf ein von Ihnen vorbestimmtes Niveau entwickeln.
- Ihre Gemeinkosten werden um mindestens 20 % sinken.
- Ihre Produktivität wird um deutlich mehr als 20 % steigen.
- Ihre neuen Produkte werden schneller auf dem Markt sein.
- Sie werden eine Software-Landschaft haben, die Ihre Kosten wert ist und die Sie im Wettbewerb flexibel hält.
- Sie werden eine Unternehmenskultur haben, die Ihre Mitbewerber das Fürchten lehrt.

Dieses alles und noch mehr wird eintreten, wenn Sie den Mut aufbringen, alte Zöpfe abzuschneiden und der in diesem Buch beschriebenen Philosophie konsequent zu folgen.

Dieses Buch enthält eine Kurzfassung für den eiligen Leser. Zum Vertiefen der einzelnen Themen finden Sie über das Inhalts- oder Stichwortverzeichnis mühelos jenes Kapitel, in dem Sie sich detailliert informieren können. Dort wiederum werden Sie immer wieder Beispiele aus der Praxis entdecken. Diese sollen Ihnen praktische Chancen aufzeigen, aber auch die programmierten Folgen von Fehlverhalten verdeutlichen.

Damit Sie den größtmöglichen Nutzen aus diesem Buch ziehen, bitte ich Sie, alle Vorurteile beiseite zu legen, einschlägige Erfahrungen zu vergessen und alles negative Denken aus Ihrem Kopf zu verbannen. Dann werden Sie viel Freude an diesem Buch haben und ganz sicher viele wertvolle Anregungen daraus gewinnen.

Abschließend möchte ich allen Menschen herzlich danken, die uns bei dem Durchsetzen dieser wertvollen Philosophie unterstützt haben.

Ich danke meiner Frau, die trotz vieler Anfangsenttäuschungen immer fest an den Erfolg dieser Philosophie geglaubt und mir stets Mut gemacht hat.

Ich danke unseren Klienten und Mitarbeitern, die mit ihrer Begeisterungsfähigkeit, ihrem Mut und ihrer Energie entscheidend dazu beigetragen haben, die in diesem Buch beschriebene Philosophie mit ihren erstaunlichen Erfolgen zu realisieren.

Ich danke unseren Damen, Frau Claudia Hans und Frau Silke Kossyk für die enorme Arbeit, so ein Buch technisch zu erstellen.

Ihnen allen danke ich sehr. Sie haben mir geholfen zu beweisen, daß es sich lohnt, eine unserer Kultur entsprechende Philosophie des Vertrauens in die Leistungsbereitschaft der Menschen und der reinen Logik zum Erfolg zu führen.

München, im Oktober 1998   Otto Wassermann

Inhaltsverzeichnis

1   Kurzfassung für den eiligen Leser

Die Wassermann-Philosophie greift in jedem Unternehmen, das seine zu erbringende Leistungsprozesse (z.B. Auftrags- und Materialdurchlauf) beschreiben
kann.

Realisiert ist sie bisher u.a. in den Branchen Maschinen- und Anlagenbau, Auto-
mobilzulieferer, Geräte-, Leuchten-, Installations- und Konsumgüter-Hersteller
sowie chemische und pharmazeutische Unternehmen.

1.1   Quintessenz der Philosophie

Sie folgt zwei genialen betriebswirtschaftlichen Axiomen:
- Dem Ökonomischen Prinzip
- Der 20/80-Regel

Das Ökonomische Prinzip:

Jenes Unternehmen macht aus sich heraus den größtmöglichen Ertrag, dem es am
besten gelingt, seine Ressourcenbedarfe niedrig zu halten und die tatsächlich benötigten Ressourcen kostengünstig termingerecht bereitzustellen:

- Nicht zu wenig oder zu spät, das führt zu Engpässen. Die führen zu Rückständen und töten die Termintreue und Erträge.
- Nicht zu viel oder zu früh, das ist Verschwendung und damit Ertragsverlust.

Ein Unternehmen, das diesem Anspruch gerecht wird, ist jedem anders organisierten Wettbewerber - gleiches Leistungsangebot vorausgesetzt - in Ertrag und
Kundenorientierung weit überlegen.

Die 20/80-Regel (Abb. 1):

Mit wenigen zielorientierten Maßnahmen kann der Löwenanteil des theoretisch
erreichbaren Nutzens zügig realisiert werden.

Also haben wir einfache Methoden entwickelt, den Löwenanteil des im ökonomischen Prinzip verborgenen Nutzens zügig zu realisieren.

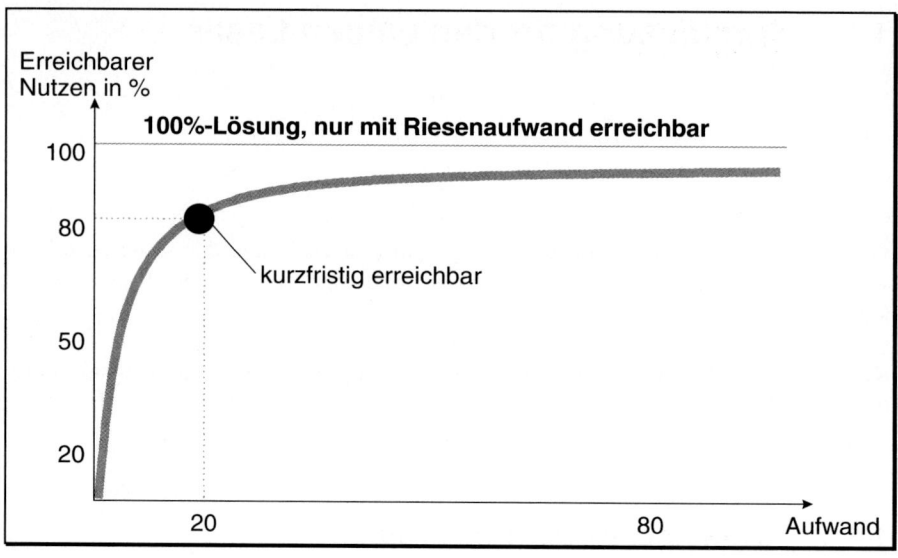

Abb. 1   Die 20/80-Regel

1.2   Was ist das Ziel eines Unternehmens?

**Das Unternehmen ist so entwickelt,
daß sein Angebot im Markt
dauerhaft begehrt ist und sich
der Ertrag stets positiv entwickelt.**

Dieses Buch beschreibt, wie die logistische Attraktivität und der Ertrag eines Industrie-Unternehmens nachhaltig erhöht werden können.

1.3   Das 'Intelligente Unternehmen'

**Darunter verstehen wir jenes Unternehmen,
welches mit geringstem Ressourceneinsatz
seine Ziele erreicht.**

Also jenes Unternehmen, welches konsequent das geniale ökonomische Prinzip realisiert, solange das Aufwand-/Nutzenverhältnis interessant bleibt.

1.4   Die Ertragspotentiale in Ihrem Leistungsprozeß

Die 20/80-Regel bestätigt sich auch darin, daß nur wenige Geschäftsprozesse in Ihrem Unternehmen ertrags- und kundenrelevant sind, z.B.:

- Die Angebotserstellung, z.B. im Anlagenbau
- Der Auftragsdurchlauf in allen Branchen
- Der Materialfluß in allen Branchen
- Der Weg von der Produktidee zur Serienreife

Die o.a. Prozesse laufen zwischen Ihrem Unternehmen, Ihren Kunden und Lieferanten. Diese Prozesse haben wir schematisch in einem Ypsilon dargestellt (Abb. 2)

- Der lange Y-Schenkel stellt den Materialfluß dar,
- der kurze Y-Schenkel steht für Auftragsbearbeitung inkl. Konstruktion und Arbeitsplanung und
- das „V" im oberen Y steht für den Durchlauf der Kundenaufträge.

Stellen Sie sich bitte dieses Ypsilon wie eine längs aufgeschnittene Pipeline vor. Sie erkennen, daß diese Pipeline aus einem durchgängig glatten Rohr besteht, also keine Engpässe und auch keine Überversorgungen mit Ressourcen (Menschen, Maschinen, Material, Werkzeuge, Vorrichtungen, Montage- und Lagerflächen,...) kennt.

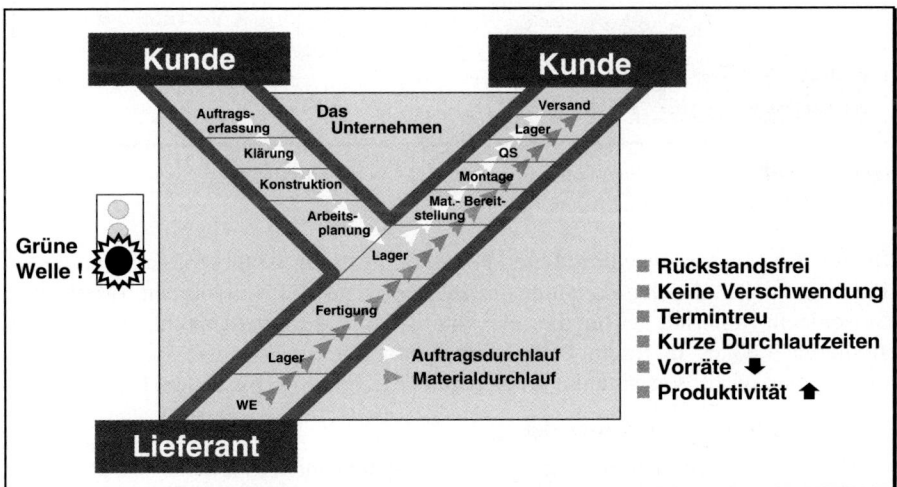

Abb. 2   Der Leistungsprozeß ohne Engpässe und Verschwendungen

Das Ökonomische Prinzip ist erfüllt.

Kundenaufträge, Materialien usw. fließen ungehindert, schnell und mit niedrigen Kosten durch dieses Unternehmen.

Wie sieht das Y Ihres Unternehmens aus?

Eher wie die Abb. 3, voller Engpässe und Verschwendungen? Diesen ertragsfressenden Zustand finden wir in allen Unternehmen. Bedenken Sie, das Y sieht abhängig von Auftragslage und Ressourcenversorgung an jedem künftigen Tag anders aus: Engpässe wandern, Verschwendungen sind überall. Welche Ertragspotentiale! Also ist klar:

**Im Leistungsprozeß (Y) verderben oder stärken
die Unternehmen ihren Ertrag.**

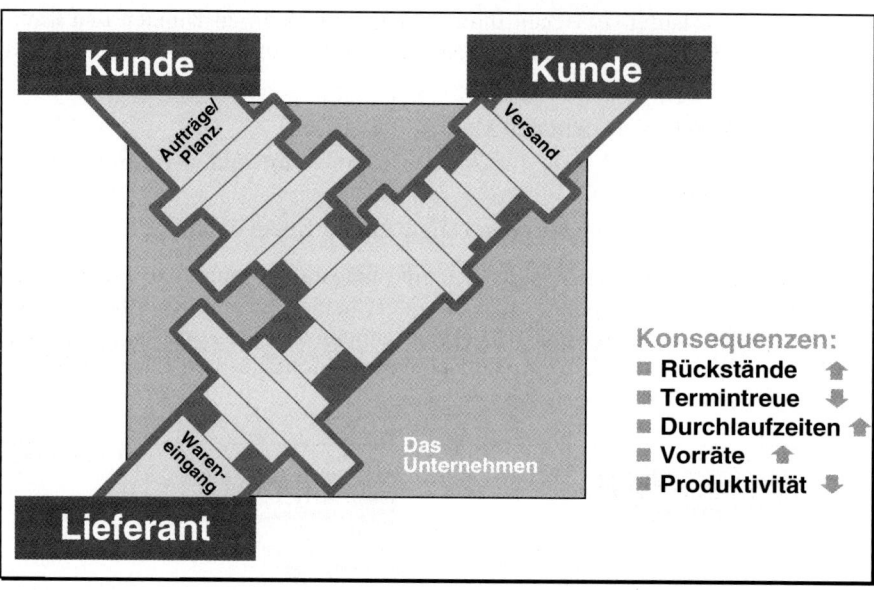

Abb. 3   Der Leistungsprozeß voller Engpässe und Überversorgungen

Stellen Sie sich vor, es würde Ihnen gelingen, in Ihrem Unternehmen - analog zur Pipeline - alle für den Leistungsprozeß notwendigen Ressourcen (Menschen, Maschinen, Material, ...) für die relevante Zukunft periodengerecht so zu dimensionieren, daß es in Ihrem Unternehmen keine Engpässe und Überkapazitäten mehr geben wird. Was sind die programmierten, höchst erfreulichen Ergebnisse:

⇒ Alle Rückstände verschwinden.

⇒ Alle durchzuführenden Vorgänge sind synchronisiert. Nichts wird zu früh fertig, nichts zu spät!

⇒ Die Termintreue steigt auf praktisch 100 %.

⇒ Der Steuerungsaufwand sinkt nachhaltig.

⇒ Kundentermine sind die einzige Priorität.

⇒ Die Produktivität macht einen Satz nach oben.

⇒ Viel kürzere Durchlaufzeiten.

Wußten Sie, daß weniger als 5 % Materialdurchlaufzeit ist, an der wertschöpfend gearbeitet wird? Über 95 % sind teure Liege- und Wartezeiten!

Stellen Sie sich vor, es würde Ihnen gelingen, das Verhältnis '5 % Wertschöpfung zu 95 % Liegezeit' in '10 % Wertschöpfung zu 90 % Liegezeit' zu ändern, was wären die systemimmanenten Konsequenzen?

⇒ Ihre Durchlaufzeiten halbieren sich, ebenso Ihre Lieferzeiten.

⇒ Am Markt sind Sie viel schneller und flexibler.

⇒ Der Bestand an aktiven Vorräten geht auf die Hälfte zurück.

⇒ Ihr Verkauf braucht viel weniger weit in die Zukunft Planzahlen zu schätzen. Das reduziert das Bestandsrisiko für Zukaufteile.

Das sind nur einige der vielen positiven Aspekte sinkender Durchlaufzeiten.

Perspektive:

Haben Sie erst einmal den Weg zur Reduzierung der Durchlaufzeiten gefunden, können Sie diese immer weiter verkürzen.

1.5 Ursachen der Engpässe und Verschwendungen im Leistungsprozeß

Glücklicherweise gibt es nur zwei relevante Ursachen. Beide können Sie, wenn Sie wollen, innerhalb weniger Wochen beseitigen.

Ursache 1:

> Diese ist die Antwort auf die Frage:
> „Wer in Ihrem Haus ist dafür verantwortlich, daß Ihre Aufträge, Vorräte und andere relevante Prozesse schnellstmöglich durch Ihr Unternehmen laufen?"

Fällt Ihnen dazu mehr als eine Stelle in Ihrem Unternehmen ein, bedeutet dieses einen klaren Verstoß gegen die Führungsregel:

Delegation von Verantwortung nur an eine Stelle!

Jetzt haben Sie bereits die erste der beiden Ursachen gefunden.

Ursache 2:

> **Wir sind blind** für das künftige Betriebs- und Versorgungsgeschehen, denn PPS-Systeme zeigen uns Engpässe, wo keine sind und Materialbedarfe zu falschen Terminen, solange irgendein Rückstand im PPS-System besteht.

Die termintreue Steuerung des Leistungsprozesses setzt voraus, daß

- alle in der Vergangenheit liegenden Aktivitäten bekannt sind, damit diese realisierbar für die Zukunft neu eingeplant werden können, ohne den Endtermin zu verschieben,
- alle jetzt erst erkennbaren drohenden Engpässe und Überversorgungen sicher identifiziert sind, damit sie, bevor sie wirken, beseitigt werden können.

Die Fragen nach der zweiten Ursache des Leistungsprozesses voller Engpässe und Verschwendungen lauten also:

1. Frage: **Wer in Ihrem Unternehmen kann schnell und sicher alle Zukaufteile und Arbeitsgänge identifizieren, die in der Vergangenheit liegen, also Rückstände darstellen?**

2. Frage: **Wer in Ihrem Unternehmen kann schnell und sicher die Arbeitsplätze identifizieren, bei denen wesentliche Engpässe drohen?**

Kann niemand in Ihrem Hause diese Antworten schnell und sicher geben, sind Rückstände, unerkannte Engpässe und damit Verzögerungen im Auftrags- und Vorratsdurchlauf programmiert.

Damit haben Sie die zweite Ursache langer Durchlaufzeiten identifiziert:

Ohne Rückstandsfreiheit erkennen Sie die künftigen Engpässe nicht!

Wichtige Erkenntnis:

Solange Sie irgendwo in den Prozessen Rückstände haben, sind alle Belastungsbilder für die Arbeitsplätze und die Bedarfstermine für die Materialien **falsch!** So kann niemand termintreu steuern!

1.6   Die ersten beiden Schritte zum intelligenten Unternehmen

Sie haben jetzt beide Ursachen des Leistungsprozesses voller Engpässe und Verschwendungen identifiziert:

- Zu viele kümmern sich, niemand ist verantwortlich.
- Das künftige Betriebs- und Versorgungsgeschehen ist nicht zuverlässig transparent.

Die Diagnose ist klar! Die Therapie kann also nur lauten:

Die Verantwortung für den schnellstmöglichen, termintreuen Auftragsdurchlauf und Materialfluß übertragen Sie Ihrer dafür am besten geeigneten Führungskraft mit einigen guten Mitarbeitern. Unsere Kunden nennen diese Stelle

„Das Prozeßmanagement", kurz PM.

Fassen Sie in dieser Stelle zunächst folgende Funktionen ihres Unternehmens zusammen:

Die ressourcensparende Planung, Disposition und Steuerung aller für Ihre Kunden zu erbringenden Aktivitäten in Ihrem gesamten Leistungsprozeß, dem Y.

Damit machen Sie das Prozeßmanagement - wie wir noch sehen werden - automatisch verantwortlich für die Termintreue des Unternehmens, für ständig kürzere Durchlaufzeiten und die Höhe der Vorräte.

In das Prozeßmanagement sind die Funktionen Einplanung aller Kundenaufträge und/oder Planzahlen, Materialdisposition und Auftragssteuerung integriert. Ihr PM soll das ökonomische Prinzip für Ihr Unternehmen realisieren. Das heißt:

Das PM sichert Ihren rückstands- und engpaßfreien sowie verschwendungsarmen Leistungsprozeß!

Beachten Sie: Kaum eine andere Stelle in Ihrem Unternehmen hat eine vergleichbare Ertragsrelevanz. Lassen Sie diese Stelle direkt an die Unternehmensführung berichten, damit sie tatsächlich etwas bewirken kann.

Damit diese Stelle drohende Engpässe im Leistungsprozeß sieht, setzen wir die von uns entwickelte Software „Prozeß-Simulation" ein. Mit den Originaldaten unserer Kunden errechnet diese das künftige Betriebs- und Versorgungsgeschehen inkl. drohender Rückstände, Engpässe und Verschwendungen absolut zutreffend und teilt diese dem Prozeßmanagement aktuell mit. So kann das PM sofort, also

zum frühestmöglichen Zeitpunkt,

mit den betroffenen Fachbereichen die Rückstände sowie die drohenden Engpässe und Verschwendungen beseitigen, bevor sie wirken.

So erreicht das PM den äußerst ertragsstarken, in seinen Ressourcen vorlaufend gesicherten Leistungsprozeß. Er ist engpaßfrei und verschwendungsarm. Und Sie finden - wahrscheinlich erstmals in Ihrer Unternehmensgeschichte - zur rückstandsfreien Leistungserbringung. Es ist dann relativ leicht, aber sehr wichtig, diesen rückstandsfreien, ressourcengesicherten Leistungsprozeß in Ihrem Unternehmen zu stabilisieren.

Abhängig von den Planzahlen des Vertriebes oder - besser - den echten Kundenaufträgen, erkennt die Prozeß-Simulation beliebig lange im voraus, wo es Engpässe und Überversorgungen geben wird. Die gezielten Gegenmaßnahmen führen dazu, daß im gegenwärtigen und künftigen Leistungsprozeß termingerecht genau so viele Ressourcen bereitgestellt werden können, wie für Ihre Aufträge tatsächlich benötigt werden.

Ihre Ressourcen entsprechen jetzt exakt dem Marktbedarf.

Das ertragsstarke ökonomische Prinzip ist realisiert. Diese Unternehmen erleben damit eine neue Welt der Unternehmenskultur, der Kunden- und Mitarbeiterzufriedenheit und der Ertragsentwicklung.

1.7   Die einfache Steuerung der Prozesse

Die Ihren Kunden zugesagten Leistungen werden im Tagesgeschäft von Ihren operativ tätigen Mitarbeitern erbracht. Das sind Wertschöpfer und Gemeinkosten-Mitarbeiter. Wir nennen alle am Leistungsprozeß operativ beteiligten Mitarbeiter

„Prozeßtreiber".

Das PM ist für die Prozeßtreiber dienstleistend tätig. Mit Hilfe der Prozeß-Simulation stellt es ständig sicher, daß alle Prozeßvorgänge nicht nur in ihrer Machbarkeit gesichert sondern exakt terminiert werden. Damit liegt für jeden Prozeßtreiber fest, bis wann er welchen Arbeitsgang fertig haben muß. Für jeden Prozeßtreiber liegt sein terminierter, vorher auf Machbarkeit geprüfter

Arbeitsvorrat

und sein für ihn verfügbares Zeitfenster je Prozeßvorgang fest.

Jeder Prozeßtreiber ist jetzt frei, die Reihenfolge seiner Arbeiten zu optimieren. Lediglich seine Ecktermine muß er einhalten, damit die Synchronisation der einzelnen Prozeßvorgänge erhalten bleibt.

So ist sichergestellt, daß sich die Prozeßtreiber im

Kunden-/Lieferantenverhältnis (Abb. 4)

zuliefern.

Alle Prozeßtreiber arbeiten jetzt mit einer Termintreue von praktisch 100 % und melden sich nur dann beim PM, wenn sie einen Termin trotz vorlaufender Ressourcensicherung wegen vorher nicht planbarer 'Schnee- und Regenereignisse' nicht halten können.

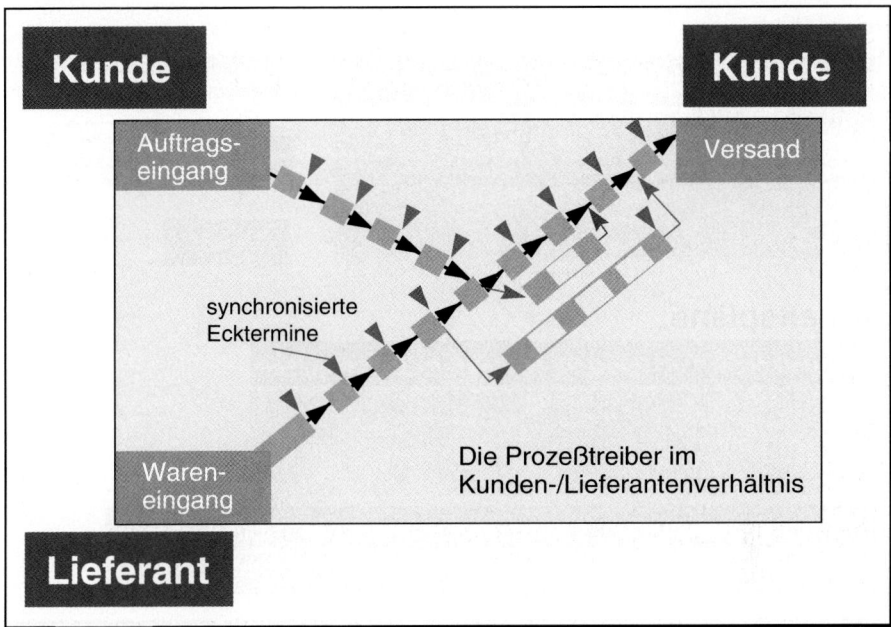

Abb. 4   Der termintreue Leistungsprozeß

1.8   Der Weg zur durchgängigen Prozeßsteuerung

Natürlich können nur jene Prozeßtreiber so gesteuert werden, deren Arbeiten der Prozeß-Simulation bekannt sind. Das sind zunächst alle Materialbeschaffungen und Arbeitsgänge, die in Stücklisten und Arbeitsplänen bzw. vergleichbaren Daten gespeichert sind.

> **Stücklisten und Arbeitspläne beschreiben aber bestenfalls 20 % aller für eine Gesamtleistung notwendigen Vorgänge.**

Wo sind z.B. die

- vorgelagerten Vorgänge wie Auftragsklärung, Konstruktion, Arbeitsplanung,...?
- vielen zeit- und kostenintensiven Gemeinkostenvorgänge wie Wareneingang, QS, Einlagerung, Lagerung, Materialbereitstellung, Verpacken, Versenden, ...?
- Auswärtsvergaben?
- Kundenleistungen, usw.?

Außerdem hat die übliche Darstellung der Stücklisten und Arbeitspläne nichts mit Prozeßdenken zu tun (Abb. 5). Sie erhält das tayloristische Denken und Handeln Ihrer Mitarbeiter.

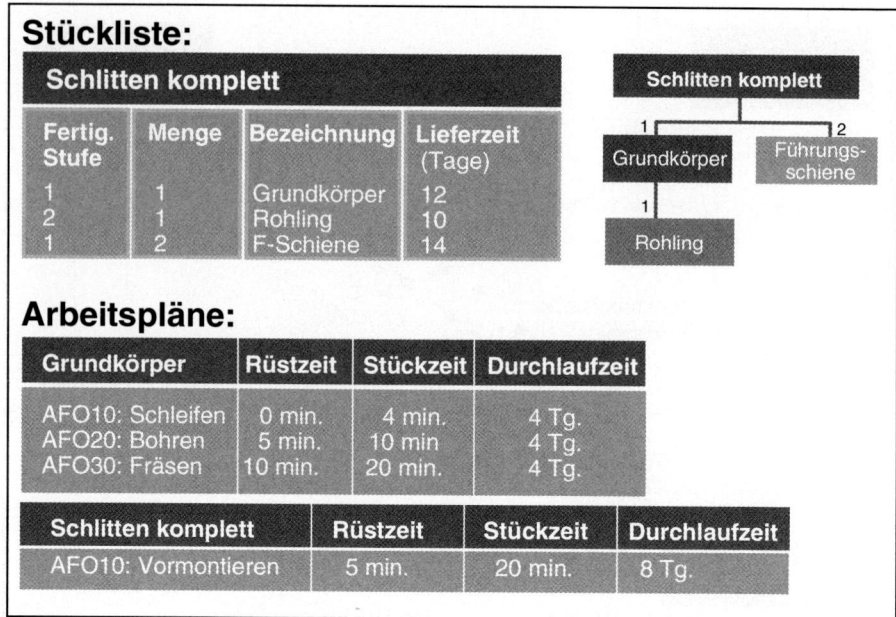

Abb. 5   Stücklisten und Arbeitspläne

Die Prozeß-Simulation übernimmt die Stücklisten und Arbeitspläne unserer Kunden und bildet daraus sofort eine

Supply Chain (Abb. 6).

Diese lassen den Prozeßcharakter sofort erkennen. Anlagenbauer fügen auftragsbezogen z.B. ihre Engineeringaktivitäten und Kundenleistungen hinzu.

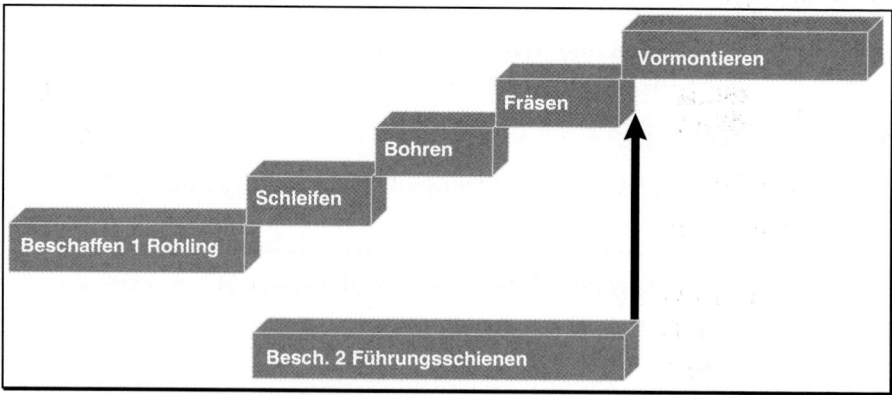

Abb. 6   Supply Chain aus Stücklisten und Arbeitsplänen

Die vielen kosten- und zeitintensiven Gemeinkostenvorgänge fügt die Prozeß-Simulation automatisch in die aus Stücklisten und Arbeitsplänen generierte Supply Chain ein (Abb. 7).

Lediglich aus Platznot erscheinen in der Abbildung 7 die Arbeitspläne für die Zukaufteile und die Distributionsaktivitäten nicht. Ebenfalls sind die Lagerzeiten unterbrochen dargestellt, weil sie wegen ihrer viel zu langen Lagerzeiten die Abbildung 7 sprengen würden.

Eine Supply Chain besteht also aus jenen voneinander abhängigen Vorgängen, die für eine definierte Leistung durchgeführt werden müssen.

Die Supply Chains bilden die Basis für neue, außerordentlich ertragsrelevante Möglichkeiten zum ständigen Verbessern der Abläufe / Prozesse.

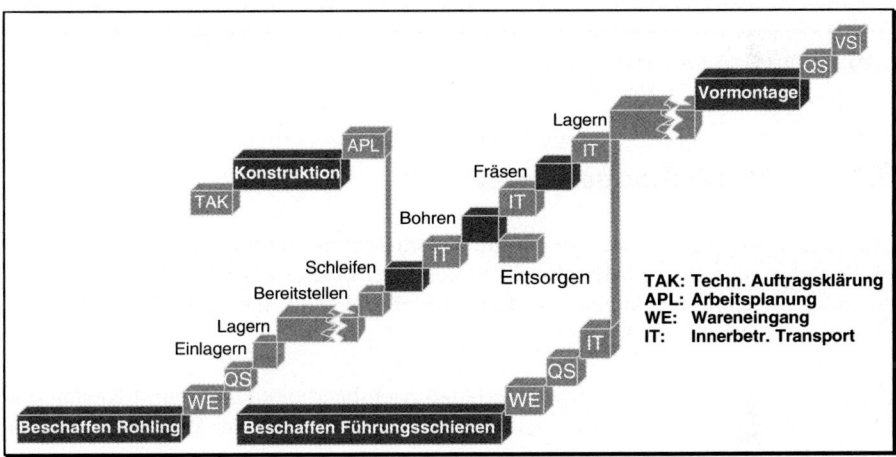

Abb. 7   Die durchgängige Supply Chain

1.9   Senken Sie Ihre unechten Gemeinkosten (GMK)

Betriebswirte differenzieren Gemeinkosten in echte und unechte Gemeinkosten (linker Kasten in Abb. 8). Die unechten GMK hat die Simulation als Einzelkosten-Vorgänge in die Supply Chain integriert (Abb. 7).

So werden Gemeinkosten zu wertneutralen Einzelkosten.

'Wertneutral' deswegen, weil sie den Wert der zu erbringenden Leistung (des Produktes) um keinen Cent erhöhen. Als neue Ertragsquelle sind sie also hoch interessant.

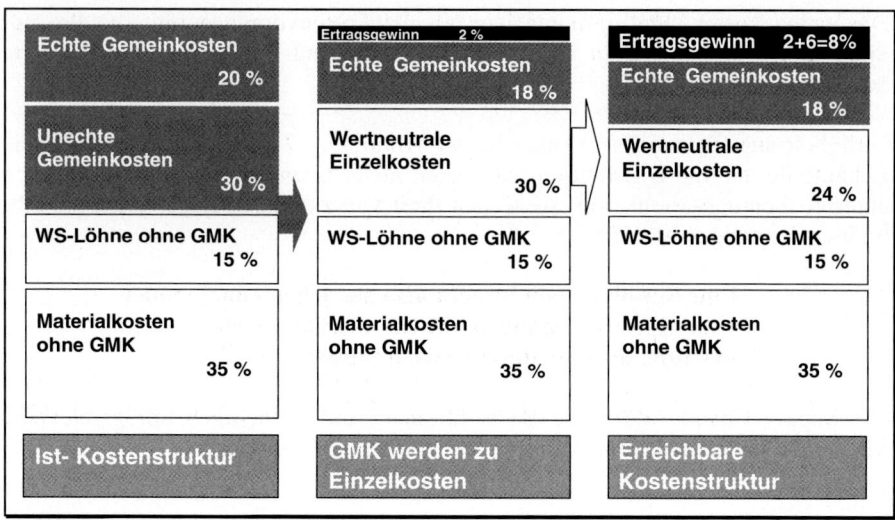

Abb. 8   Ertragspotential Gemeinkosten

1.9.1   Wertanalyse der Prozesse

Stellen Sie sich vor, Sie sehen die durchgängige Supply Chain eines Ihrer A-Produkte inkl. aller GMK-Vorgänge auf einem meterlangen Plotterbild mit den unendlich vielen Vorgängen und Liegezeiten vor sich, die den Wert Ihres Produktes um keinen Cent erhöhen.

Sofort werden Sie diese Prozesse wertanalytisch bearbeiten und damit Kosten und Durchlaufzeiten sparen, wie Sie es bei Ihren Produkten mit der Wertanalyse schon lange tun.

1.9.2   Dimensionieren Sie Ihre Gemeinkosten-Stellen bedarfsgerecht.

Seit mindestens 30 Jahren versuchen alle Unternehmen, die Kapazitäten der Wertschöpfer-Arbeitsplätze bedarfsgerecht zu dimensionieren. Da die GMK-Vorgänge jetzt analog den Arbeitsplan-Arbeitsgängen vorliegen, kann die Prozeß-Simulation endlich auch die GMK-Arbeitsplätze bedarfsgerecht dimensionieren.

1.9.3   Steuern Sie Ihre GMK-Stellen genauso wie Ihre Wertschöpfer

Wenn Sie Ihre GMK-Arbeitsplätze nach derselben Logik dimensionieren wie bisher die Wertschöpfer (drehen, bohren, montieren, ...), dann können Sie deren Arbeiten genauso terminsicher steuern.

1.9.4   Identifizieren Sie Ihre Kostentreiber

Haben Sie Ihre unechten Gemeinkosten erst einmal zu Einzelkosten gemacht, können Sie die größten Kostentreiber aus Ihren Gemeinkosten sicher identifizieren und gezielt reduzieren.

1.9.5   Die Gemeinkosten sinken dauerhaft

Allein durch die Wertanalyse der Prozesse und GMK-Platz-Dimensionierung werden Ihre unechten GMK um mehr als 20 % sinken. Diese Reduzierung ist unmittelbar ertragswirksam und bleibt Ihnen erhalten. Denn im Unterschied zu der bekannten Gemeinkosten-Wertanalyse können Ihre Gemeinkosten als dimensionierte Einzelkosten ebenso wenig wieder ansteigen, wie Ihre seit Jahrzehnten beherrschten Lohn-Einzelkosten für Ihre Wertschöpfer (Abb. 9).

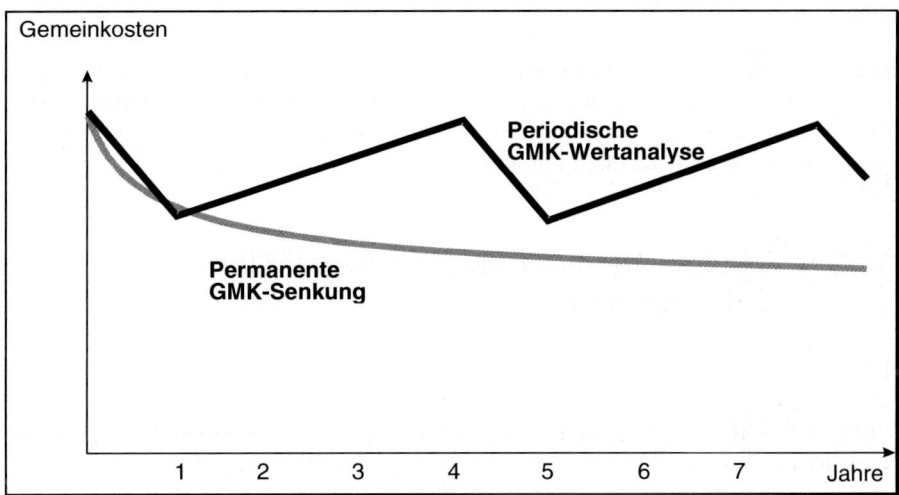

Abb. 9   Permanente GMK-Senkung versus periodische GMK-Wertanalyse

1.10   Bessere Entscheidungen mit Prozeßkosten

Mit der Umwandlung der unechten Gemeinkosten in wertneutrale Einzelkosten haben Sie einen wichtigen Schritt in Richtung Prozeßkostenrechnung getan.

Terminlich stets zuverlässig abgegrenzt inkl. der in wertneutrale Einzelkosten umgewandelten GMK werden u.a. auf Knopfdruck möglich:

⇒ Kostenträgerkalkulationen

⇒ Mitlaufende Nachkalkulation

⇒ Halbfabrikate-Inventur

⇒ Make or buy-Transparenz

Controller werden viele weitere Auswertungschancen erkennen.

1.11   Supply Chain Management

Jeder Leistungsprozeß (z.B. jeder Kundenauftrag, Produktionsauftrag,...) wird in einer Supply Chain (Abb. 7, Seite 11) individuell beschrieben.

Die Supply Chains sind offen für weitere Vorgänge. So können z.B. für lukrative logistische Partnerschaften mit Kunden, Lieferanten, verlängerten Werkbänken und Dienstleistern mühelos die von diesen Partnern zu erbringenden Leistungen als ergänzende Vorgangsstrukturen an die eigenen Supply Chains angedockt werden.

Der Weg zur logistischen Partnerschaft mit ausgewählten Lieferanten und Kunden (Supply Chain Management) wird also mit der durchgängigen Supply Chain, ihren Durchlaufzeiten, Wertschöpfungszeiten, ihren Einzelkosten, usw. je Vorgang erleichtert und nachhaltig unterstützt.

1.12   Senken Sie den Break-even-point Ihres Unternehmens

Ich wage die These:

„Mit 50 % Ihrer heutigen Ressourcen („Fixkosten") können Sie denselben Umsatz bei besserem Ertrag und viel geringerem Risiko realisieren!"

Es wird schwierig sein, diese These zu widerlegen. Denn: Bei wieviel Prozent aller von Ihnen heute im eigenen Haus durchgeführten Vorgänge können Sie behaupten, das sei Ihre Kernkompetenz?

Kernkompetenz muß dem Anspruch gerecht werden: „Kein Anbieter kann diese Leistungen besser, schneller und kostengünstiger erbringen als Ihr Unternehmen!" Gilt das wirklich für alle Vorgänge, die Sie heute durchführen?

Lassen Sie die Marktwirtschaft auch in Ihr Unternehmen hinein. Geben Sie alles an andere Unternehmen, deren Kernkompetenz es ist, genau das zu tun, was Ihre Kernkompetenz nicht ist. So machen Sie einen großen Teil Ihrer hohen Fixkosten zu variablen, Ihr Break-even-point sinkt, und, mindestens ebenso wichtig:

**An den Leistungen für Ihre Kunden
arbeiten ausschließlich Kernkompetenz-Partner.**

1.13   Bestimmen Sie die Höhe Ihrer Vorräte selbst

Die Vorräte stellen oft den größten Vermögensanteil eines Unternehmens dar. Für Unternehmensführer wird es zunehmend unerträglich, daß sie nur sehr begrenzten Einfluß auf die Höhe der Vorräte nehmen können.

Die betriebsnotwendige Kapitalbindung in Vorräten ergibt sich stets aus den in Ihrem Hause festgelegten Sicherheitsbeständen und den Losgrößen (Abb. 10).

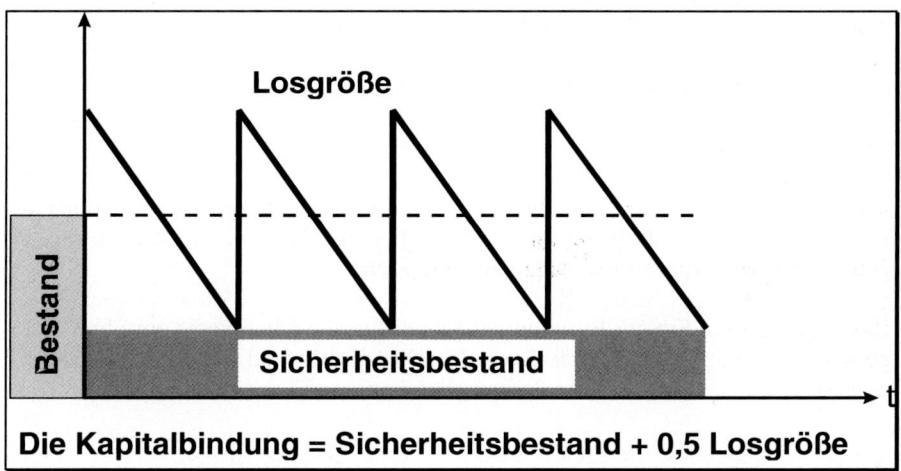

Abb. 10   Kapitalbindung in Vorräten

Geben Sie Ihrem PM die von Ihnen maximal tolerierte Kapitalbindung vor. Das PM wird durch jene Parameter, mit denen es die Sicherheitsbestände und Losgrößen beeinflussen kann, in Richtung auf Ihre Zielkapitalbindung verändern.

Durch Mehrfach-Simulation stellt das PM sicher, daß die Kapitalbindung erst rechnerisch und dann tatsächlich erreicht wird.

1.14   Ihre Mitarbeiter als Unternehmer

Entwickeln Sie in Ihren Mitarbeitern das unternehmerische Denken und Handeln, Ihrem Unternehmensziel entsprechend.

Fassen Sie Ihre Prozeßtreiber (Konstrukteure, Fertiger, Facharbeiter, Monteure,...) zu überschaubaren Gruppen zusammen und übertragen Sie ihnen als kleine Unternehmer - wir nennen sie die DAVIDS - möglichst viel Verantwortung und Spielräume.

So kombinieren Sie die Finanz-, Markt- und Nachfragemacht Ihres Unternehmens (Goliath) mit der Schnelligkeit, Flexibilität und Kundenorientierung eines Kleinbetriebes (David).

Ein Mitarbeiter dieses kleinen Unternehmens
- ihr 'Chef' -
ist Ansprechpartner für das Prozeßmanagement.

Diesen Gruppen können Sie neben der Terminverantwortung auch die Verantwortung für die Qualität und die Kosten ihrer Leistungen übertragen. Sie werden erleben, zu welchen Leistungen Ihre kostbaren Mitarbeiter fähig sind, wenn Sie ihnen ein entsprechendes Umfeld schaffen.

Akkord bremst Produktivität:

Die übliche Leistungsentlohnung (Akkord) drückt Mißtrauen aus, begrenzt die Produktivität Ihrer Mitarbeiter und ist deshalb wenig geeignet, diese zu ertragsteigernden Verbesserungsvorschlägen zu animieren.

Deswegen sollten Sie ein Entlohnungssystem für alle Mitarbeiter einführen, welches die Qualität, Produktivität, kurze Durchlaufzeiten und Flexibilität sowie alle von ihnen realisierten Kostensenkungen belohnt.

1.15   Prozeßgerechte Aufbauorganisation

Wenn das PM direkt mit Ihren Prozeßtreibern oder gar schon Davids die Machbarkeit aller Aufträge vorlaufend sichert, können sich die Führungskräfte endlich auf ihre eigentlichen Aufgaben konzentrieren, wie z.B. die Mitarbeiter fachlich zu beraten und ihnen ein Umfeld zu schaffen, in dem sie gern für Ihr Unternehmen arbeiten.

Wo steht denn geschrieben, daß Arbeit nicht auch Freude machen kann?

Die erhebliche Entlastung der Führungskräfte von allen Dispositions-, Termin- und Steuerungsaufgaben ermöglicht eine flache, wenig aufwendige und dennoch effiziente Aufbauorganisation.

Ihr Unternehmen kommt so systemimmanent

von der steilen
Entmündigungshierarchie
zur flachen
Betreuungshierarchie.

Bei der Zuordnung der Prozeßtreiber zu ihren Personalverantwortlichen achten Sie bitte auf die Prozeßorientierung:

- Fassen Sie Ihre Konstrukteure und Arbeitsplaner in Technologieteams zusammen!
- Geben Sie Ihre Beschaffer in das Prozeßmanagement!
- Schaffen Sie Ihren strategischen Einkauf!

1.16   Perspektiven der Wassermann-Philosophie

Mit der Entscheidung für diese Organisation holen Sie u.a. die Chef-Funktion des Kleinbetriebes in Ihr Unternehmen zurück, nämlich:

Das Prozeßmanagement.

Folgende Leistungen des Prozeßmanagements sind heute Standard bei unseren Kunden (Auszug):

Das Prozeßmanagement

⇒ sichert die rückstandsfreie, termintreue und verschwendungsarme Leistungserbringung,

⇒ senkt die Durchlaufzeiten, Lieferzeiten und Bestände,

⇒ richtet Bevorratungsebenen mit definierter Lieferbereitschaft ein,

⇒ realisiert Kapitalbindungsvorgaben der Unternehmensführung,

⇒ beschleunigt Entwicklungsprozesse,

⇒ initiiert die flache, prozeßorientierte Aufbauorganisation,

⇒ macht Gemeinkosten zu Einzelkosten,

⇒ treibt die Wertanalyse der Prozesse voran,

⇒ senkt die Gemeinkosten,

⇒ fördert das Unternehmertum der Prozeßtreiber,

⇒ dehnt die Prozeßorientierung zu Kunden und Lieferanten aus (Supply Chain Management),

⇒ treibt die Prozeßkostenrechnung voran,

⇒ initiiert die Senkung des 'Break-even-points' durch geschickte Buy-Entscheidungen,

⇒ drängt auf Teilestandardisierung, Variantenmanagement und die prozeßgerechte Konstruktion.

Das PM wirkt im ganzen Unternehmen für die konsequente Prozeß- und damit Kundenorientierung auf der Basis des ökonomischen Prinzips.

Sie erkennen, es gibt kaum eine andere Stelle im Unternehmen von ähnlicher Ertragsrelevanz wie Ihr Prozeßmanagement, das gemeinsam mit Ihnen und Ihren Mitarbeitern permanent daran arbeitet, das ökonomische Prinzip zu realisieren. Die simulationsgestützte Wassermann-Philosophie ist dabei offenbar sehr hilfreich.

1.17   Wirtschaftlichkeitsbetrachtungen

Ein rückstands-, engpaß- und verschwendungsfreies Unternehmen ist derart ertragsstark, daß sich die Investitionen in diese Organisation in wenigen Monaten amortisieren.

Nichts geht über das ökonomische Prinzip. Darauf sollten Sie Ihre Organisation kompromißlos ausrichten.

Auf dem Weg zum rückstands- und engpaßfreien sowie verschwendungsarmen Unternehmen entdecken Sie, die Mitarbeiter des Prozeßmanagements und andere aufgeweckte Mitarbeiter Ihres Unternehmens ständig neue Ertragsreserven, die es zu realisieren gilt.

Dieser ständige Verbesserungsprozeß wird niemals enden.

So wird Ihr Unternehmen systembedingt immer ertragsstärker, schneller, flexibler und kundenorientierter.

Die hohe Ertragsrelevanz Ihres simulationsgestützten Prozeßmanagements ist offensichtlich.

Dank der neuen Transparenz versachlichen sich die Diskussionen. Das führt zu einer attraktiven, deutlich effizienteren Unternehmenskultur.

Mit der Wassermann-Philosophie schaffen Sie sich die ertragsstärkste Organisation, die man sich nach Erkenntnissen weltweit führender Betriebswirtschaftler (z.B. Prof. Eliyahu M. Goldratt) auf absehbare Zeit vorstellen kann.

1.18   Hinweise zum folgenden ausführlichen Text

Jetzt haben Sie die Möglichkeit, jene Themen zu vertiefen, zu denen Sie weiteren Informationsbedarf haben. Schauen Sie dazu bitte in die Gliederung dieses Buches oder finden Sie Ihre Informationen über das Stichwortverzeichnis.

Jetzt können Sie sich auf die detaillierten, logischen Erkenntnisse mit vielen praktischen Beispielen im ausführlichen Text freuen.

Anschließend können Sie das Gelesene für ein hochinteressantes Erlebnis nutzen: Diskutieren Sie die Grundgedanken der Wassermann-Philosophie im Kollegen- oder Führungskreis Ihres Unternehmens!

Sie werden Albert Einstein bestätigt finden:

> **„Alles was erfolgreich ist,
> ist einfach.**
>
> **Alles was einfach ist,
> ist anfangs schwierig.**
>
> **Denn der Mensch hat selten gelernt,
> einfach zu denken und zu handeln."**

2 Ausführliche Beschreibung der Wassermann-Philosophie

2.1 Die Quintessenz der Wassermann-Philosophie

Diese Philosophie stellt die jedem EDV-System überlegene Kreativität, Sensibilität, Intelligenz und Entscheidungsfähigkeit der Menschen im Unternehmen in den Mittelpunkt der Geschäftsprozesse im Unternehmen.

Die einzelnen Elemente der Philosophie sind logisch leicht nachvollziehbar. Sie bleiben jedem Mitglied des organisatorischen Systems transparent. Die Philosophie wurde auf der Basis des einzigen Mottos unseres Unternehmens aufgebaut und weiterentwickelt:

Geniale Lösungen sind einfach.

Zwei geniale betriebswirtschaftliche Axiome spielen in der Philosophie besonders wichtige Rollen:

- Das Ökonomische Prinzip
- Die 20/80-Regel

2.1.1 Das Ökonomische Prinzip

Dieses Prinzip wird in der Praxis erfahrungsgemäß wenig beachtet. Dabei ist es ein sehr wertvoller Schlüssel für ganz neue Ertragspotentiale und konsequente Kundenorientierung.

Das ökonomische Prinzip für Industrie-Unternehmen lautet:

„Jenes Unternehmen macht aus sich heraus
den größtmöglichen Ertrag,
dem es am besten gelingt,
seine Ressourcenbedarfe niedrig zu halten
und die tatsächlich benötigten Ressourcen
kostengünstig termingerecht bereitzustellen" (Abb. 11).

- Nicht zu wenig oder zu spät, das führt zu Engpässen. Die führen zu Rückständen und töten die Termintreue und Erträge.

- Nicht zu viel oder zu früh, das ist Verschwendung und damit Ertragsverlust.

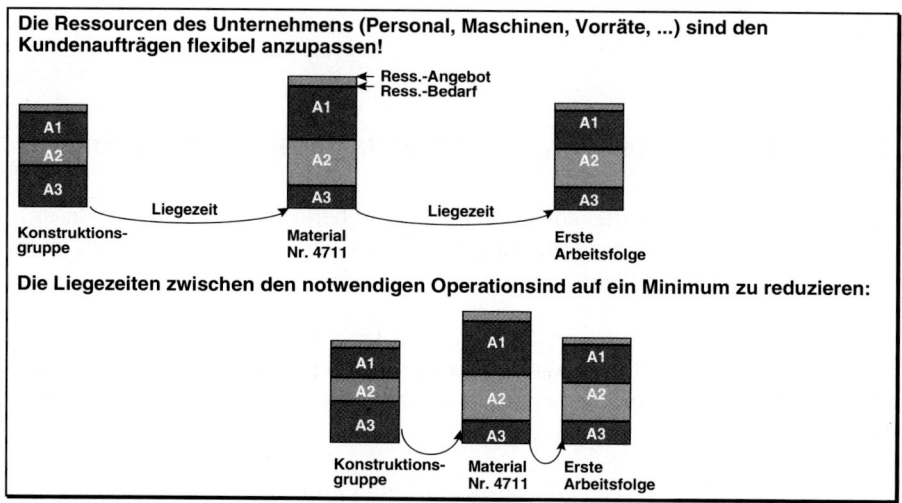

Abb. 11   Ein kleines Beispiel für das ökonomische Prinzip

Können Ressourcen, z.B. Maschinen mit Kundenaufträgen für eigene Produkte nicht ausgelastet werden, warum dann nicht mit Dienstleistungsaufträgen (z.B. verlängerte Werkbank) für Dritte.

Fast 100 % der so erzielten Zusatzumsätze sind sofort ertragswirksam.

Ein Unternehmen, das dem Anspruch des ökonomischen Prinzips gerecht wird, ist jedem anders organisierten Wettbewerber - gleiches Leistungsangebot vorausgesetzt - in Ertrag und Kundenorientierung weit überlegen.

2.1.2   Die 20/80-Regel

Sie ist uns aus der Anwendung als ABC-Analyse bekannt. Sie ist genial einfach und sehr wertvoll. Für Reorganisationen gilt sie ebenso.

Denn mit wenigen zielorientierten Maßnahmen kann der Löwenanteil des theoretisch erreichbaren Nutzens zügig realisiert werden.

Also haben wir einfache Methoden entwickelt, den Löwenanteil des im ökonomischen Prinzips verborgenen Nutzens zügig zu realisieren (Abb. 12).

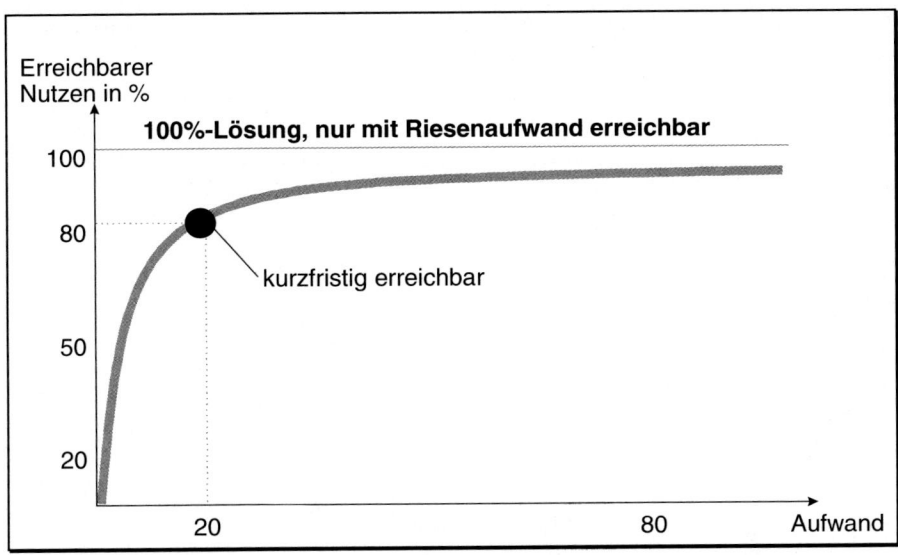

Abb. 12   Die 20/80-Regel

3 Was ist das Ziel eines Unternehmens?

Unternehmensziele sind individuell festzulegen, zu quantifizieren und zu terminieren. Eine typische Zieldefinition für eine Reorganisation eines Industrieunternehmens nach der Wassermann-Philosophie ist z.B.:

Innerhalb von maximal 3 Monaten ist jene Organisation zu realisieren, welche am besten geeignet ist, folgende Einzelziele zu erreichen:

⇒ 3 Monate nach Start Echtbetrieb:
- Termintreue praktisch 100 %
- Vorräte mindestens um 20 % gesunken
- Produktivität um mehr als 10 % erhöht

⇒ 6 Monate nach Start Echtbetrieb
- Durchlaufzeiten um 30 % gesunken
- Vorräte um weitere 20 % reduziert

⇒ 12 Monate nach Start Echtbetrieb:
- Durchlaufzeiten um weitere 20 % gesunken
- Vorräte um weitere 10 % reduziert
- Gewollte Lieferbereitschaft realisiert
- Gemeinkosten um mehr als 20 % gesenkt

Die Projektausgaben sollen sich spätestens 12 Monate nach Start Echtbetrieb amortisiert haben.

Bei aller Unterschiedlichkeit in den Einzelzielen ist sicher folgende Zielsetzung allgemeingültig:

> **Das Unternehmen ist so entwickelt,**
> **daß sein Angebot im Markt**
> **dauerhaft begehrt ist und sich**
> **der Ertrag stets positiv entwickelt.**

In diesem Buch beschäftigen wir uns mit vielen Chancen zur Ertragssteigerung und Marktorientierung sowie mit Methoden, diese Ziele zu erreichen und diese Vorteile zu erhalten.

4 Aufgabenstellung für die Ablauf- und Aufbauorganisation

Diese kann nur aus der Zielsetzung abgeleitet werden. Allgemein heißt sie:

**Es ist <u>jene Organisation</u> zügig zu erarbeiten und zu realisieren,
die <u>am besten geeignet ist,</u> die definierten und quantifizierten
Ziele termingerecht zu erreichen.**

Es ist also nicht jene Organisation zu erarbeiten, die am wenigsten Veränderungen im Unternehmen nach sich zieht, nach dem Motto „Wasch mich, aber mach mich nicht naß."

Sondern wir suchen jene Organisation, die am besten geeignet ist. Wir stellen die bisherige Organisation in Frage. Wagen Sie einen Paradigmenwechsel und richten Sie die Organisation Ihres Unternehmens konsequent prozeßorientiert auf die Wünsche und Anforderungen Ihrer Kunden aus.

Sie werden erkennen: Die aus der Wassermann-Philosophie resultierende Ablauf- und Aufbauorganisation führt

**systembedingt zu hohen Erträgen
und zu einer attraktiven
Unternehmenskultur.**

5   Das intelligente Unternehmen

So lautet der Titel dieses Buches. Natürlich kann die juristische Person „Unternehmen" nicht intelligent sein. Intelligente Unternehmen werden von intelligenten Menschen geführt. Definition von Intelligenz laut Brockhaus:

Intelligenz ist die komplexe Fähigkeit zu Leistungen,
die durch spontanes Erfassen von Zusammenhängen
in neuen Situationen erzielt werden.

'Spontanes Erfassen von Zusammenhängen in neuen Situationen!' Welche Menschen können das? Intelligente, mutige, neugierige, jung gebliebene Menschen, wie sie im folgenden Vers beschrieben werden:

Jung Sein!

Die Jugend kennzeichnet nicht einen Lebens-
abschnitt,
sondern eine Geisteshaltung;
sie ist Ausdruck des Willens,
der Vorstellungskraft und
der Gefühlsintensität.
Sie bedeutet Sieg des Mutes über
die Mutlosigkeit,
Sieg der Abenteuerlust
über den Hang zur Bequemlichkeit.

Man wird nicht alt,
weil man eine gewisse Anzahl von Jahren
gelebt hat:
Man wird alt, wenn man seine Ideale aufgibt.
Die Jahre zeichnen zwar die Haut-
Ideale aufgeben aber zeichnet die Seele.
Vorurteile, Zweifel,
Befürchtungen und Hoffnungslosigkeit
sind Feinde, die uns nach und nach
zur Erde niederdrücken
und uns schon vor dem Tod
zu Staub werden lassen.

Jung ist,
wer noch staunen und sich begeistern kann.

Wer noch wie ein unersättliches Kind fragt:
Und dann?
Wer die Ereignisse herausfordert
und sich freut am Spiel des Lebens.
Ihr seid so jung, wie euer Glaube.
So alt, wie eure Zweifel.
So jung, wie euer Selbstvertrauen.
So jung, wie eure Hoffnung.
So alt, wie eure Niedergeschlagenheit.

Ihr werdet jung bleiben, solange
ihr aufnahmebereit bleibt:
Empfänglich fürs Schöne, Gute und Große:
empfänglich für die Botschaften der Natur,
der Mitmenschen,
des Unfaßlichen.

Sollte eines Tages
euer Herz geätzt werden von Pessimismus,
zernagt von Zynismus,
dann möge Gott Erbarmen haben
mit eurer Seele -
der Seele eines Greises.

Douglas Mac Arthur, 1945

Die Welt hat sich verändert. Sie wird sich in den nächsten 10 Jahren noch viel stärker wandeln. Der intelligente Unternehmer weiß, daß alles, was im Unternehmen geschieht, auf seine vorhandenen und potentiellen Kunden ausgerichtet sein muß:

Das einzige was zählt, ist der Kunde.

Herkömmliche Lehren und Methoden machen uns häufig blind für neue Chancen. Denken Sie z.B. an die Vollkostenrechner, die uns die auftragsbezogene Reduzierung der Lösgrößen erschweren. Oder bedenken Sie die vielen teuren Investitionsruinen der EDV-gestützten Produktionsplanungs- und Steuerungssystemen, mit denen niemand wirklich zufrieden sein kann.

Der Erfolg der Vergangenheit macht uns lernresistent. Die reine Logik, die klare Intelligenz wird allzu oft von der 'Tyrannei des Status quo', den lähmenden Paradigmen der Vergangenheit, plattgedrückt.

Der unaufhaltsame globale Wettbewerb gibt uns jetzt die Chance, mit Mut, Intelligenz und Begeisterung neue Wege zu erdenken und zu gehen, Wege zum intelligenten Unternehmen mit ganz neuen Paradigmen. Vorteil:

**Was mit einem (bisher üblichen) Paradigma
schier unmöglich scheint,
ist mit einem anderen ganz leicht.**

Das will ich Ihnen in diesem Buch mit vielen Beispielen zeigen.

Intelligente Unternehmen werden von Menschen geführt, die ihr Denken und Handeln nicht von Opportunismus und lieb gewordenen Gewohnheiten sowie Denkmustern (Paradigmen) bestimmen lassen, sondern

- vom Wert der zwischenmenschlichen Beziehungen zu Mitarbeitern, Kunden, Lieferanten, Kapitalgebern,...
- von dem Ideenpotential ihrer Mitarbeiter,
- von der Macht der reinen Logik auf der Suche nach überlegenen Lösungen: „Ist die vorgedachte Lösung logisch schlüssig?" und
- von der Erkenntnis, daß Ihnen das weitere Polieren eingefahrener Gleise keinen Wettbewerbsvorsprung mehr bringen kann.

Diese intelligenten Unternehmer bauen nicht auf die nachhaltige Wirkung von Appellen. Sie versuchen, ihr Organisationssystem so zu gestalten, daß es systembedingt die angepeilten Ziele erreicht. Wie so ein Organisationssystem aussehen kann, erleben Sie in diesem Buch.

6   Eine richtig ertragsstarke Vision

Schauen Sie sich bitte noch einmal unser Leistungs-Ypsilon (Abb. 13) an. Es stellt schematisch den Auftrags- und den Materialdurchlauf in Ihrem Unternehmen dar.

Dieses Leistungs-Ypsilon zeigt jene Abläufe im Unternehmen, deren gekonnte Abwicklung und nachhaltige Beschleunigung über Sein oder Nichtsein des Unternehmens entscheiden:

- die Strecke Kunde/Kunde: Von der Auftragsgewinnung über den Auftragseingang, die Auftragsklärung, die Herstellung, den Versand bis zum Kunden (Auftragsdurchlauf) und

- die Strecke Lieferant/Kunde: Von der Materialdisposition und Bestellung über den Wareneingang, die Herstellung, den Versand bis zum Kunden (Materialdurchlauf).

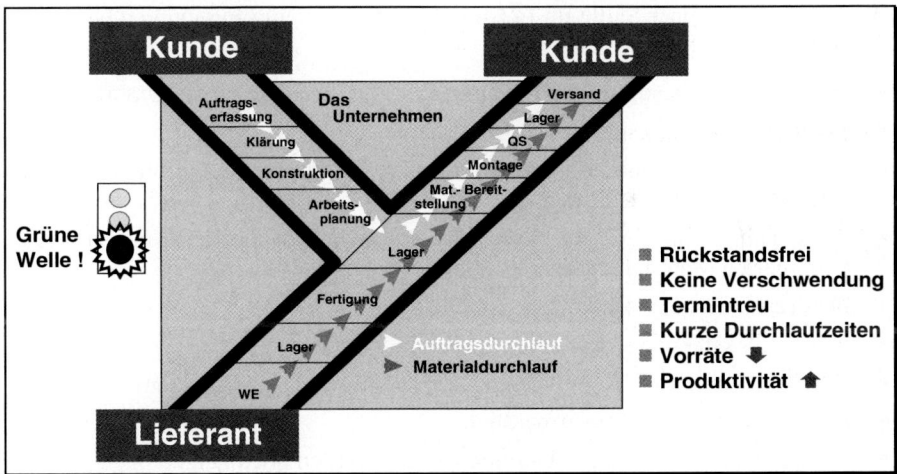

Abb. 13   Der Leistungsprozeß ohne Engpässe und Verschwendungen

Bitte lassen Sie das Leistungs-Ypsilon noch einmal auf sich wirken! Wo glauben Sie, stecken wesentliche Ertragsreserven?

- Im Einkauf, der den Lieferanten noch günstigere Einstandspreise abtrotzt?

- Im Verkauf, der höhere Preise durchsetzt?

Versuchen Sie das nicht ständig? Das ist nichts Neues. Tun Sie es weiterhin! Das soll nicht das Thema dieses Buches sein. Hier reden wir von ganz anderen Ertragspotentialen.

<u>In diesem Kapitel werden wir feststellen:</u>

Im Auftrags- und Materialdurchlauf, für deren gekonnte Gestaltung und professionelle Abwicklung wir ganz allein verantwortlich sind, stecken gewaltige Ertragsreserven.

Trotzdem bleiben Überversorgungen mit Material und Kapazitäten im Tagesgeschäft unbeachtet, da sie den termingerechten Durchlauf nicht stören und die Verantwortlichen alle Hände voll zu tun haben, die aktuellen Engpaßsituationen zu bearbeiten.

Stellen Sie sich vor, Sie hätten keine Unterversorgungen - also keine Engpässe - wie z.B.

- zu wenig Kapazität (Mensch, Maschinen, Werkzeuge,...),
- Fehlteile,
- überlastete Spezialisten.

Wenn Sie nur an <u>einer</u> Stelle im Leistungsprozeß zu wenig Ressourcen haben, hat das folgende negative Auswirkungen:

- Dieser Engpaß bestimmt die Leistungsfähigkeit Ihres gesamten Unternehmens.
- Vor den Engpässen stauen sich Rückstände.
- Die größeren Ressourcen vor und hinter den Engpässen helfen Ihnen nicht. Im Gegenteil, sie fressen Erträge.
- Rückstände führen zu falschen Kapazitätsbelastungsprofiten und zu falsch terminierten Materialbedarfen.
- Ihre Termintreue ist zerstört.
- In den Rückständen steckt unnötige Kapitalbindung.
- Ertragfressende Hektik greift um sich, viele müssen sich kümmern.
- Zusatzkosten werden unvermeidlich.
- Die ohnehin viel zu langen Durchlaufzeiten werden noch länger.

Engpässe programmieren Rückstände. Diese sind die Metastasen in Ihrem Unternehmen. Sie töten die Termintreue, die Erträge und die Kultur Ihres Unternehmens.

Hätten Sie keinerlei Über- oder Unterversorgungen, dann hätten Sie einen wesentlichen Teil des ökonomischen Prinzips realisiert und eine wichtige Voraussetzung für das Ertragsmaximum erreicht.

Wie weit ist Ihr Unternehmen von diesem Zustand entfernt? Gibt es da Ertragsreserven?

Als Unternehmer müssen Sie also danach streben, daß Ihr Unternehmen der 100 %igen Anpassung seines

⇒ Ressourcenangebotes (Menschen, Maschinen, Vorräte) an den

⇒ aktuellen Ressourcenbedarf aus Ihren Kundenaufträgen und Planzahlen

möglichst nahe kommt.

Stellen Sie sich vor,

- Sie arbeiten im Unternehmen rückstandsfrei.
- Sie halten praktisch alle den Kunden zugesagten Termine.
- Sie kommen trotzdem mit der Hälfte der Vorräte aus, mit der Chance, diese noch weiter zu senken, weil Sie die Durchlaufzeiten Ihrer Vorräte auf unter 50 % gesenkt haben.
- Sie verbessern dabei nachhaltig Ihre Lieferbereitschaft.
- Ihre Lieferzeiten gehen auf die Hälfte zurück.
- Die Steuerung geschieht ohne Hektik mit viel weniger Aufwand.
- Außer Kundenterminen gibt es keine anderen Prioritäten.
- Alle durchzuführenden Vorgänge sind untereinander synchronisiert. Nichts wird zu früh fertig oder geliefert, nichts zu spät!
- Sie senken Ihre Gemeinkosten dauerhaft um mehr als 20 %.
- Die Qualität und Leistungsfähigkeit Ihrer Produkte nimmt ständig zu.
- Sie brauchen viel weniger Terminjäger (offizielle und inoffizielle).
- Sie finden zu einer flachen, hoch effizienten Aufbauorganisation.
- Ihre Produktivität steigt um einen deutlich zweistelligen %-Satz.
- Ihre Mitarbeiter machen Ihnen mindestens 10 x mehr Verbesserungsvorschläge als bisher.
- Sie gewinnen immer häufiger im Wettbewerb.
- Sie erzielen höhere Preise, weil Sie schneller und zuverlässiger liefern als Ihre Wettbewerber.
- Sie entwickeln sich zum Spitzenreiter im Ertrag.

Wenn Sie zusätzlich erfahren, daß Sie viele dieser Erfolge binnen Jahresfrist erreichen können, wäre das dann auch für Sie „eine richtig ertragsstarke Vision"?

Diese Vision ist inzwischen zigfache Realität.

Die hinter diesen Erfolgen stehende besondere Organisation des Leistungsprozesses hat sich seit 1986 in vielen Branchen mit ganz unterschiedlichen Erzeugnissen so überzeugend bewährt, daß wir heute von einer Allgemeingültigkeit zumindest für alle Unternehmen ausgehen dürfen, welche in der Lage sind, die wesentlichen Schritte ihres Leistungsprozesses zu beschreiben, wie wir es bei reinen Serienfertigern zum Teil in Stücklisten, Arbeitsplänen oder Rezepturen finden und wie es mit zusätzlichen Zeitbedarfen für Konstrukteure, Arbeitsplaner und Programmierer auch für Sonderfertiger möglich ist.

Diese o.a. Vision ist bereits recht attraktiv und lukrativ. Dennoch haben Sie die Chance, sich noch viel mehr vorzunehmen.
Denn Ihr Unternehmen hat sich mit bestimmten Menschen, Know-how, Maschinen, Werkzeugen, Vorräten, Gebäuden, usw. ausgestattet, in der Hoffnung, daß genau diese Ressourcen benötigt werden, um die erwarteten Kundenaufträge zu befriedigen. Jede Abweichung davon kostet Ertrag.

6.1   Die vorlaufende Ressourcenharmonisierung

Stellen Sie sich vor, in Ihrem Unternehmen passen alle auf Verdacht beschafften Ressourcen (Menschen, Maschinen, Vorräte,...) 100 %ig zu Ihren Kundenaufträgen oder Planzahlen. Sie haben keinerlei ertragsfressende Ressourcen zuviel wie z.B.

*   Vorräte, die Sie viel später oder gar nicht brauchen,
*   Maschinen, die nicht ausgelastet sind und
*   Mitarbeiter, deren Arbeit oder Know-how zur Zeit nicht gefragt sind.

Diesen Idealzustand anzustreben ist äußerst ertragsrelevant.

Denn wenn Sie zu viele Ressourcen haben,

*   erhöhen diese unnötig die Kosten,
*   reduzieren damit die Erträge,
*   drücken auf die Motivation der Mitarbeiter und
*   fressen Ihren Ertrag.

Es ist also äußerst ertragsfördernd, die bestmögliche Ressourcennutzung in Ihrem Leistungsprozeß aktiv zu betreiben. Dann erreichen Sie das termintreue und lukrative

engpaß- und verschwendungsfreie Unternehmen.

Eine 100 %ige Termintreue und niedrige Bestände erreichen Sie bereits, wenn Sie wenigstens jede vorhandene und insbesondere jede drohende, Rückstand produzierende Unterversorgung in Kapazitäten, Vorräten und anderen relevanten Ressourcen vermeiden.

6.2   Die ständige Reduzierung der Durchlaufzeiten

Wenn Sie die Rückstandsfreiheit und die vorlaufende Ressourcenharmonisierung geschafft haben, können Sie sofort daran gehen, stufenweise die Durchlaufzeiten zu senken, also dafür sorgen, daß eingehende Kundenaufträge und dafür notwendige Vorräte in Ihrem Unternehmen schneller als bisher von einem Arbeitsschritt zum nächsten geführt werden.

Damit erreichen Sie dann zusätzlich

⇒ ständig kürzere Lieferzeiten, die Sie als Anbieter noch attraktiver machen und

⇒ kurze Verweilzeiten der Vorräte im Unternehmen, die Ihre Kapitalbindung auf weniger als die Hälfte der jetzigen reduzieren kann.

6.3   Quintessenz für ein ertragsstarkes Unternehmen

Mit dem rückstands-, engpaß- und verschwendungsfreien Unternehmen realisieren Sie das höchst ertrags- und kulturrelevante ökonomische Prinzip. Die am Anfang dieses Kapitels skizzierte Vision wird Realität.

Und das zu erreichen ist leichter, als Sie es sich vorstellen.

7 Nur wenige Geschäftsprozesse bestimmen den Erfolg Ihres Unternehmens

Zweifellos zählt die

Sicherung der Ertragskraft seines Unternehmens

zu den wichtigsten Aufgaben des Unternehmers. Er sichert damit die Existenz des ihm anvertrauten Unternehmens und erhält den dort arbeitenden Menschen und sich selbst ihre Existenzgrundlage.

Zu den schwierigsten Entscheidungen der Unternehmer zählt die Frage:

Welche Investitionen bringen den größten Ertragszuwachs?

Betriebswirtschaftler nennen die Aufgabe, stets begrenzte Ressourcen (Geld, Menschen,...) in die ertragsstärksten Investitionen zu lenken:

Die Lösung des Allokationsproblems.

Wenn Sie zustimmen, daß die dauerhafte Ertragssicherung eine wesentliche Verantwortung des Unternehmers darstellt, gilt es also jene Maßnahmen zu finden, die den Ertrag Ihres Unternehmens im Verhältnis zum Aufwand am meisten verbessern. Schauen wir auf die Chancen im eigenen Unternehmen!

Täglich werden hunderte oder gar tausende von Geschäftsprozessen in Ihrem Unternehmen abgewickelt. Listen Sie diese einmal auf! Sie finden z.B.:

- das Erstellen von Angeboten,
- die Abwicklung der Kundenaufträge,
- die Disposition und Bestellung von Material,
- die Steuerung des Materialflusses vom Wareneingang bis zum Versand,
- die Steuerung Ihrer Leistungserbringer (Wertschöpfer),
- die Fortschreibung Ihrer Lagerbestände,
- die Prüfung der eingehenden Rechnungen,
- die Lohn- und Gehaltsabrechnung,
- die Finanzbuchhaltung,
- usw.

Prüfen Sie diese Geschäftsprozesse auf ihre Ertrags- und Kundenrelevanz. Sie werden erkennen:

- Die ersten fünf Geschäftsprozesse sind sowohl ertrags- als auch kundenrelevant. Wir nennen sie die „A-Geschäftsprozesse".
- Die nächsten beiden sind eher administrativ: „B-Geschäftsprozesse".
- Die letzten beiden sind gesetzlich vorgeschrieben, ohne nennenswerte Ertrags- und Kundenrelevanz: „C-Geschäftsprozesse".

Wenn Sie alle in Ihrem Hause heute durchzuführenden Geschäftsprozesse auflisten, stellen Sie erfreulicherweise fest:

- Es gibt nur eine handvoll Geschäftsprozesse (Angebote, Auftragsabwicklung, Steuerung des Leistungsprozesses), die wirklich relevant sind für Ihren Ertrag und für Ihren exzellenten Kundenservice, die sogenannten A-Geschäftsprozesse.
- Die weit überwiegende Mehrzahl aller in Ihrem Hause praktizierten Geschäftsprozesse haben administrative oder gar gesetzlich vorgeschriebenen Ursachen.

Jetzt nutzen wir wieder die geniale 20/80-Erkenntnis (Abb. 12, Seite 23). Wir konzentrieren uns auf die kunden- und ertragsrelevanten A-Geschäftsprozesse.

Alle anderen müssen sich in ihrer Abwicklungsart nach diesen dominierenden Geschäftsprozessen richten. Vielleicht können wir manche davon entfallen lassen oder an Dienstleister geben. Die Kernkompetenz Ihres Unternehmens werden Sie selten in der besonders pfiffigen Abwicklung der B- und C-Geschäftsprozesse finden.

Sobald Sie also diese A-Geschäftsprozesse im Griff haben, beherrschen Sie den gesamten Leistungsprozeß Ihres Unternehmens und damit de facto Ihr ganzes Unternehmen.

Welches sind die A-Geschäftsprozesse?

Sie werden vielleicht annehmen, diese seien schwer und nur unternehmensindividuell zu finden. Pustekuchen! Folgende Geschäftsprozesse dominieren über viele Branchen hinweg:

- Die Angebotserstellung u.a. im Anlagenbau:
  - Der Weg von der Kenntnis einer Anfrage bis zum verbindlichen Angebot mit Preis und seriösem Liefertermin.
- Die Auftragsbearbeitung :
  - Der Weg vom Auftragseingang bis zur termingerecht fertiggestellten Leistung inkl. Faktura und Sicherung des Geldeinganges.

- Der Materialfluß:
  - Der Weg von der Kenntnis des Bedarfs über die Disposition, Beschaffung und Herstellung der Komponenten bis zur termingerechten Ablieferung der Leistung beim Kunden.

- Die Steuerung des Leistungsprozesses:
  - Der Weg von der Kenntnis des Kundenauftrages bis zur Steuerung der Beschaffer und Prozeßtreiber.

    Unter Prozeßtreiber verstehen wir alle Menschen im Leistungsprozeß, die an der Erstellung einer Leistung direkt mitarbeiten. Das sind sowohl die sog. Wertschöpfer inkl. Konstrukteure und Arbeitsplaner als auch die vielen Gemeinkosten-Mitarbeiter, die einlagern, auslagern, transportieren, kommissionieren, versenden, usw.

- Die Produktentwicklung:
  - Der Weg von der Produktidee bis zur Herstellungs- oder Serienreife, z.B. bei Serienherstellern und Automobil-Zulieferern.

Den meisten Unternehmen kann man nur empfehlen, zumindest folgenden höchst kundenrelevanten Prozeß hinzu zu nehmen:

- Die Reklamationsbearbeitung:
  - Der Weg von der Kenntnis einer Reklamation bis zu ihrer für den Kunden vollständig zufriedenstellenden Bearbeitung.

Die o.a. Prozesse laufen zwischen Ihrem Unternehmen sowie Ihren Kunden und Lieferanten ab. Diese Prozesse haben wir schematisch in einem Ypsilon dargestellt (Abb. 13, Seite 31).

Je nach Herstellungsart ist das Ypsilon flacher oder steiler.
- Flaches Ypsilon beim Serienfertiger, der in der Hoffnung auf das Erzeugnislager produziert; seine Kunden werden genau das kaufen, was er auf Verdacht - nach Absatzplanzahlen - vorproduziert hat. Das mag z.B. für einen Steckdosenhersteller zutreffen.
- Steiles Ypsilon beim Einzelfertiger, der überwiegend auftragsbezogen Lösungen für besondere Aufgaben entwickelt, konstruiert, dazu einkauft, herstellt, liefert und remontiert, inkl. Abnahme bei seinen Kunden. Das trifft als Beispiel bei einem Transferstraßenhersteller zu.

Der linke kurze Schenkel des Ypsilons besteht beim Serienfertiger im wesentlichen aus der Auftragserfassung, Bonitäts- und Verfügbarkeitsprüfung sowie dem Erstellen der Versandpapiere.

Beim Einzelfertiger kommen langwierige, zuhöchst ertragsrelevante Arbeiten hinzu wie technische Auftragsklärung, Konstruktion, Arbeitsvorbereitung, Disposition von Zukaufteilen für diesen Auftrag usw.

Alle A-Geschäftsprozesse sind im Leistungsprozeß auf dem Ypsilon enthalten:

- Das Angebot wird im kurzen Schenkel des Y bearbeitet.
- Der Auftragsdurchlauf und die Reklamation durchlaufen das V im Y.
- Der Materialfluß findet im langen Schenkel des Y statt.
- Die Steuerung der Leistungserbringung betrifft das ganze Y, im unternehmensübergreifenden Supply Chain Management sogar mehrere verkettete Ypsilons.
- Die Produktentwicklung geschieht schwerpunktmäßig im kurzen Y-Schenkel, greift aber auch in den langen für Know-how und Teilebeschaffung im Einkauf und Erprobung im Betrieb.

Die vielen auf dem Leistungs-Ypsilon durchzuführenden Aktivitäten wie Auftragserfassung, Auftragsklärung, Konstruktion, Arbeitsvorbereitung, Disposition, Lieferantenauswahl, Beschaffung, Wareneingang, Qualitätssicherung, Bereitstellung aller Herstellungsunterlagen und Vorräte, Planung und Bereitstellung von Kapazitäten, Fertigung, Lagerung, Montage, Inbetriebnahme, Abnahme, Versand, Transport zu den Kunden, und bei Einzelfertigern zusätzlich der Aufbau, die Inbetriebnahme und Abnahme vor Ort, sollten wir als den zu beschleunigenden Leistungsprozeß verstehen. Dessen Einzelaktivitäten sind so zu sichern und zu koordinieren sind, daß ein maximales Unternehmensergebnis dabei herauskommt.

Leider gibt es für die Vielzahl aller auf dem Leistungs-Ypsilon durchzuführenden Aktivitäten keinen in der Betriebswirtschaftslehre anerkannten Oberbegriff. Lassen Sie uns daher bitte die Vereinbarung treffen, alle auf dem Leistungs-Ypsilon abzuwickelnden Arbeiten unter dem Begriff

Leistungsprozeß

zusammenzufassen.

Dieser Begriff erscheint auch vor dem Hintergrund gerechtfertigt, daß Ihr Kunde erst bereit ist, Ihre Rechnung zu bezahlen, wenn Ihr Unternehmen die vereinbarte Leistung vollständig erbracht hat. Und dazu zählen alle vereinbarten oder sachlogischen Einzelleistungen, die Ihr Unternehmen für die Leistungen erbringen mußte, inkl. aller Gemeinkostenvorgänge, auf die wir später noch ausführlich eingehen werden.

Ertragschance:

Alle Aktivitäten für die A-Geschäftsprozesse - also für den Leistungsprozeß - werden diskontinuierlich mit vielen langen Liegezeiten bearbeitet. Muß das so sein? Natürlich nicht, siehe folgendes Kapitel:

8 Ertragspotential Durchlaufzeiten

Stellen Sie sich vor, wir könnten die diskontinuierlichen Prozeßschritte - z.B. im Maschinenbau - so organisieren und steuern, daß sie zu einem eher kontinuierlichen Prozeß werden, vergleichbar mit Prozeßstrecken in der chemischen Industrie, nach der Devise:

- Was liegt, muß fließen!
- Was fließt, muß schneller fließen!

Die Durchlaufzeiten aller o.a. Abläufe würden auf einen Bruchteil zusammenschrumpfen, wetten?

Ein Beispiel: Wissen Sie, wieviel Prozent der Verweilzeit der Vorräte in Ihrem Unternehmen an diesen wertschöpfend gearbeitet wird? Was schätzen Sie?

Bitte, machen Sie dazu folgendes Spiel mit. Stellen Sie sich vor, Sie finden in Ihrem Wareneingang ein soeben geliefertes Material. Wir unterstellen, es wird mit durchschnittlicher Geschwindigkeit durch Ihr Unternehmen 'fließen'. Es spricht eine hohe Wahrscheinlichkeit dafür, daß dieses Zukaufteil eines Tages den Versand Ihres Unternehmens als Bestandteil eines Erzeugnisses wieder verlassen wird.

Stellen Sie sich nun vor, Sie hätten dieses Zukaufteil mit Kalender und Stoppuhr durch Ihr Unternehmen begleitet und sich dabei folgende Zeiten notiert:

- Tag des Wareneingangs
- Tag des Versands
- Jene Zeiten, in denen an dem Zukaufteil irgend etwas werterhöhendes getan wurde.

Jetzt ermitteln Sie

- aus der Differenz zwischen Wareneingangs- und Versandtermin jene Zeit, die zur Bearbeitung dieses Zukaufteiles insgesamt zur Verfügung stand. Diese Zeit schreiben Sie unter einen Bruchstrich.
- Auf den Bruchstrich schreiben Sie die auf Ihrer Stoppuhr gemessene Summe aller Zeiten, die während dieses Materialflusses werterhöhend auf dieses Zukaufteil gewirkt haben.

Der Quotient sagt Ihnen dann, wieviel Prozent der verfügbaren Arbeitszeit an diesem Zukaufteil werterhöhend gearbeitet wurde.

Ergebnis:

Sie werden fast mit an Sicherheit grenzender Wahrscheinlichkeit feststellen, daß der Wertschöpfungsanteil weniger als 5 % der Verweilzeit der Vorräte in Ihrem Unternehmen ausmacht. Denn: Noch in keinem Unternehmen haben wir einen Prozentsatz feststellen können, der in die Nähe von 5 % gekommen wäre.

Über 95 % der „Materialdurchlaufzeiten"
sind Liegezeiten, Wartezeiten.
Und der Kunde wartet!

Wer nach dieser Erkenntnis weiterhin ohne Vorbehalte vom „Materialfluß" spricht, dem darf es auch nichts ausmachen, wenn er auf der Autobahn künftig 9,5 von 10 Stunden im Stau steht und wartet. Weniger als eine halbe Stunde fährt er dann bis zum nächsten Stau Höchstgeschwindigkeit. Denn unsere Arbeitsplätze sind seit 50 Jahren auf Hochleistung und möglichst kurze Durchlaufzeiten getrimmt.

Dieses eine Beispiel 'Materialfluß' soll Ihnen zunächst nur die Zeit- und Ertragsrelevanz der Durchlaufzeiten darstellen. Glauben Sie, die 'Produktivzeiten' wären bei den anderen A-Geschäftsprozessen besser? Natürlich nicht!

Wir wissen aus der täglichen Beratungsarbeit, daß die Optimierung der nicht-technischen Prozesse erst ganz am Anfang steht. Die Prozeßoptimierung enthält nahezu unglaubliche Zeit- und Ertragspotentiale.

Stellen Sie sich vor, es gelingt Ihnen - es ist leichter als Sie glauben -, das Verhältnis Wertschöpfung zu den Liegezeiten von z.B. 5 zu 95 zunächst nur auf 10 zu 90 zu verbessern.

Was werden die systemimmanenten Konsequenzen für Ihr Unternehmen sein?

- Die Durchlaufzeiten, auch die Ihrer Kundenaufträge, halbieren sich.
- Die Verweilzeit der Vorräte in Ihrem Unternehmen halbiert sich. Die Vorräte kommen um die halbe Durchlaufzeit später im Wareneingang an. Deswegen geht die Kapitalbindung in aktiven Vorräten auf die Hälfte zurück. Der Einkauf hat mehr Zeit zur Verhandlung und Beschaffung.
- Es gibt Platz in der Fabrik und in den Lagern.
- Der Steuerungsaufwand für die Fertigung und Montage sinkt, weil maximal die Hälfte der bisherigen Fertigungsaufträge gleichzeitig im Betrieb unterwegs sind.
- Der 'notwendige' Planungshorizont für die exponentiell unsicher werdenden Absatzplanzahlen geht ebenfalls deutlich zurück. Das Bestandsrisiko sinkt überproportional (Abb. 14). Sie beschaffen immer mehr Kunden auftragsbezogen.
- Sie agieren schneller und flexibler am Markt.
- Die Kosten sinken, die Erträge steigen.

Perspektive:

Haben Sie erst einmal den Weg zur Reduzierung der Durchlaufzeiten gefunden, können Sie diese immer weiter verkürzen!

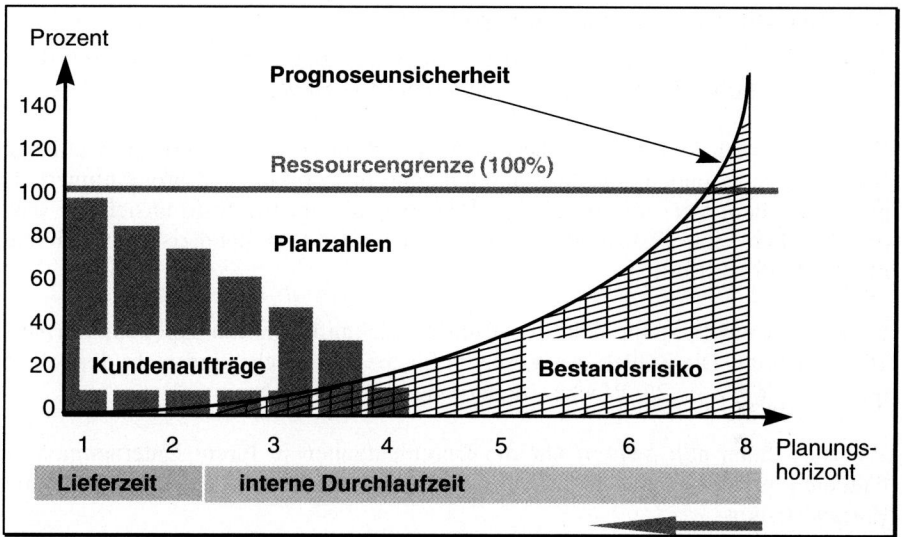

Abb. 14   Kurze Durchlaufzeiten reduzieren Planungs- und Bestandsrisiko

Einige Feststellungen zur Absatzplanung und dem daraus folgendem kostenintensiven Bestandsrisiko:

Schauen Sie sich dazu bitte die Abb. 14 genau an. Ganz selbstverständlich erwarten wir vom Verkauf, daß er uns für die Zukunft voraussagt, was er verkaufen wird. Wenn der wüßte, daß weniger als 5 % dieses Zeitraums an den Produkten wertschöpfend gearbeitet wird!?

Wie weit in die Zukunft muß er uns seine Prognose geben? Na ganz klar:

Da wir auf der Basis dieser Zahlen das benötigte Material deterministisch 'genau' errechnen und termingerecht einkaufen wollen, damit wir daraus die vom Verkauf gewünschten Erzeugnisse herstellen können, muß der Verkauf uns seine Planzahlen so weit in die Zukunft wissen lassen, daß sowohl die Lieferzeiten der Materialien (Lieferanten bis Wareneingang) als auch die viel zu lange Durchlaufzeit in unserer Herstellung (Wareneingang bis Versand) abgedeckt sind.

Wir alle wissen, wie unsicher diese Zahlen sind, auf deren Basis wir dann von komplexen PPS-Systemen scheingenau ausrechnen lassen, welche Ressourcen - insbesondere Material - schnellstmöglich zu beschaffen sind. Das muß der Einkauf dann mit hohem Bestandsrisiko tun.

Sie erkennen das jetzt programmierte, gewaltige Bestandsrisiko, das durch lange Liefer- und Durchlaufzeiten programmiert ist. Natürlich können die Erwartungen des Verkaufs bei weitem nicht immer zutreffen, mit folgenden Konsequenzen:

⇒ Von etlichen Materialien haben wir zuviel eingekauft und z.T. schon vorgefertigt. Diese werden zunächst Lagerhüter.

⇒ Von anderen Materialien haben wir zuwenig eingekauft. Diese müssen dann unter Zeitdruck kostenintensiv nachbeschafft werden.

Fehlteile, trotz hektischer Nachbeschaffung und interner Eilaufträge, sowie lange Durchlaufzeiten und steigende Kapitalbindung in Vorräten sind programmiert. Je größer der dem Verkauf abverlangte Planungshorizont ist, desto unsicherer werden natürlich seine Planzahlen, desto größer wird das Bestandsrisiko bei abnehmender Lieferflexibilität.

Diese Unsicherheit steigt nicht linear mit der Zukunft, sondern exponentiell (Abb. 14). Das heißt: Die Zahlen des Verkaufs für die 52. Woche sind nicht doppelt so unsicher wie für die 26. Woche, sondern viermal so unsicher.

Wenn es Ihnen nun gelingt, nur die Durchlaufzeiten in Ihrem Unternehmen zu halbieren, vermeiden Sie - das zeigt die Abb. 14 deutlich - den größten Teil Ihres Bestandsrisikos.

Sie beschaffen viel später auf der Basis deutlich besserer Planzahlen oder gar Kundenaufträge. Sie werden allein dadurch viel weniger Ladenhüter und deutlich weniger Fehlteile haben.

Der Anteil der Kundenaufträge am Primärbedarf - Ihre kostbare Basis für die ertragssensible Ressourcendisposition - steigt (Abb. 14) und macht Ihre Planung und Disposition für alle benötigten Ressourcen immer sicherer.

Die Wahrscheinlichkeit, daß Sie die beschafften Ressourcen
für Ihre Kundenaufträge tatsächlich verbrauchen,
steigt mit jedem Tag Durchlaufzeit-Verkürzung.

Sie beschaffen immer weniger auf Verdacht, immer mehr auftragsbezogen.

Um das Potential ständig kürzer werdender Durchlaufzeiten für den Ertrag und die Flexibilität am Markt noch deutlicher zu machen, stellen Sie sich bitte folgende Vision oder - wenn Sie meinen - Utopie vor:

Es gelingt Ihnen, die internen Durchlaufzeiten vom Auftragseingang bis zum Versand und vom Lieferanten über den Wareneingang bis zum Versand auf einen Tag zu reduzieren. Was wären jetzt die systemimmanenten Folgen?

⇒ Sie brauchen keinen Absatzplan.

⇒ Sie disponieren und beschaffen auftragsbezogen ohne jedes Bestandsrisiko.

⇒ Sie haben nur noch für einen Tag Vorräte.

⇒ Nur wenige Aufträge sind gleichzeitig in der Fabrik.

⇒ Sie haben kaum Steuerungsaufwand.

⇒ Ihre Fabrik ist weitgehend frei von Vorräten.

⇒ Ihre Lieferzeit beträgt einen Tag bei 100% Termintreue.

⇒ Ihr Unternehmen ist für Ihre Kunden zuhöchst attraktiv.

⇒ Sie verdienen richtig Geld!

Natürlich mag dieser zuhöchst erstrebenswerte Zustand in vielen Fällen eine Utopie sein. Sie zeigt uns aber in Analogie zur ebenfalls nicht durchgängig praktizier-
baren Losgröße 1, daß uns jeder Tag weniger Durchlaufzeit der o.a. attraktiven
und zuhöchst lukrativen Vision einen Schritt näher bringt.

**Welche Investition ist lukrativer als das nachhaltige Senken der Durchlauf-
zeiten?**

Gehen Sie bitte davon aus, das Sie in diesem Buch einen Weg kennenlernen, der
Ihnen diese Erfolge möglich macht. Wer hindert Sie daran, die Durchlaufzeiten
immer weiter zu reduzieren? Nicht nur in der Fertigung, sondern auch in den
vorgelagerten Abteilungen wie Entwicklung, Konstruktion, Einkauf, Arbeitsvorbereitung usw. Da ist viel, zuhöchst ertragsrelevante Luft drin.

Praktisches Beispiel:

Ein Auftragsfertiger in der Kautschuk-Industrie (100 Mio. Euro Jahresumsatz)
hatte durchschnittliche Auftragsdurchlaufzeiten von 8 Wochen. Seinen Kunden
teilte er jene Woche mit, in der sie mit Lieferungen rechnen konnten. Diese Zusa-
gen hielt er nur zu 70 % ein.

Wir wurden gebeten, die Termintreue auf über 90 % zu steigern. Die Durchlaufzeit von 8 Wochen war kein Thema, da branchenüblich.

Ein Jahr nach Beginn der Optimierung des Prozesses 'Auftragsdurchlauf' war die
jetzt tagesgenau angegebene Liefertreue 97 %, die Auftragsdurchlaufzeiten waren
von 8 Wochen auf 8 Tage gefallen. Der Ertragssprung bleibt internes Unterneh-
menswissen.

Wollten Sie jetzt Wettbewerber dieses Unternehmens gewesen sein?

9 Ursache langer Durchlaufzeiten, hoher Bestände und trotzdem schlechter Termintreue

Schauen Sie sich bitte noch einmal den in einem Ypsilon schematisch dargestellten Leistungsprozeß (Abb. 13, Seite 31) an. Stellen Sie sich bitte dieses Ypsilon wie eine längs aufgeschnittene Pipeline vor. Sie erkennen, daß die Pipeline aus einem durchgängig glatten Rohr besteht, also an keiner Stelle Engpässe oder gar Überversorgungen mit Ressourcen aufweist.

Vision:

Würde es uns gelingen, dem Leistungsprozeß - also allen Geschäftsprozessen - termingerecht genau die von ihnen benötigten Ressourcen bereitzustellen, würden alle Geschäftsprozesse wie auf der grünen Welle mit kurzen Durchlaufzeiten und termintreu durch das Unternehmen rauschen.

Das ökonomische Prinzip wäre erfüllt!

Neben den viel kürzeren Durchlaufzeiten (Grüne Welle) hätten Sie dann für Ihr Unternehmen systemimmanent folgende weitere Ergebnisse erreicht:

- **Die Rückstände verschwinden:**

Sobald es keine Engpässe mehr gibt, verschwinden die Rückstände, die Bleigewichte an den Beinen Ihres Unternehmens. Das in den Rückständen gebundene Kapital in Vorräten - durchschnittlich ein Drittel aller Vorräte -wird Umsatz, Ihre Kapitalbindung sinkt um dieses Drittel.

- **Die Termintreue steigt auf praktisch 100 %:**

Ihre Mitarbeiter arbeiten systembedingt termintreu. Den für jeden Arbeitsplatz ist vorlaufend sichergestellt, daß die von ihm benötigten Kapazitäten, Materialien, usw. zu seinen Bedarfsterminen verfügbar sein werden.

- **Der Steuerungsaufwand sinkt nachhaltig:**

Es ist viel weniger aufwendig, vorlaufend Engpässe zu beseitigen, als sich mit den Folgen bereits eingetretener Engpässe (Rückstände) herumzuschlagen.

- **Kundentermine sind Ihre einzige Priorität:**

Es gibt dann keine Priorität außer den zugesagten Lieferterminen an Ihre Kunden. Denn: Werden drohende Engpässe und Fehlteile beseitigt bevor sie auftreten, sind Prioritäten überflüssig.

- **Die Produktivität macht einen Satz nach oben:**

Die Produktivität steigt um einen deutlich zweistelligen Prozentsatz, weil störungsarm hergestellt werden kann. Niemand muß mehr Teilen, Werkzeugen, Zeichnungen usw. hinterherlaufen, weil sie längst gebraucht wurden.

- **Die Teilschritte zur Leistungserbringung sind synchronisiert:**

Jeder Arbeitsplatz liefert dem nächsten termingerecht zu. So sind die Arbeitsplätze im Leistungsprozeß untereinander synchronisiert. Termintreu liefern sie sich gegenseitig im Kunden-/Lieferantenverhältnis zu.

- **Die Erträge steigen:**

Kein Wettbewerber kann aus seiner Organisation heraus ertragsstärker agieren.

Wie nahe sind Sie diesem erstrebenswerten Zustand?

Wie sieht das Ypsilon Ihres Unternehmens aus?

Eher wie die Abb. 15, voller Engpässe und Überversorgungen? Wahrscheinlich! Bei uns heißt dieser zwar übliche aber teure Zustand:

Der disharmonische Leistungsprozeß.

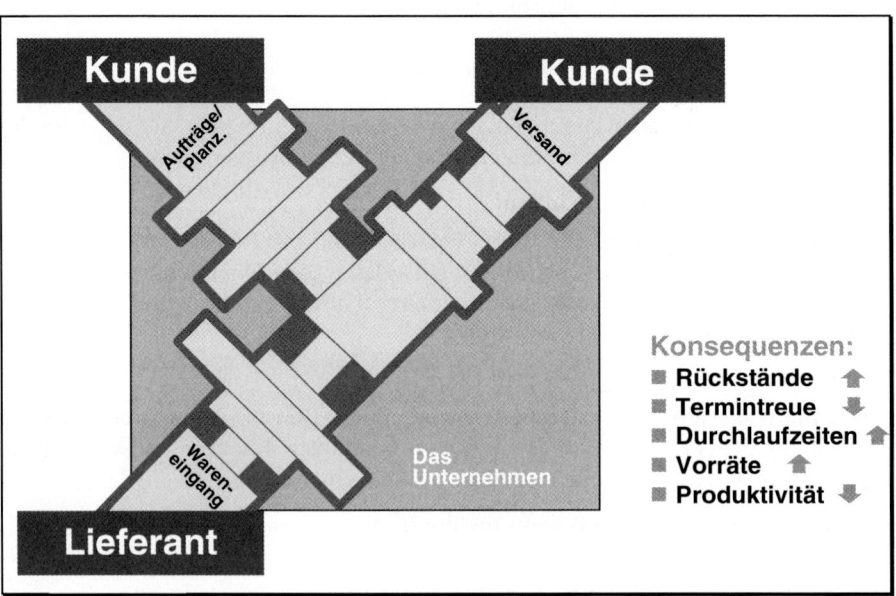

Abb. 15   Der Leistungsprozeß voller Engpässe und Verschwendungen

Bedenken Sie, das Y sieht, abhängig von Auftragslage und Ressourcenversorgung, an jedem künftigen Tag anders aus: Engpässe wandern, Verschwendungen sind überall.

Im Leistungsprozeß (Y) verderben die Unternehmen heute ihren Ertrag.

Müssen wir uns wirklich wundern, wenn aus einem Leistungsprozeß voller Engpässe und Überversorgungen trotz Riesen-Steuerungsaufwand nichts anderes herauskommt als ewig lange Durchlaufzeiten, stets gefährdete Termintreue und hohe Kosten?

Muß das wirklich so sein? Muß das weiterhin auch für Sie gelten? Welche Chancen für intelligente Unternehmer!

10 Der Leistungsprozeß voller Rückstände, Engpässe und Verschwendungen

Die besondere Bedeutung des ökonomischen Prinzips haben wir hinreichend herausgearbeitet. Der disharmonische Leistungsprozeß voller Rückstände, Engpässe und Verschwendungen ist aber genau das Gegenteil. Deswegen gilt es, die Ursachen des disharmonischen Leistungsprozesses (Abb. 15, Seite 48) zu finden, damit wir gezielte Maßnahmen zur Überführung in den ressourcengesicherten Leistungsprozeß (Abb. 13, Seite 31) ergreifen können.

Wieviele wesentliche Ursachen für den disharmonischen Leistungsprozeß gibt es? Wir haben großes Glück. Es sind nur zwei, die Sie sehr schnell erkennen werden. Durch die in den folgenden Kapiteln dazu gestellten Fragen werden Sie sie selbst herausfinden.

10.1 Ursache 1: Niemand ist verantwortlich

Nachdem wir uns die Bedeutung des ressourcengesicherten Leistungsprozesses auf den Strecken Kunde/Kunde und Lieferanten/Kunde bewußt gemacht haben, wissen wir um dessen hohe Markt- und Ertragsrelevanz. Wenn der ressourcengesicherte Leistungsprozeß eine so hohe Bedeutung für Ertrag und Marktnähe eines Unternehmens hat, drängt sich die Frage auf:

„Wer in Ihrem Unternehmen ist dafür verantwortlich,
daß der Leistungsprozeß engpaßfrei gestaltet ist,
damit zumindest Ihre Aufträge und Vorräte schnellst-
möglichst und termintreu durch Ihr Unternehmen laufen?"

Sie können auf diese Frage nicht sofort Ihre einzige dafür verantwortliche Stelle benennen? Es fallen Ihnen mehrere Stellen ein (Abb. 16)? Oder Sie haben eine und diese hat nicht die Kompetenz, die Hilfsmittel?

Sie sind außerdem nicht sicher, ob sich diese Stellen ihrer Verantwortung hinreichend bewußt sind? Die haben alle Hände voll zu tun, wenigstens die wichtigsten Termine einzuhalten und kommen gar nicht zu Aktionen, vorlaufend Ressourcen zu planen und zu sichern?

Sie ahnen den Zielkonflikt eines Produktionsleiters mit kurzen Durchlaufzeiten und möglichst hoher Auslastung. Rückstände und möglichst große Lose helfen ihm bei der Auslastung, gefährden aber die Termintreue, verlängern die Durchlaufzeiten und erhöhen die Kapitalbindung in Vorräten. Wie wollen Sie ihn bewegen, seine Rückstände abzubauen oder gar Durchlaufzeiten zu reduzieren?

Viele müssen sich kümmern.
Niemand ist verantwortlich.

Abb. 16   Unklare Verantwortung

Dazu ein erlebtes Beispiel:

Der Verkauf eines Werkzeugherstellers mit ca. 200 Mio. Euro Jahresumsatz klagte über schlechte Servicegrade am Erzeugnislager trotz hoher, sogar steigender Kapitalbindung. Wie konnte das sein?

Des Rätsels Lösung:

Der Produktionschef bekam eine hohe Prämie, wenn er aus seinen Mitarbeitern und Maschinen eine hohe Betriebsleistung herausholte. Also strebte er nach diesem Suboptimum. Für ihn waren - wie er es offen erklärte und natürlich längst realisiert hatte - „ein dicker Buckel und ein dicker Bauch" wichtig. Was meinte er damit?

*   Der „dicke Buckel" war der 3-wöchige Rückstand, aus dem er seine Mitarbeiter ständig mit Arbeit versorgen konnte. Denn für die Rückstände hatte der Einkauf - initiiert durch deren PPS-System - längst das Material beschafft (Just in Stau).

*   Der „dicke Bauch" waren ebenfalls materialversorgte Aufträge für die nächsten 4 Wochen, die er zur Kapazitätsauslastung terminlich vorziehen konnte.

Mit dieser Methode erreichte der Produktionschef eine anerkennenswerte Produktivität. Er war bei der Unternehmensführung sehr geschätzt.

Daß der Verkauf mit den Folgen seiner durch die falsche Zielsetzung programmierten Suboptimierung wie lange Lieferzeiten, schlechte Termintreue und geringe Flexibilität nicht klar kam, war in der Tat nicht <u>sein</u> Problem.

Fast müßig hinzuzufügen, daß dieser Produktionsleiter höchst ungern Maschinen umrüstete und deswegen stets hohe Losgrößen produzierte. Oft Losgrößen bis das Material verbraucht war! Welche Produktivität dieser 'Ab-teilung'? Welche Folgen für den Markt?

<u>Schauen wir auf Ihren Einkauf!</u>

Sie schließen nicht aus, daß dem Einkäufer in seinem Streben nach niedrigen Einstandspreisen die Auswirkungen langer Lieferzeiten auf Ihre Lieferbereitschaft und das Bestandsrisiko nicht hinreichend bewußt sind? Soll er preisgünstig einkaufen oder kurze Lieferzeiten realisieren? Wofür erhält er seine Anerkennung? Woran wird seine Leistung gemessen?

<u>Dazu ein weiteres praktisches Beispiel:</u>

Seit über 30 Jahren hat ein renommierter Gerätehersteller mit ca. 100 Mio. Euro Jahresumsatz zu jedem neuen Kalenderjahr seine Preise erhöht. Der Markt hat das stets akzeptiert.

Dann kam das erste Jahr, in dem sich diese übliche Preisanpassung nicht durchsetzen ließ. Konsequent wies die Unternehmensführung den Einkaufsleiter an, auch seinerseits keine Preiserhöhungen bei seinen Lieferanten zu akzeptieren.

Dem Einkaufsleiter schien das im großen Durchschnitt machbar. Er plante, Lieferanten mit kurzen Lieferzeiten durch andere mit niedrigeren Preisen aber viel längeren Lieferzeiten und unsicherer Termintreue auszutauschen. Das von der Unternehmensführung verlangte Ziel hätte er erreicht.

Unser Gerätehersteller befindet sich aber in einer Branche, in der der Wettbewerb über schnelle Reaktion auf Kundenwünsche entschieden wird.

Nur durch massives Intervenieren des PM konnte verhindert werden, daß der Einkauf zwar sein Suboptimum realisiert aber das Unternehmen insgesamt Schaden nimmt.

Nun zu einem aufschlußreichen Symptom für die Qualität der Leistungssteuerung in einem - Ihrem? - Unternehmen.

Kommt es vor, daß Ihr Einkäufer wegen derselben Fehlteile von mehreren Mitarbeitern angerufen wird? Wenn ja, ist das nicht ein klares Indiz dafür, daß sich in Ihrem Unternehmen zu viele teure Mitarbeiter um dieselben Engpässe kümmern (müssen)? Wo bleibt da die Effektivität, die Produktivität?

Wenn Ihnen also mehr als eine verantwortliche Stelle für kurze Durchlaufzeiten eingefallen ist, stellt das einen glatten Verstoß gegen eine wichtige Führungsregel für die Delegation von Verantwortung dar:

Delegiere <u>eine</u> Verantwortung nur an <u>eine</u> Stelle.

Die gleiche Verantwortung an verschiedene Stellen delegiert ist teuer und führt natürlich nicht zum Ziel. Darüber hinaus läßt sie den vielen Verantwortungsträgern die Freiheit, Schwachstellen im gesamten Leistungsprozeß, also im Leistungs-Ypsilon, mit so vielen Ressourcen-Puffern (Personal, Maschinen, Material,...) zuzudecken, daß diese Schwachstellen im Unternehmen nicht mehr als solche empfunden werden (Abb. 17, linke Hälfte).

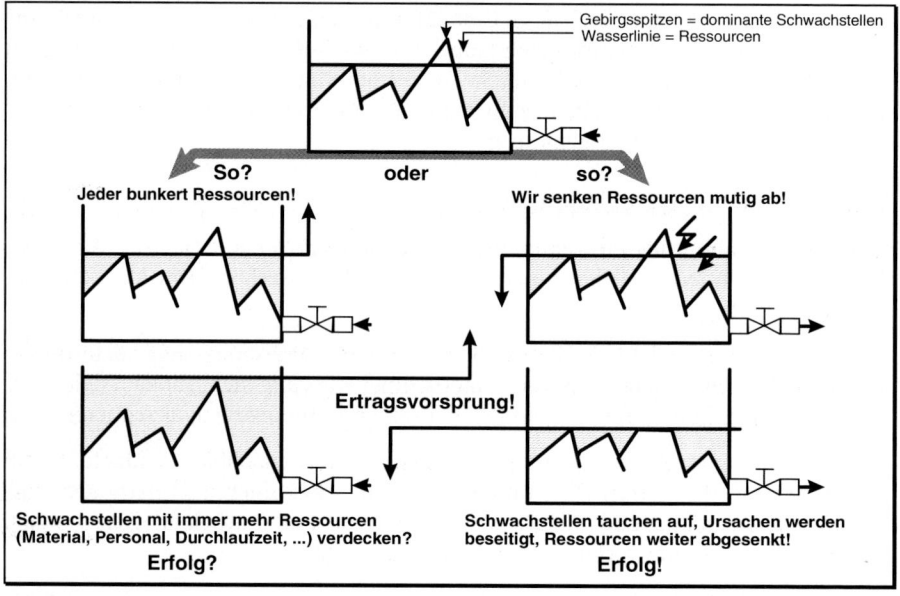

Abb. 17   Was wollen Sie tun? Schwachstellen zudecken (links) oder mutig beseitigen (rechts)?

Die Ursachen dieser teuren Schwachstellen werden - da teuer zugedeckt - nicht erkannt und können deswegen auch nicht beseitigt werden. So ist folgendes teure Verhalten programmiert:

Jeder bunkert Zeiten und Vorräte!

Jeder optimiert seinen Bereich. Niemand will 'auffallen'. Wo bleibt dabei das Gesamtoptimum der Leistungsprozesse auf dem Leistungs-Ypsilon?

Wer ist für diesen großzügigen Umgang mit Ressourcen verantwortlich?

Dieses in westlichen Industrieunternehmen ausgeprägte ertragsbelastende Verhalten nennen die Japaner "MUDA", die Verschwendung von Ressourcen.

Warum begreifen wir auftretende Schwachstellen im Leistungsprozeß nicht als Chance ihre Ursachen zu finden, diese zu beseitigen und fortan mit weniger Ressourcen auszukommen.

Wie würde Ihnen das gefallen, wenn Sie in Ihrem Unternehmen diesen Weg der ständigen kontrollierten Ressourcensenkung verfolgen, während Ihre Wettbewerber weiterhin Zeiten und Vorräte bunkern?

Sie werden ihnen mit größerer Beweglichkeit und höheren Erträgen immer mehr Marktanteile abnehmen! Ihre Wettbewerber werden in ihrer Existenz gefährdet. Wenn diese das merken, haben Sie bereits einen schwer einholbaren Vorsprung. Warten Sie nicht, bis Ihre Wettbewerber auf diese Idee kommen, denn:

Die Wettbewerber schlafen nicht!

10.2   Ursache 2: Der künftige Leistungsprozeß ist nicht transparent

Wenden wir uns nun der zweiten und damit schon der letzten wesentlichen Ursache des disharmonischen Leistungsprozesses zu. Die professionelle Steuerung des Leistungsprozesses setzt voraus, daß

- alle in der Vergangenheit liegenden Aktivitäten bekannt sind, damit diese realisierbar für die Zukunft neu eingeplant werden können, ohne den Endtermin zu verschieben und
- alle jetzt erst erkennbaren drohenden Engpässe und Überversorgungen sicher identifiziert sind, damit sie beseitigt werden, bevor sie wirken.

Die Fragen nach der zweiten Ursache des disharmonischen Leistungsprozesses lauten also:

- Wer in Ihrem Unternehmen identifiziert schnell und sicher zunächst alle Zukaufteile und Arbeitsgänge, die bereits in der Vergangenheit hätten beschafft bzw. erledigt werden müssen, um die Kundentermine zu halten?

- Wer terminiert heute diese in der Vergangenheit natürlich nicht mehr durchführbaren Vorgänge in die Zukunft, ohne die Kundentermine - bis auf seltene Ausnahmen - zu verschieben?

- Wer gibt heute zuverlässige Informationen an die Beschaffer und Wertschöpfer, wann, wo, in welchem Umfang Engpässe und Verschwendungen auftreten werden?

- Wer sorgt heute dafür, daß diese Engpässe im gesamten Leistungsprozeß beseitigt werden, bevor sie termintötend und ertragfressend wirken?

Kann niemand in Ihrem Haus diese Antworten schnell und sicher geben, sind Rückstände, unerkannte Engpässe und damit Verzögerungen und Durcheinander im Auftrags- und Materialdurchlauf programmiert.

Damit haben wir die zweite Ursache des disharmonischen Leistungsprozesses identifiziert:

Wir kennen die künftigen Engpässe nicht!

Wichtige Erkenntnis:

Solange Sie mit Rückständen planen, sind alle Belastungsbilder für Ihre Arbeitsplätze und alle Bedarfstermine für Ihre Zukaufteile usw. falsch! So kann niemand irgendeinen Prozeß termintreu steuern.

10.2.1   Die fatale Wirkung von Rückständen

In diesem Kapitel werde ich den Beweis führen, daß in der Prozeßplanung geduldete Rückstände Sie blind machen für die tatsächliche Belastung Ihrer Ressourcen. Kennen Sie aus der Praxis Symptome ähnlich den folgenden?

- Unerwartet tritt ein Engpaß auf, obwohl sich der Auftragsbestand nicht plötzlich verändert hat. Von heute auf morgen müssen Sie Ihre Mitarbeiter um Überstunden bitten.
- Mitarbeiter machen Überstunden oder Samstagsarbeit und es geht Ihnen während der Überstunden das Material aus.
- Mitarbeiter müssen in Überstunden Teile produzieren, die dann tagelang liegen, ehe sie weiter verarbeitet werden.
- Der Einkauf muß Zukaufteile schnellstens beschaffen und findet sie Tage später wieder, ohne daß ein Handschlag daran getan worden ist.

Wie kann so etwas passieren? Die Ursache ist Ihr immer wieder auftretender Rückstand in der Leistungsprozeßplanung und damit auch im praktischen Prozeß. Sie werden sehen, wie gnadenlos streng hier die reine Logik zuschlägt.

Stellen Sie sich bitte einen einfachen Auftrag vor, wie er in der Abb. 18 als Supply Chain dargestellt ist.

Die Länge der Kästen symbolisiert die Durchlaufzeiten in den Arbeitsplätzen (weniger als 5 % der Durchlaufzeiten sind Bearbeitungszeiten) und die Beschaffungszeiten. Sie erkennen, daß einige Vorgänge in der Vergangenheit liegen.

Wenn Sie diese Vergangenheitsvorgänge im Planungssystem so stehenlassen, also dulden, sagt uns bereits die reine Logik:

- Der Bedarfstermin für das Zukaufteil 1395 soll für einen Termin in der Vergangenheit beschafft werden. Das ist unmöglich. Frühestens heute kann sich der Beschaffer bemühen, dieses Teil zu bekommen.

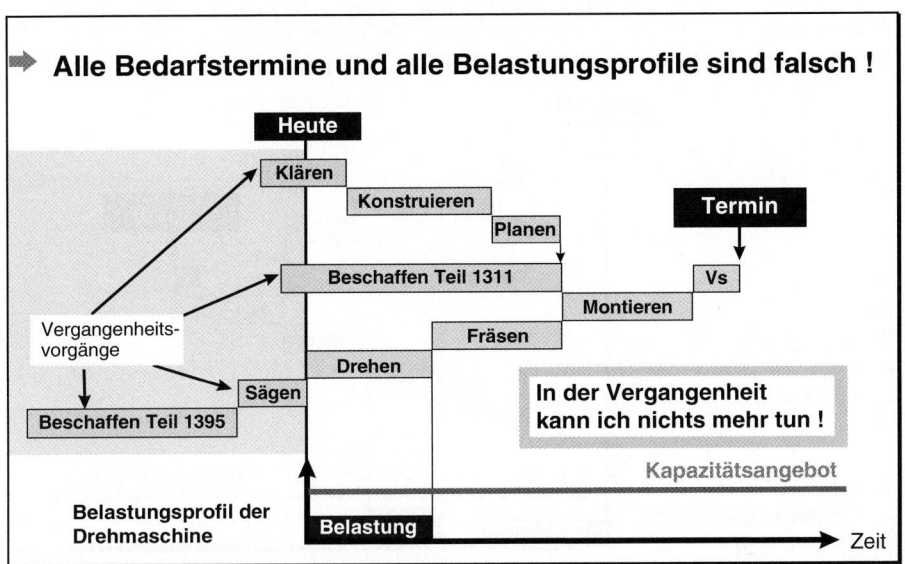

Abb. 18   Ein einfacher Auftrag im Rückstand

- Der Sägevorgang muß noch in der Vergangenheit erledigt werden. Genauso unmöglich!
- Das Drehen soll sofort gestartet werden. Das geht aber beim besten Willen nicht, da das Material nicht vorhanden ist, geschweige denn gesägt zur Verfügung steht. Somit gaukelt eine trotz Rückstand durchgeführte Kapazitätsrechnung dem Dreher vor, er müsse jetzt sofort anfangen. Aber er hat keine Chance. Seine Arbeit wird erst möglich, wenn das Teil 1395 beschafft ist und gesägt zum Drehen zur Verfügung steht.

Sie sehen also:

**Bei Planungen mit Vergangenheitsvorgängen sind
alle Bedarfstermine und alle Bedarfsprofile falsch.**

Wir sind blind! In Rückstandssituationen sehen wir weder die drohenden Engpässe (Termintöter und Ertragfresser) noch die drohenden Überversorgungen (Ertragfresser)! Also können wir sie auch nicht beseitigen, bevor sie auftreten.

Wenn Sie drohende Engpässe und drohende Fehlteile zuverlässig identifizieren wollen, dann müssen Sie bereits in der Planungsphase dafür sorgen, daß kein noch durchzuführender Vorgang in der Vergangenheit liegt.

Dann erhalten Sie systemimmanent zuverlässige, realitätskonforme Bedarfstermine und Belastungsprofile (Abb. 19). Dann sehen Sie alle drohenden Engpässe und Verschwendungen glasklar und können sie beseitigen, bevor sie Ihnen Ihre Termine und Ihre Erträge zerstören.

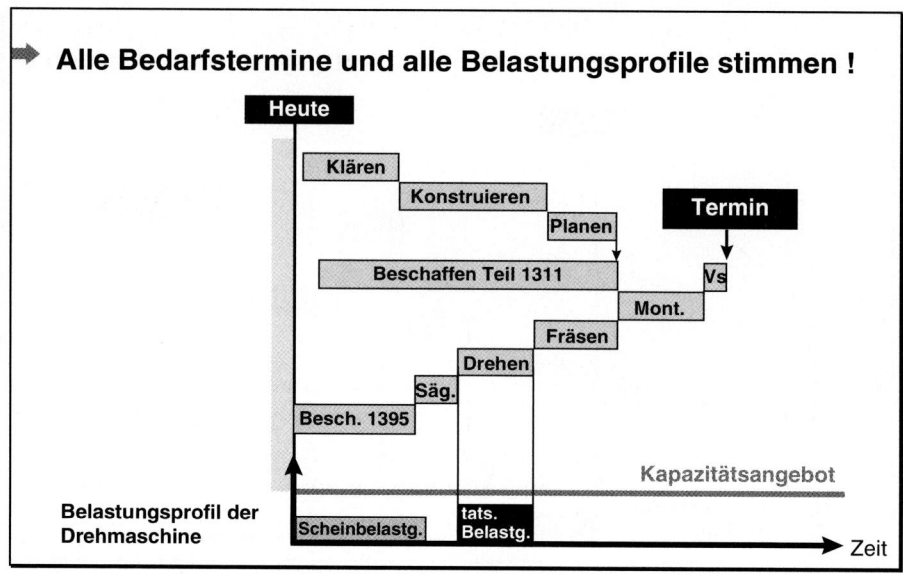

Abb. 19   Rückstände beseitigt!

Rückstände zerstören nicht nur jede Planung. Ich könnte ein ganzes Horror-Szenario über die fatale Wirkung von Rückständen schreiben. Die wichtigsten Rückstandsfolgen seien hier erwähnt. Rückstände sind die Metastasen Ihres Unternehmens:

- Sie programmieren falsche Ressourcen-Bedarfstermine und unrealistische Belastungsprofile. Damit machen sie aus jeder Steuerungsstelle eine im Grunde chancenlose Chaosbewältigungsfeuerwehr.

- Sie verursachen Aktionismus, hohen Steuerungsaufwand und Resignation.

- Sie töten die Termintreue und betonieren lange unsichere Durchlaufzeiten.

- Sie zerstören die Synchronisation der Prozeßvorgänge. Das termingleiche Zusammenführen von Stücklistenkomponenten ist nicht möglich. Es entstehen unnötige Material-Liegezeiten, also unnötige Kapitalbindung.

- Just-in-time-Zulieferungen müssen durch hohe Sicherheitsbestände 'abgesichert' werden.

- Sie binden enorm viel Vorräte und verursachen weitere, weil sie die Prozeßsynchronisation zerstören und damit unnötige Liegezeiten (Wartezeiten) erzwingen.

- Sie bewirken, daß Material für die 'scheinbar' wichtigen Aufträge verbaut wird. Den wirklich eiligen fehlt dann das Material. Diese geraten dann zusätzlich in Verzug.

- Sie initiieren Überstunden, um Teile herzustellen, die dann auf ihre Komponenten warten. Sie werden zu unnötigen Eilbeschaffungen veranlaßt, und der kritische Pfad im Prozeß ist ganz woanders.

- Sie machen das schnelle Erkennen des kritischen Pfades eines Prozesses - z.B. eines Kundenauftrages - unmöglich.

- Sie führen wegen der falschen Bedarfstermine jede Losgrößenrechnung ad absurdum.

- Sie vernebeln andere Schwachstellen, blockieren die Produktivität und sind wahrscheinlich die 'erfolgreichsten' Ertragfresser im Unternehmen.

Rückstände versperren den Weg zum ökonomischen Prinzip!

Jetzt ahnen Sie vielleicht, warum es so wenige zufriedene PPS-Anwender gibt.

Schauen Sie genau hin! Die allermeisten planen mit Vergangenheitsterminen. Sie lassen Rückstände in der Planung zu. Fatal!

Sie wissen nicht, was sie tun,

bis sie in diesem Buch an dieser Stelle angekommen sind. Jetzt wissen Sie es.

Sie kennen jetzt die Wichtigkeit der rückstands- und engpaßfreien Prozeßplanung. Bitte werten Sie jetzt selbst, ob Sie die unverzichtbare Rückstands- und Engpaß-freiheit bereits erreicht haben. Dann gewinnen Sie eine realistische Vorstellung von dem nahezu unglaublichen Ertragspotential dieser rückstands-, engpaß- und verschwendungsfreien Kultur in Ihrem Unternehmen.

10.2.2   Die unrealistische Planungslogik der allermeisten PPS-Systeme

Vor dem Hintergrund der soeben behandelten logischen Zusammenhänge werden Sie jetzt die Möglichkeit haben, die üblichen PPS-Systeme - bitte auch Ihr eigenes - auf den Prüfstand zu stellen.

Dabei möchte ich anmerken, daß ich von 1964 bis 1983 mitgeholfen habe, genau diese 'alten' PPS-Systeme zu entwickeln und zu implementieren. Zu meiner Rechtfertigung: Zumindest in den 60er und 70er Jahren ging es vorrangig darum, die manuellen Material-Bedarfsrechnungen (Stücklistenauflösungen) und die Plantafeln in der Arbeitsvorbereitung auf die EDV zu bringen. Die damals entstandenen Paradigmen sind - wie alle Paradigmen - sehr langlebig.

Die Implementierung der Planungs- und Steuerungsmodule eines „bewährten" PPS-Systems ist betriebswirtschaftlich nicht mehr zu rechtfertigen und im Wettbewerb gefährlich.

Also schauen Sie sich die Planungslogik eines üblichen und/oder Ihres eigenen PPS-Systems einmal genau an. Arbeitet Ihr PPS-System mit Rückständen oder gar mit Prioritäten für die zugesagten Kundentermine? Wenn ja, dann kennen Sie alle ertragsfressenden Symptome und Sie können direkt zum Kapitel 11 übergehen.

Ansonsten stelle ich Ihnen zunächst folgende Frage:

Mit welchen Primärbedarfs-Informationen versorgen Sie Ihr PPS-System? Wie weit haben Sie im voraus sichergestellt, daß die notwendigen Ressourcen zur Verfügung stehen werden, damit Ihre Kundenaufträge und Planzahlen terminge-treu - also staufrei - und mit kurzen Durchlaufzeiten hergestellt werden können?

Wann erfährt z.B. der Einkauf von einem Fehlteil? Wenn es im Betrieb entdeckt wird oder vor der Bestätigung des verbindlichen Liefertermins für Ihren Kunden-auftrag, damit er trotz knapper Zeit alle Möglichkeiten der termingerechten Be-schaffung frühzeitig nutzen kann?

Wann wird der Mitarbeiter in der Konstruktion oder der Produktion darüber in-formiert, daß er zur termingerechten Herstellung Überstunden machen muß? Wenn es durch Rückstand entdeckt wird oder spätestens bei Annahme des Kun-denauftrages, damit er sich frühzeitig darauf einstellen kann?

Da vielen Unternehmen und Fachleuten diese zuhöchst ertragsrelevanten logi-schen Zusammenhänge durchaus bewußt sind, gibt es in entsprechend vielen Unternehmen mindestens eine wöchentliche Besprechung, in welcher einerseits der Verkauf seine Wünsche vorträgt und andererseits die wichtigsten Repräsen-tanten des Leistungsprozesses (Konstruktion, Produktion, Beschaffung,...) ab-schätzen, ob und wie die Verkaufswünsche termingerecht erfüllt werden können. Hier findet eine Machbarkeitsschätzung (Abb. 20) durch die wichtigsten Lei-stungserbringer statt.

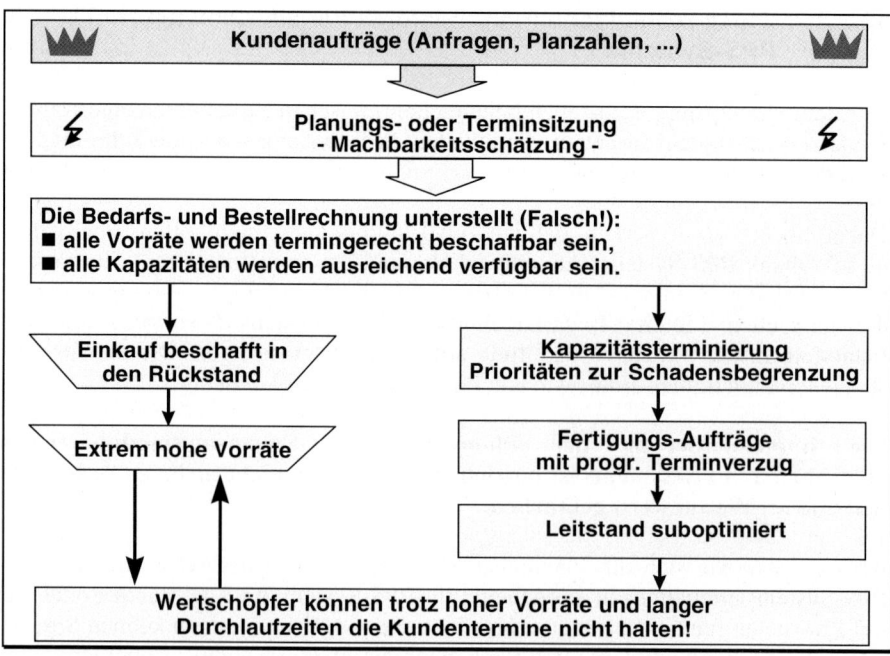

Abb. 20 Herkömmliche Produktionsplanung und -steuerung

Jetzt kommt die entscheidende Frage, die uns die zweite Ursache langer Durchlaufzeiten aufzeigt:

"Wer in Ihrem Unternehmen ist in der Lage, für jede Auftragssituation schnell und zuverlässig über den Planungshorizont für alle benötigten Ressourcen (Menschen, Maschinen, Vorräte,...) festzustellen, welche Aktivitäten in den Rückstand fallen und wie sie, aus dem Rückstand herausgeholt, auf die Kapazitätsbelastung wirken. Welche Ressourcen werden an welchem Datum zum Engpaß oder bleiben ungenutzt?"

Sie haben recht, dieses Superhirn gibt es nicht. Welchen Sinn hat dann die Machbarkeitsschätzung (Abb. 20)? Denn: Wenn wir das künftige, für die termintreue Leistungserbringung notwendige Betriebs- und Versorgungsgeschehen nicht durchgängig kennen, können wir es auch nicht wirklich steuern. Dann ist unsere Steuerung des Leistungsprozesses eine Abteilung zur Chaosbewältigung.

Da also kein Mensch in der Lage sein kann, für den Planungshorizont termingerecht alle drohenden Fehlteile und Überlasten sowie Überversorgungen mit Vorräten und Kapazitäten zu erkennen, werden die Wünsche des Verkaufs nach einer groben Machbarkeitsschätzung für die Realisierung und damit für die operative Ressourcendisposition freigegeben.

In den sogenannten Planungs- und Terminsitzungen kann also bestenfalls ein Bruchteil der drohenden Termin- und Ressourcen-Engpässe erkannt werden. Künftige ertragsfressende Überkapazitäten und drohenden Überversorgungen mit Vorräten werden so gut wie gar nicht erkannt und können deshalb auch nicht vermieden werden. Da liegt man auf der zwar sicheren, aber unerträglich teuren Seite.

Entsprechend sind die dann im praktizierten Betrieb auftauchenden Überraschungen. Müssen wir uns dann wundern, wenn jene Mitarbeiter, die diese Suppe tagtäglich auslöffeln müssen, also unsere Wertschöpfer, diese Terminbesprechungen zur Machbarkeitsschätzung mit Begriffen wie Märchenstunde, Elefantenrunde, Frühmesse, türkischer Basar o.ä. bezeichnen?

Diese Ohnmacht in der frühzeitigen Engpaßerkennung hat logischerweise dazu geführt, daß fortschrittliche Softwarehersteller wie unser Haus eine Simulationssoftware anbieten. Mit dieser Simulation können die Konsequenzen alternativer Verkaufswünsche für die Ressourcen errechnet werden, um die so identifizierten drohenden Engpässe und Fehlteile im Vorfeld zu erkennen und zu beseitigen.

Nicht akzeptabel sind Simulationen oder PPS-Module, die mittels Vorterminierung der z.T. in die Vergangenheit gefallenen Aufträge diese in die Zukunft schieben. Das ist weder ertragssteigernd noch im Markt zu empfehlen. Im Automotive-Markt wäre das der Tod dieses Unternehmens.

Ebenfalls nicht empfehlenswert ist die oft praktizierte Anzahlbegrenzung der simulierbaren Teile und Arbeitsplätze. Denn so eine Methode setzt voraus, daß

Sie diese Engpaßkandidaten genau kennen und sich erhalten. Das heißt: Alle anderen Ressourcen müssen bewußt überdimensioniert werden und es auch bleiben. Das ist wiederum ein glatter ertragfressender Verstoß gegen das ökonomische Prinzip. Die bewußte Überversorgung der nicht simulierbaren Ressourcen belastet den Ertrag des Unternehmens so stark, daß auch dieser Weg nicht zu einem ertragsstarken, schlanken Unternehmen führen kann.

Wenn Sie mit kurzen Durchlaufzeiten termintreu am Markt operieren wollen, muß spätestens bei Annahme der Kundenaufträge bzw. bei der Bestätigung der Planzahlen des Verkaufs im voraus für alle Ressourcen sichergestellt sein, daß in der relevanten Zukunft zumindest rechnerisch

- alle drohenden Fehlteile bedarfsgerecht beschafft werden und
- alle drohenden Engpässe aufgelöst werden können.

Sonst kommen wir von Rückständen und Terminverzügen und den viel zu langen Durchlaufzeiten nicht runter. Lassen Sie bitte folgende einfache Beispiele auf sich wirken:

Beispiel 1: Drohendes Fehlteil

⇒   Stellen Sie sich bitte vor, nur ein einziges Zukaufteil ist für einen Kundenauftrag nicht termingerecht zu beschaffen (Abb. 21). Dann müssen alle anderen für diesen Auftrag beschafften Komponenten warten.

Diese erhöhen unnötig die Kapitalbindung in Vorräten. Der Rückstand wächst weiter an. Die den Kunden zugesagten Termine sind nicht zu halten. Von der angestrebten Reduzierung der Durchlaufzeiten brauchen wir gar nicht zu reden, solange so etwas systemimmanent passiert. Dasselbe gilt für Eigenfertigungsteile.

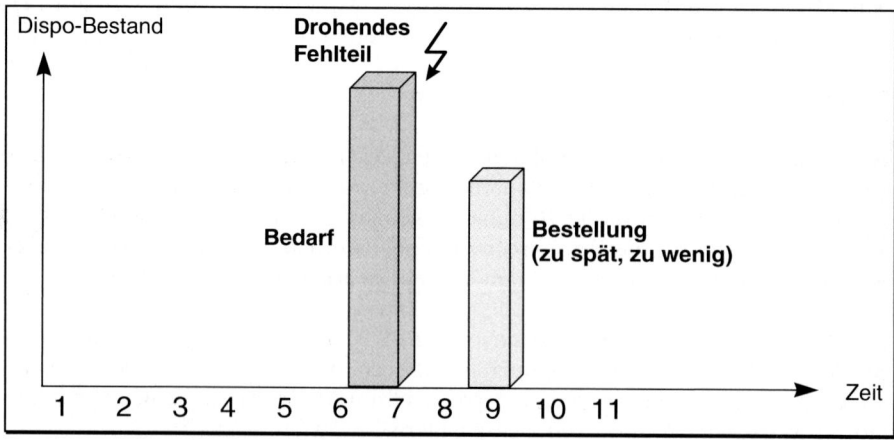

Abb. 21   Fehlteile und Rückstände sind programmiert

Wieviele Zukauf- und Eigenfertigungsteile haben Sie? Bei wievielen Teilen können zu wievielen Terminen Fehlteile auftreten? Jawohl, Sie haben recht, das ist unüberschaubar.

Beispiel 2: Drohende Überlast

⇒ Stellen Sie sich bitte vor, nur ein einziger Arbeitsplatz wird zum Engpaß (Abb. 22). Der jetzt sicher entstehende Rückstand bindet erhebliches Kapital in Vorräten, zerstört die Termintreue und gibt Ihnen keine Chance, Durchlaufzeiten auch nur ansatzweise zu reduzieren. Außerdem führt Rückstand zu falschen Ressourcenbedarfen.

Achtung: Der Engpaß begrenzt die Leistungen für alle von Ihrem Unternehmen angebotenen Leistungen (Erzeugnissen), von denen nur eine einzige Teilleistung über diesen Engpaß läuft.

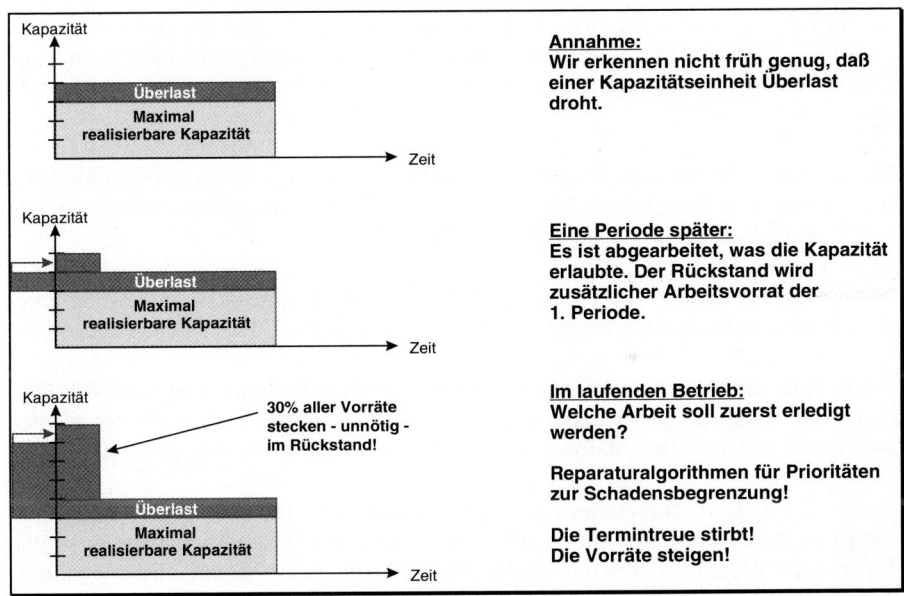

Abb. 22 Rückstände machen Ihre Planer blind

Wieviel Arbeitsplätze haben Sie? An wievielen Arbeitsplätzen können also zu wievielen Terminen Staus entstehen? Jawohl, auch das ist unübersehbar.

Rückstände machen die Planer und Steuerer blind,
töten die Termintreue,
treiben die Kapitalbindung in Vorräten hoch
und betonieren die viel zu langen,
schwer kalkulierbaren Durchlaufzeiten!

Quintessenz:

Wenn Sie ohne eine durchgängige vorlaufende Machbarkeitssicherung Primärbedarfe in die deterministische Bedarfs- und Bestellrechnung geben, können Sie trotz bester Mitarbeiter und teuerster PPS-Systeme die Realisierung des ökonomischen Prinzips vergessen.

Schauen Sie sich die Abb. 21 und Abb. 22 bitte genau an. Rückstand entsteht immer dann, wenn entweder an einem Arbeitsplatz nicht so viel Kapazität zur Verfügung steht, wie für die termingerechte Erfüllung der Kundenaufträge und/oder Planzahlen erforderlich ist, oder eine der notwendigen Komponenten zum Bedarfszeitpunkt für die Herstellung nicht zur Verfügung steht.

Rückstand entsteht sofort, wenn auch nur eine einzige für die zu erbringende Leistung benötigte Ressource nicht termingerecht zur Verfügung steht.

So einfach ist das. Gegen diese simple Logik sind ihre Planer, Disponenten, Steuerer und selbsternannten Zwangskümmerer machtlos, solange sie diese drohenden Engpässe nicht vorlaufend sicher erkennen und beseitigen können, bevor sie eintreten.

Wenn wir die Rückstände als Ursachen nicht beseitigen, können wir anschließend nur noch an den Symptomen kurieren und weitgehend ohnmächtig versuchen, den bereits eingetretenen Schaden zu begrenzen.

Dabei soll uns dann z.B. die eigentlich überflüssige Kapazitätsterminierung eines PPS-Systems oder gar ein elektronischer Leitstand helfen? Das ist chancenlos!

Nach welchen Kriterien soll z.B. bei einer Rückstandssituation entschieden werden, welche Aufträge als nächstes auf diesem Arbeitsplatz abgearbeitet werden sollen und welche liegenbleiben und damit noch weiter in Verzug geraten?

Damit der bereits eingetretene Schaden (Terminverzüge und hohe Kapitalbindung) begrenzt werden kann, wird in den gängigen Produktionsplanungs- und Steuerungssystemen (PPS) ein äußerst komplexes EDV-Modul, die sogenannte Kapazitätsterminierung, aktiviert (Abb. 20, S. 60).

Diese versucht jetzt nach verschiedenen Prioritäten jenen Arbeitsgang herauszufinden, der inzwischen die höchste Priorität hat. Es muß also jener gefunden werden, der dann - wenn er nicht jetzt endlich durchgeführt wird - den größten Schaden für das Unternehmen nach sich ziehen würde.

Also wägt die Kapazitätsterminierung ab, ob als nächster Arbeitsgang jener durchgeführt werden soll, der jetzt eigentlich dran wäre, um die noch zu rettenden Termine zu halten, oder ob Arbeitsgänge aus dem Rückstand eine noch höhere Gesamtpriorität haben und deshalb vorher dran sind. Alle anderen bleiben in Verzug und warten auf höhere Priorität.

Konsequenterweise müßte im PPS-System dieselbe Prioritätsrechnung auch bei der deterministischen Bedarfs- und Bestellrechnung für nicht ausreichend vorhandene oder beschaffbare Bestände erfolgen. Auch hier müßte nach Prioritäten entschieden werden, welche inzwischen heißesten Aufträge die begrenzten Bestände bekommen sollen. Das allerdings geschieht erstaunlicherweise nicht. Denn das könnte beim besten Willen niemand mehr durchblicken.

Die allermeisten z.Zt. auf dem Markt angebotenen PPS-Systeme unterstellen bei der deterministischen Bedarfsrechnung zwei Annahmen, die beide nichts mit der Realität, dem Markt, der Logik der Betriebswirtschaft und schon gar nichts mit dem tatsächlichen Versorgungs- und Betriebsgeschehen im Unternehmen oder gar mit dem ökonomischen Prinzip zu tun haben (Abb. 20, S. 60):

Erste falsche Annahme:

⇒ Es werden schon ausreichend Vorräte im Unternehmen vorhanden sein, die Wünsche des Verkaufs zu befriedigen. Wenn nicht, wird der Einkauf die benötigten Zukaufteile schon termingerecht beschaffen können, auch wenn die Lieferzeiten bei weitem nicht ausreichen oder geforderte Liefertermine sogar schon in der Vergangenheit liegen. Diese Unterstellung ist absurd.

Zweite falsche Annahme:

⇒ Jeder einzelne für die Realisierung der Kundenaufträge benötigte Arbeitsplatz im Leistungsprozeß, also auf dem Leistungs-Ypsilon, wird termingerecht ausreichend Kapazität haben, die aus den Primärbedarfen resultierenden Einzelaufträge staufrei herzustellen. Diese Unterstellung ist praxisfremd.

Beide Annahmen sind also unzulässig. Sie sind realitätsfern. Sie treiben die Vorräte und Durchlaufzeiten hoch. Sie geben uns keine Chance, Termine zu halten und die Durchlaufzeiten zu reduzieren. Rückstände und Terminchaos sind programmiert und drücken auf die Produktivität.

Der Einkauf muß unsinnigerweise zu den theoretisch errechneten, nicht auf Machbarkeit geprüften Terminen so beschaffen, als würde er auch alle anderen Komponenten termingerecht bekommen und die Produktion termingerecht ausreichend Kapazitäten haben. So stauen sich vor und in der Produktion die Vorräte.

Wußten Sie, daß durchschnittlich 30 % aller Vorräte im Rückstand gebunden sind (Abb. 22, S. 63)? Das ist nur eine der teuren Konsequenzen eines nicht rückstandsfreien Unternehmens.

Der beste Einkäufer hat unter diesen Umständen keine Chance, auch nur in die Nähe von Just-in-time-Zulieferungen zu kommen.

Er ist durch das System - diese unzulässige Planungslogik - gezwungen, in den Rückstand hinein weitere Zulieferungen zu bestellen und auch liefern zu lassen.

Wie häufig wundern sich Einkäufer, daß sie laut Termin dringend benötigte und evtl. mit Mehrkosten eilig beschaffte Zulieferungen noch viele Tage nach ihrem Bedarfstermin im Lager unangetastet wiedersehen.

Mutige Einkäufer erstellen sich parallel zu den bestehenden PPS-Modulen eigene Hilfsmodule. Mit Reichweitenrechnungen versuchen sie zu erkennen, daß die laut PPS-System zu beschaffenden Zulieferungen erst viel später tatsächlich gebraucht werden.

Gehen Sie bitte einmal durch die Fertigung und greifen sich irgendeinen laufenden Fertigungsauftrag heraus. Schauen Sie auf den Soll-Fertigstellungstermin. Vergleichen Sie ihn mit dem tatsächlichen Datum. Statistisch haben Sie eine gute Chance, daß Sie einen der vielen Fertigungsaufträge erwischt haben, die sich im Rückstand befinden.

Müssen wir uns da wundern, wenn die Wertschöpfer bei den vielen Appellen an Termintreue nur noch müde lächeln? Schließlich erhalten Sie immer wieder Fertigungsaufträge, deren Termine längst in der Vergangenheit liegen.

Müssen wir uns bei den ständigen Rückstandssituationen wirklich wundern, wenn verzweifelte Produktionsleute versuchen, mit komplexen, hochaktuellen Betriebsdatenerfassungssystemen oder - schlimmer noch - mit teuren elektronischen Leitständen dem programmierten Terminchaos Herr zu werden? Chancenlos kurieren sie am Symptom 'Rückstände', weil sie keine Möglichkeit haben, diese Rückstände frühzeitig zu erkennen, um sie zu beseitigen. Nur die Beseitigung der Ursachen kann diesen ertragsfressenden Dauerzustand beseitigen.

Anbieter von Betriebserfassungssystemen werben mit der heute in der Praxis leider immer noch akzeptierten, dennoch völlig falschen und unverantwortlichen Feststellung:

> **Ein Steuerungssystem kann nur so aktuell sein**
> **wie das Rückmeldesystem. FALSCHER WEG!**

Diese vor den Rückständen resignierende Feststellung unterstellt, daß die für den Leistungsprozeß notwendigen Operationen weit entfernt davon sind, jemals termintreu erledigt werden zu können.

Wenn Sie vor den Rückständen resignieren, dann brauchen Sie natürlich ein ganz aktuelles Rückmeldesystem. Schließlich müssen Sie für Ihre dann mit Prioritäten gesteuerte Neuplanung wissen, was aus dem Rückstand inzwischen fertiggemeldet ist, damit Sie wenigstens die inzwischen fertigen Arbeiten nicht wieder einlasten.

Was glauben Sie, wer künftig ein nicht termintreues Unternehmen in seiner Supply Chain als Partner in der Lieferkette akzeptiert? Vergessen Sie jede Art, an Symptomen zu kurieren. Das überlebt Ihr Unternehmen nicht!

Eine beliebte, aber wiederum auf Sicht tödliche Therapie besteht darin, Rückstände durch großzügige Ressourcenbereitstellungen zu vermeiden. So deckt man nicht beherrschte Schwachstellen mit viel Geld zu (Abb. 17, Seite 54).

Das Ergebnis finden Sie in der immer wieder ohnmächtigen Feststellung:

**„Ich verstehe das nicht.
Trotz hoher Bestände haben wir ständig Fehlteile!"**

Dieser Weg führt also noch nicht einmal zur Termintreue, geschweige denn zur Verkürzung der angestrebten Durchlaufzeiten oder mehr Ertrag. Dieser Weg wird zur Todesspirale im Wettbewerb:

**„Die viel zu hohen Ressourcenbedarfe zwingen uns zu
hohen Verkaufspreisen, machen uns am Markt schwächer
und verderben unseren möglichen Ertrag."**

**„Die viel zu langen Lieferzeiten zwingen uns
zu Preiszugeständnissen!"**

**„Wenn wir schon die längere Lieferzeit haben,
kriegen wir den Auftrag nur noch über den Preis!"**

Wie finden wir also aus diesem Teufelskreis zu einem termintreuen Leistungsprozeß bei kurzen Durchlaufzeiten und möglichst geringem Ressourceneinsatz?

Es muß uns gelingen, alle Rückstände, drohenden Fehlteile und Engpaßkapazitäten im voraus zu erkennen und durch gezielte vorlaufende Ressourcenanpassung zu beseitigen. Dann können keine Rückstände mehr entstehen. Dann brauchen wir weder eine Kapazitätsterminierung noch ein aufwendiges BDE-System oder gar elektronische Leitstände.

**Wenn Sie vor den Rückständen resignieren, haben Sie
einen Wahnsinns-Steuerungsaufwand, zu viele Ressourcen
inkl. Personal und Bestände, zu teuer erkaufte Termintreue,
viel zu lange Durchlaufzeiten und viel zu niedrige Erträge.**

Solange Sie Rückstände zulassen, kurieren Sie an Symptomen und haben keine Chance, das ökonomische Prinzip zu realisieren, also richtig Geld zu verdienen!

11 Die Basis-Funktionen des intelligenten Unternehmens

Das intelligent geführte Unternehmen arbeitet zielgerecht daran, das ökonomische Prinzip zu realisieren und zu erhalten. Seine Aufträge laufen dann rückstands-, engpaß- und verschwendungsfrei durch das Unternehmen.

In diesem Kapitel wird detailliert beschrieben, wie die bisherigen Anwender der Wassermann-Philosophie diesen lukrativen und attraktiven Zustand mit nur zwei Maßnahmen erreicht haben.

Erinnern Sie sich bitte an das Glück, daß Sie nur zwei wesentliche Schwachstellen daran hindern, das rückstands-, enpaß- und verschwendungsfreie Unternehmen zu realisieren:

- Niemand im Unternehmen - außer dem Chef - ist dafür wirklich verantwortlich.
- Niemandem ist das künftige Auftrags-, Betriebs- und Versorgungsgeschehen zuverlässig transparent.

Beide Ursachen müssen beseitigt sein, bevor Sie die logisch folgenden verblüffenden Erfolge erwarten können.

Beschäftigen wir uns zunächst mit der erstgenannten Schwachstelle. Müssen wir uns z.B. über viel zu lange Durchlaufzeiten im Leistungsprozeß Kunde - Kunde, bzw. Lieferant - Kunde (Leistungs-Ypsilon) wundern, wenn für deren Verkürzung niemand wirklich verantwortlich ist?

11.1 Das Prozeßmanagement

Beseitigen Sie die erstgenannte Ursache für den disharmonischen Leistungsprozeß durch die Konzentration der Verantwortung für den rückstands-, engpaß- und verschwendungsfreien Ablauf aller Geschäftsprozesse in einer Stelle.

Unsere Kunden nennen die Stelle Prozeßmanagement, kurz 'PM'.

Der Name 'Prozeßmanagement' drückt absolut treffend die wesentlichen Tätigkeiten dieser Stelle aus.

Das Prozeßmanagement harmonisiert und synchronisiert den Leistungsprozeß des Unternehmens.

Abb. 23   Klare Verantwortung

Das PM sorgt nicht nur dafür, daß die Geschäftsprozesse schnell und termintreu durch das Unternehmen laufen. Es ist darüber hinaus stets initiativ, den Ablauf und die Gestaltung der Geschäftsprozesse so intelligent zu 'managen', daß Ihr Unternehmen dem ökonomischen Prinzip möglichst nahe kommt (Abb. 24).

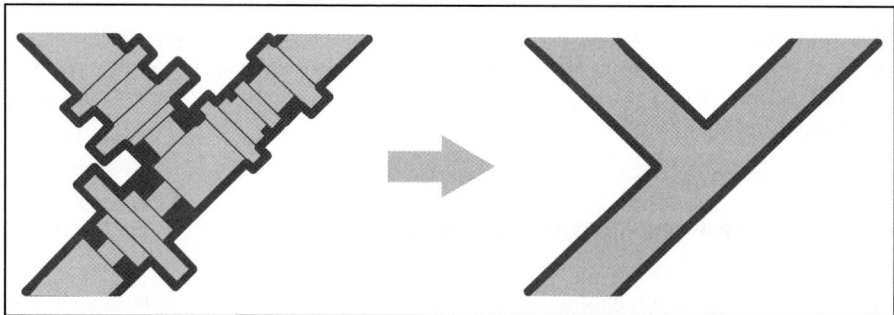

Abb. 24   Der Weg zum engpaß- und verschwendungsfreien Unternehmen

Das Prozeßmanagement sorgt dafür, daß vorlaufend alle Ressourcen im Leistungsprozeß bedarfsgerecht dimensioniert werden:

⇒ Nicht zu wenig oder zu spät: Sonst entstehen Rückstände!

⇒ Nicht zu viel oder zu früh: Sonst fressen diese Verschwendungen Ihren Ertrag!

Und das gilt für jede Zeiteinheit des relevanten Planungshorizontes!

Als ersten Schritt konzentrieren Sie im PM alle Produktions-, Planungs-, Dispositions- und Steuerungsaktivitäten ihres Unternehmens inkl. Engineering. Dieses PM ist zunächst verantwortlich für

⇒ die Termintreue des Unternehmens,

⇒ ständig kürzer werdende Durchlaufzeiten im Leistungsprozeß und

⇒ niedrige, marktgerechte Vorräte.

Sie werden noch erkennen, warum Sie Ihrem PM die Verantwortung für die Höhe der Vorräte, <u>nicht</u> für ihre buchhalterisch richtige Fortschreibung oder gar Verwaltung übertragen sollten.

Die Verantwortung Ihres PM kann von diesem nur erfolgreich wahrgenommen werden, wenn folgende Voraussetzungen erfüllt sind:

- Das PM hat die Terminhoheit im Unternehmen.
- Die Aktivitäten zur Planung, Disposition und Steuerung des gesamten Leistungsprozesses sind im PM zusammengefaßt.
- Neben dem PM gibt es also keine separate Produktionsplanung, Fertigungssteuerung und Materialdisposition.
- Die Unternehmensführung und die wichtigen Führungskräfte unterstützen die zuhöchst ertragsrelevanten Arbeiten des PM ohne Ausnahme konstruktiv und offensiv.
- Als Linienfunktion berichtet das PM direkt an die Unternehmensführung.
- Das PM wird von einem der besten Führungskräfte Ihres Unternehmens geleitet.
- Das PM benötigt zwar viel weniger Mitarbeiter als heute für Planung, Disposition und Steuerung eingesetzt sind. Aber es braucht die besten.
- Das PM wird mit einer EDV-Prozeß-Simulation ausgestattet, welche ihm alle drohenden Rückstände sowie für alle benötigten Ressourcen die drohenden Engpässe und Verschwendungen sicher und mit Verursachern aufzeigt. Wissen ist besser als ahnen!
- Bei drohenden Engpässen darf das PM die betroffenen Prozeßtreiber direkt - an der Hierarchie vorbei - darüber informieren und gemeinsam mit diesen Lösungen für Ressourcenanpassungen suchen und verabreden.

Sind alle Ressourcen harmonisiert, kann jede Fachgruppe ihre Termine halten. Es ist damit auch die Synchronisierung der zu leistenden Einzelaktivitäten im Leistungsprozeß gelungen. Darauf weist der Taktstock in der Abb. 23 hin.

Im Tagesgeschäft wird Ihr PM ständig

- drohende und vorhandene Schwachstellen im gesamten Leistungsprozeß - drohende Rückstände, drohende Fehlteile, drohende Engpässe - aufspüren,
- die Ursachen dieser Schwachstellen gemeinsam mit Ihren Fachleuten erforschen,

- die Ursachen gemeinsam so beseitigen, daß sie nicht wieder auftreten können,
- den Leistungsprozeß durch verabredete Ressourcenanpassungen vorlaufend engpaßfrei halten (grüne Welle) und damit alle notwendigen Vorgänge miteinander synchronisieren sowie
- die termingesicherten Arbeiten sofort an die Mitarbeiter des Leistungsprozesses, inkl. Beschaffer, leiten.

Die Reaktionszeit des Leistungsprozesses auf Marktveränderungen wird damit auf wenige Stunden reduziert.

Sehr bald werden Sie erkennen, daß die Mitarbeiter des PM und die Mitarbeiter des Leistungsprozesses - die Prozeßtreiber - eine äußerst konstruktive Eigendynamik entwickeln und ständig nach weiteren Schwachstellen und Ertragschancen im Leistungsprozeß forschen. Insbesondere dann, wenn Sie Ihre Mitarbeiter als kleine Unternehmer (Davids) verstehen und sie entsprechend entlohnen (s. Kap. 19.3, S. 190).

Das PM arbeitet dienstleistend für alle Mitarbeiter des Leistungsprozesses und systemoptimierend für den gesamten Leistungsprozeß im Sinne des äußerst ertragsrelevanten ökonomischen Prinzips. Seine wichtigsten Leistungen für die Fachbereiche können beispielhaft wie folgt genannt werden:

Für die Prozeßtreiber und deren Führungskräfte:

- Das PM ist einziger Ansprechpartner für Lieferfähigkeit und Termine.
- Das PM führt Rückstandsfreiheit herbei und erhält diesen unverzichtbaren Status permanent.
- Ständiges Abstimmen der aktuellen Kundenaufträge und des Absatzplanes mit den Ressourcenangeboten aller Fachgruppen sowie allen vorhandenen und disponierten Beständen.
- Frühstmögliches Erkennen der Auswirkungen bei Anfragen, neuen Kundenaufträgen und Absatzplanzahlen auf alle Fachgruppen und Vorräte.
- Fach- und Führungskräfte von jeglicher Terminjägerei befreien.
- Rechtzeitiges Einleiten aller erforderlichen Maßnahmen, damit alle Fachgruppen ihre Ressourcen, inkl. Vorräte, termin- und bedarfsgerecht bereitstellen.
- Erarbeiten und Durchsetzen terminsichernder Maßnahmen für Kundenaufträge bei Terminverzug einer Gruppe.
- Ständiges Überwachen der Termintreue aller am Herstellungsprozeß beteiligten Gruppen.
- Anstoßen der verantwortlichen Fachleute zur Beseitigung der Ursachen von Abweichungen.
- Versorgen der Gruppen mit Arbeitsvorräten, deren Machbarkeit gesichert ist.
- Klima schaffen, in welchem sich die Gruppen zu kleinen, Qualität produzierenden Unternehmen entwickeln können, die sich ständig Verbesserungen einfallen lassen.

- Initiativen zur Einführung eines Lohn- und Gehaltssystems, welches das unternehmerische Handeln der Gruppen belohnt.
- Anstöße für besondere Pflege, Organisation und vorbeugende Instandhaltung insbesondere der Engpaßmaschinen.

Für den Verkauf:

- Sicherstellen schnellstmöglicher Reaktion des Unternehmens auf Marktveränderungen.
- Angabe möglichst kurzer verbindlicher Standard-Lieferzeiten an den Verkauf.
- In der Angebotsphase Unterstützung des Verkaufs zur Terminfindung.
- Sicherstellen termin-, mengen- und qualitätsgerechter Belieferung der Kunden.
- Flexibilisierung der Ressourcen zur schnellen, flexiblen Anpassung an den Marktbedarf.
- Information des Verkaufs über absehbare Über- oder Unterauslastung, inkl. Vorschläge zu deren ertragsstärkender Nutzung.
- Initiiert variables Provisionssystem, damit Ertrag statt Umsatz im Vordergrund der Verkaufsaktivitäten steht.

Für die Konstruktion und Arbeitsvorbereitung:

- Herauslösen der Fertigungssteuerung und Materialdisposition aus der Arbeitsvorbereitung in das PM.
- Initiative für das Zusammenlegen der praxisorientierten Arbeitsplaner mit den Konstrukteuren zum „Technologiezentrum", damit systembedingt schnell und herstellungsgerecht entwickelt wird.
- Anstoß zur durchgängigen Einführung einer leicht handhabbaren Teilenormierung.
- Hinweise zur prozeßgerechten Konstruktion geben, inkl. teure Komponenten zum Ende des Leistungsprozesses einbauen.
- Hinweise auf Ladenhüter, die bei Neukonstruktionen verwendet werden sollten.

Für den Einkauf:

Leider hat der Einkauf in Industrieunternehmen nicht denselben Stellenwert wie der Verkauf, obwohl sie beide als äußerst ertragsrelevante Fenster zum Markt die gleiche Bedeutung haben. Richten Sie einen strategischen Einkauf ein, der sich auf ein professionelles Beschaffungsmarketing konzentriert:

- Rahmenverträge inkl. Supply Chain-Gedanken (Kap. 15, S. 133) für kürzere Lieferzeiten und noch günstigere Preise.
- Aufspüren und sichern 'verlängerter Werkbänke' zur Unterstützung Ihrer Ressourcenflexibilität.

- Outsourcing-Aktivitäten für alle Aktivitäten Ihres Unternehmens, die nicht Ihre Kernkompetenz sind und die andere nicht teurer aber besser leisten (Kap. 16, S. 137).

- Double-Sourcing für immer wieder terminkritische Zukaufteile:
  - Der Standardlieferant ist billiger, hat aber lange Lieferzeiten.
  - Der zweite Lieferant ist teurer, liefert aber viel schneller.

Die Beschaffer des Einkaufs geben Sie in Ihr PM. Eigener Leidensdruck, kurze Informationswege und andere Motivation von der Erkennung eines drohenden Fehlteiles zur entsprechenden Kommunikation mit Lieferanten, es doch noch zu beschaffen, wirken positiv.

Das PM unterstützt den strategischen Einkauf:

- Voraussichtlicher künftiger Materialbedarf.

- Das PM vermittelt den strategischen Einkäufern den ganz besonderen Wert kurzer Lieferzeiten für die Schnelligkeit und Flexibilität des Leistungsprozesses.

- Hinweise, welche Zukaufteile sich für Rahmenverträge eignen und wo ein zweiter flexibler, schneller Lieferant gebraucht wird.

- Eilbeschaffungen für Zukaufteile ohne Rahmenverträge werden vom PM vor der Terminzusage an den Verkauf mit dem Einkäufer auf Realisierbarkeit geprüft. Der Einkäufer kann systembedingt von Eilbestellungen nicht mehr überrascht werden.

- Das PM konsultiert den Einkauf bei der Festlegung von Serviceklassen für Zukaufteile.

- Damit das Technologiezentrum frühzeitig die Lösungskompetenz von Lieferanten nutzt, unterstützt das PM entsprechende Initiativen des Einkaufs.

Für das Controlling:

Ein Controlling, das diesen Namen verdient - es gibt leider nur wenige davon - ist der geistige Freund des PM. Das Controlling steuert Werte, das PM Flüsse (Aufträge, Vorräte). Wenn Sie Ihr Controlling und Ihr PM mit Profis besetzt haben und diese sich obendrein gut verstehen, werden Sie als Unternehmer frei sein, sich um Ihre eigentlichen strategischen Aufgaben zu kümmern. Das Controlling und das PM versetzen Berge.

Was tut das PM für das Controlling?

- Wertvoller Gesprächspartner für alle ertragsrelevanten Neuausrichtungen im Unternehmen.

- Das PM unterstützt alle Gedanken zur Prozeßkostenrechnung mit eigener Kompetenz und PM-Methoden wie die Supply Chain (Kap. 15, S. 133).

- Gemeinsame Ermittlung jenes Produktmixes, das den besten Ertrag verspricht unter Berücksichtigung sonst nicht genutzter Ressourcen oder zu teurer Ressourcenerweiterungen.

- Unterstützung zur Realisierung jener Führungszahlen und Parameter, die den Führungskräften die Maximierung des Gesamtertrages erleichtern.
- Irreführende 'Kostenrechner-Lehren' wie z.B. 'Wirtschaftliche Losgröße' und 'Maschinenstundensätze' gemeinsam richtigstellen.
- Hinweise für 'Make or Buy'-Entscheidungen.
- Umwandlung von Gemeinkosten in Einzelkosten betreiben.
- Abstimmen, wann sich evtl. kostenintensive Ressourcenerweiterungen (Überstunden, Auswärtsvergabe, Sonderbeschaffungen, usw.) für bestimmte Aufträge aus Kostengründen nicht mehr lohnen.
- Führungszahlen über teure, ungenutzte Ressourcen.

Für das Qualitätsmanagement:

Die Philosophie des modernen Qualitätsmanagements und die Wassermann-Philosophie sind sich in vielen entscheidenden Punkten sehr ähnlich. Deswegen sind sich auch diese beiden Partner gegenseitig sehr wertvoll für konstruktive Dialoge zur weiteren Entwicklung eines intelligenten Unternehmens.

Für das Unternehmen:

- Realisieren und Erhalten des ökonomischen Prinzips.
- Ständiges Beschleunigen des gesamten Herstell- und Versorgungsprozesses auf dem Leistungs-Ypsilon für den ertragsmaximierenden Leistungsprozeß.
- Ständiges Anstreben eines ertragsmaximierenden Herstellplanes.
- Positives Klima für ständige Verbesserungen initiieren/unterstützen.
- Unternehmerisches Denken und Handeln im Gesamtunternehmen initiieren und fördern.
- Die Basis - also die Mitarbeiter im Leitungsprozeß, die Prozeßtreiber - aufwerten.
- Für einfache, effiziente, für die Mitarbeiter verständliche Organisation sorgen und diese schulen.
- Aktivitäten zur flexiblen Arbeitszeitgestaltung unterstützen.
- Realisierbare Ertragspotentiale aufdecken.
- Empfehlungen zum Abbau von ideen- und produktivitäthemmender Hierarchien.
- Führungs- und Kennzahlen zur Gesamtoptimierung aufzeigen.
- Auf das Einhalten der Spielregeln achten.

Ihr PM wird also ständig ganz im Sinne Ihres systemimmanent schlanker werdenden Unternehmens tätig sein.

Sobald Ihr PM die Termintreue und verkürzte Durchlaufzeiten erreicht hat, wird es sich auf das Identifizieren und Beseitigen weiterer Engpässe auf dem Weg zu höherem Ertrag und stärkerer Marktstellung Ihres Unternehmens konzentrieren.

Diese zuhöchst logische Vorgehensweise kennen Sie aus der japanischen Lehre unter dem Begriff 'KAIZEN' als nie endende Verbesserung der gegenwärtigen Verhältnisse.

Der PM ist also verantwortlich für:

- die Termintreue Ihres Unternehmens,
- ständig kürzer werdende Durchlaufzeiten für Kundenaufträge und Vorräte,
- niedrige, marktgerechte Vorräte und
- das ertragsmaximierende Gestalten des gesamten Auftrags-, Herstell-, Versorgungs- und Liefergeschehen, also des Leistungsprozesses, auf dem Leistungs-Ypsilon, im Sinne des ökonomischen Prinzips.

**Das Prozeßmanagement soll die Entscheidungen und Arbeiten
der vielen einzelnen Fachgruppen so koordinieren,
daß ein maximales Gesamtergebnis dabei herauskommt.**

Vielleicht erinnern Sie sich an unsere übergeordnete Zieldefinition für ein Unternehmen, das ökonomische Prinzip. Wir wollen die teuren Ressourcen maximal umsatzwirksam auslasten und alle Durchlaufzeiten reduzieren. Dann erzielen wir den maximalen Ertrag.

Genau dieses Ziel verbirgt sich hinter der o.a. Verantwortung des Prozeßmanagements für das ständige Beschleunigen des Leistungsprozesses.

Aufgrund der Verantwortung des Prozeßmanagements könnte der Eindruck entstehen, so eine 'Superperson' zur Leitung des PM gäbe es gar nicht. Warten Sie mit dieser Wertung bitte, bis Sie mehr über sein unverzichtbares Softwarewerkzeug, die Prozeß-Simulation, wissen. Dieses Werkzeug zeigt den PM-Mitarbeitern ständig auf, wo Rückstände, Engpässe und Überversorgungen entstehen <u>werden.</u>

Sie werden sicher zustimmen, daß es viel weniger aufwendig, nervenzehrend und kostenintensiv ist,

- frühzeitig erkannte <u>drohende</u> Engpässe mit den Fachgruppen zu beseitigen als
- die Konsequenzen bereits eingetretener Engpässe (Rückstände, IST-Fehlteile, IST-Überlasten, usw.) so zu beherrschen, daß wenigstens die wichtigsten zugesagten Termine doch noch irgendwie gehalten werden.

Deswegen sind die Mitarbeiter des PM keine Superleute, sondern Menschen, die den gesamten Leistungsprozeß ständig transparent vor sich sehen und denen die ertragsmaximierende Gestaltung des gesamten Leistungsprozesses Spaß macht.

Da es kaum eine weitere Stelle mit größerer Ertragsrelevanz in Ihrem Unternehmen gibt, sollten Sie keine Sekunde zögern, Ihre für die PM-Leitung am besten geeignete Persönlichkeit hier einzusetzen. Sie wird hoffentlich dort ein Loch reißen, wo Sie sie wegnehmen. Wenn nein, ist diese Person wahrscheinlich auch nicht geeignet, das PM erfolgreich zu führen. Entscheidend ist, daß das gerissene

Loch kleiner ist als jenes, das Sie jetzt mit dem PM schließen. Und davon können Sie ausgehen.

Als Hilfestellung bei der Auswahl des PM-Chefs und seiner wenigen Mitarbeiter seien die wichtigsten Anforderungen genannt:

- Intelligenz
- Ausgeprägte Fähigkeit zum System- und Prozeßdenken
- Ehrlicher Makler zwischen Verkauf und den herstellenden bzw. beschaffenden Leistungserbringern
- Unternehmerisches Denken und Handeln bei hoher persönlicher Akzeptanz bei den Mitarbeitern
- Überzeugungs- und Durchsetzungskraft
- Marktgefühl und Vertriebsorientierung
- Organisationstalent
- Technisches Verständnis
- Zielgerichtete, engpaßorientierte Denk- und Arbeitsweise
- Verhandlungsgeschick
- Standvermögen, Frustationsstabilität
- Initiatives Handeln
- Aufgeschlossenheit für neue Ideen und Wege
- Kreativität

Den PM-Mitarbeitern muß ständig etwas einfallen, um die Ressourcenharmonisierung zum ertragsmaximierenden Agieren des Unternehmens sicherzustellen und den Gesamtprozeß zu beschleunigen.

Wissen Sie, daß diese Funktion des Prozeßmanagers überhaupt nicht neu ist? Es gibt sie mehr als 10.000fach in unserer Volkswirtschaft.

Sie finden sie, wenn Sie sich folgende Frage beantworten: Wie viele Mitarbeiter hat das in Schnelligkeit, Flexibilität und Kosten kaum zu schlagende Unternehmen?

Ja, Sie haben recht, z.B. der 10-Mann-Betrieb! Dieses kleine Unternehmen

- hat niedrige Kosten (keinen Overhead),
- ist extrem schnell und flexibel,
- arbeitet zuhöchst effektiv,
- ist total kundenorientiert und
- und leistet mit hochmotivierten Mitarbeitern Erstaunliches.

Wer sorgt dort - im Sinne unseres PM - dafür, daß auf dem Ypsilon des kleinen Unternehmens die Abläufe schnell und effizient abgewickelt werden?

Jawohl: Der Chef! Er hat die Fäden in der Hand. Er hat die Übersicht und koordiniert die Arbeiten seiner einzelnen Mitarbeiter.

Obwohl diese kleinen Unternehmen bei den Kreditgebern höhere Zinsen, bei den Lieferanten höhere Preise zahlen und keinen professionellen Verkauf haben, sind sie - gut geführt - so erfolgreich, daß sich die Großen im Wettbewerb vor ihnen fürchten.

Diesen zuhöchst flexiblen Kleinbetrieb nennen wir den „DAVID". Unsere Kunden dagegen stellen „GOLIATHS" dar. Kapitalstark, mindestens aber kreditwürdig, mächtig im Beschaffungs- und Absatzmarkt, aber schwerfällig und teuer. Eine später formulierte Empfehlung ist, den Goliath organisatorisch in lauter Davids aufzuteilen und damit die Vorteile des Goliath mit denen des Davids in Ihrem Unternehmen zu kombinieren.

Unser o.a. erfolgreicher Kleinbetrieb wird - weil schnell, flexibel und kostengünstig -immer weiter wachsen, bis er - wie man sagt - dem Chef über den Kopf wächst. Jetzt schafft sich der Unternehmer Entlastung und delegiert - richtig! - differenzierte Fachverantwortung an seine neu eingerichteten Ressorts:

– Einer macht den Verkauf,
– ein anderer den Einkauf und
– ein Dritter die Produktion,...

Aber falsch war: Wo bleibt jetzt der Gesamtüberblick, die unverzichtbare Voraussetzung für eine Gesamtoptimierung aller Auftrags- und Materialflüsse, des Leistungsprozesses?

Dieser äußerst ertragsrelevante Gesamtüberblick geht dem bisher so erfolgreichen Unternehmer verloren. Dieser Überblick über seinen gesamten Leistungsprozeß ist - wahrscheinlich ohne ihm bewußt zu sein - auf dem Altar des Taylorismus geopfert worden. Das war ein Fehler, den uns unsere Paradigmen bisher nur schwer erkennen ließen.

Jetzt optimiert jeder sein Ressort. Jeder will mit seiner Abteilung - kommt von 'ab-teilen' - der Beste sein:

• Der Einkauf beschafft in sogenannten wirtschaftlichen Losgrößen zu niedrigsten Preisen und unterschätzt den Ertragswert kurzer Liefer- und Lagerzeiten.

• Die Produktion lastet ihre Arbeitsplätze mit großen Losen aus. Dazu sind ihr Rückstände sehr willkommen.

• Die Materialdisposition sorgt für hohe Lieferbereitschaft. Überhöhte Bestände treffen den Disponenten weniger als immer wieder bei ihm auftretende Fehlteile.

So entstehen Einzeloptima, die das unbedingt anzustrebende Gesamtoptimum unmöglich machen. Der Schicksalsweg zur lähmenden Vollkasko-Mentalität ist programmiert (Abb. 25).

Neugründung: David

- Kunde = König
- Optimierte Abläufe
- Schnell, anpassungsfähig, effizient

Das Unternehmen wächst

- Nicht mehr überschaubar für den Gründer
- Aufteilung in Abteilungen (funktionale Silos)
- Gesamtoptimierung nicht mehr möglich

Planwirtschaft: Goliath

- Finanzstark
- Mächtig
- Schwerfällig, teuer

Kundenorientierung?

Abb. 25 Schicksalsweg zur Vollkasko-Mentalität

Je größer das Unternehmen wird, desto hemmender wirken diese Einzeloptima. Das Ertrag und Flexibilität fressende 'Parkinson`sche Gesetz' und das 'Peter-Prinzip' beginnen zu wirken.

Ein „Glück", daß die Großen es alle so machen. Eine große Chance für intelligente Unternehmer, diesen Fehler zu erkennen und sofort zu korrigieren, die Funktion des früher gesamt optimierenden kleinen Unternehmers als Prozeßmanagement wieder einzurichten.

Noch etwas entwickelt sich wie ein lähmendes geradezu traditionelles Verhalten der Unternehmen.

Die Unternehmen müssen sich im knallharten Wettbewerb der Marktwirtschaft bewähren. Inzwischen dürfte die Überlegenheit der Marktwirtschaft gegenüber der Planwirtschaft bewiesen sein.

Woher nehmen wir eigentlich das Phlegma, unsere Unternehmen intern wie lahme Mini-Planwirtschaften zu organisieren, wenn wir uns außen im knallharten Wettbewerb der internationalen Marktwirtschaft bewähren müssen?

Wie die Herrschenden in der ehemaligen DDR, die zu leistenden Arbeiten an Ihre vom Wettbewerb verschonten Kombinate gegeben haben, tun wir dasselbe für alle Leistungen, die in unseren Unternehmen erbracht werden können. Nur punktuell stellen wir die Leistungen eigener Fachgruppen ebenfalls in den Wettbewerb externer Firmen, oft nach fragwürdigen 'Make or Buy'-Kriterien.

Stellen Sie sich vor, Sie würden Ihre Fachbereiche verselbständigen und dem freien Wettbewerb im Markt aussetzen. Was würde mit ihnen passieren?

Wenn Ihre Fachgruppen überleben wollen, müssen sie sich auf den harten Wettbewerb in der Marktwirtschaft einstellen. Warum tun sie das nicht in Ihrem Unternehmen? Weil sie sicher eingebunden sind? Geben Sie ihnen die Chance, sich als kleine Unternehmer im freien Wettbewerb zu entwickeln (Kap. 19, S. 185).

> **In der systematischen Einführung der Marktwirtschaft**
> **in das Unternehmen liegt eine zusätzliche Chance zu**
> **mehr Ertrag, Flexibilität, Kultur und Marktstärke.**

Stellen Sie sich vor, Ihr Unternehmen besteht ausschließlich aus kleinen Einheiten, die sich im freien Wettbewerb aller Anbieter gut behaupten können! Auch diese Chance wird ein qualifiziertes PM künftig aufgreifen und vorantreiben. Ansätze zum virtuellen Unternehmen (Kap. 16, S. 137) können hier nicht schaden.

11.2   Der rückstands-, engpaß- und verschwendungs-freie Leistungsprozeß

Wenn wir die zuhöchst attraktiven und lukrativen Ziele wie z.B.

- die Durchlaufzeiten inkl. Lieferzeiten sinken um mehr als 50 %,
- die Kapitalbindung in Vorräten bricht zusammen,
- die geschickte Nutzung unserer Ressourcen erhöht ständig den Ertrag usw.

durch unsere 'Grüne Welle' erreichen wollen, müssen wir für das gesamte künftige Auftrags-, Versorgungs- und Betriebsgeschehen inkl. der vorgelagerten Abteilungen wie technische Auftragsklärung, Konstruktion, Arbeitsplanung und NC-Programmierung herausbekommen, zu welchem Zeitpunkt

- Fehlteile (Eigenfertigung und Zukauf) <u>drohen,</u>
- zu viele Vorräte auflaufen <u>werden,</u>
- welche der bisher geplanten und bereitgestellten Kapazitäten wann zum Engpaß <u>werden,</u>
- welche teuren Kapazitäten nicht ausgelastet sein <u>werden</u> und
- welche sonstigen auftragsrelevanten Ressourcen (Personal, Montageplatz, Werkzeuge,...) zum Engpaß <u>werden.</u>

Wenn Ihnen diese Informationen vor der Verabschiedung des von Ihrem Unternehmen gewollten Herstellplanes (Primärbedarf) durchgängig für alle Zukaufteile und Eigenfertigungsteile sowie für alle Arbeitsplätze und sonstigen relevanten

Ressourcen zuverlässig bekannt wären (Abb. 26), könnten Sie diese drohenden, termintötenden, Durchlaufzeit verlängernden, Kapitalbindung treibenden sowie Produktivität und Ertrag fressenden Engpässe

zum frühstmöglichen Zeitpunkt

gezielt beseitigen. Denn wenn alle drohenden Rückstände, alle drohenden Kapazitätsengpässe, alle drohenden Fehlteile, also alle drohenden Ressourcenengpässe erkannt werden, bevor sie eintreten, dann können diese auch gezielt beseitigt werden, bevor sie eintreten.

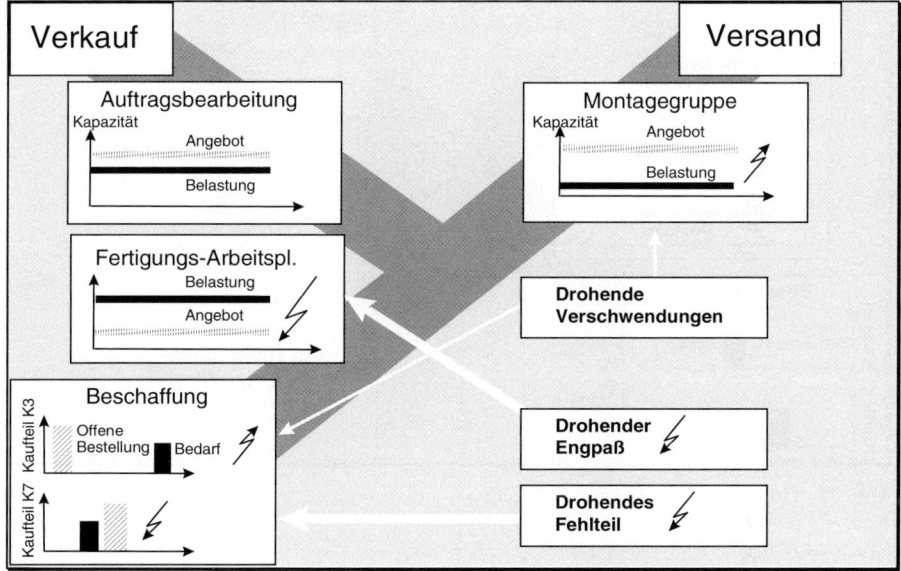

Abb. 26   Drohende Engpässe und Verschwendungen im Leistungsprozeß

Sie erreichen damit den rückstands- und engpaßfreien Leistungsprozeß. Das wirkt auf Ihren Auftrags- und Materialdurchlauf wie die **„Grüne Welle" auf dem Ypsilon** (Abb. 27) mit ständig sinkenden Durchlaufzeiten.

Gelingt dieses, erreichen Sie systemimmanent die ersten angestrebten Ziele wie

- ständige Transparenz des Leistungsprozesses macht dessen terminsichernde und ertragsmaximierende Steuerung erst möglich,
- 100 %ige Termintreue durch die vorlaufende Beseitigung aller vorhersehbaren Störungen,
- Produktivitätssteigerungen um 2-stellige Prozentsätze durch die hohe Versorgungssicherheit und viel systematischere Arbeit der Mitarbeiter,
- um den Rückstand reduzierte Vorräte,
- deutliche Ertragssteigerung und

- die Voraussetzung zur Reduzierung der Durchlaufzeiten.

Gelingt es zusätzlich, drohende <u>Unterversorgungen</u> von Kapazitäten und Vorräten zu erkennen, bevor sie eintreten, dann gelingt es logischerweise ebenfalls,

- drohende <u>Überversorgung,</u> also Verschwendungen von Kapazitäten und Vorräten im voraus zu erkennen.

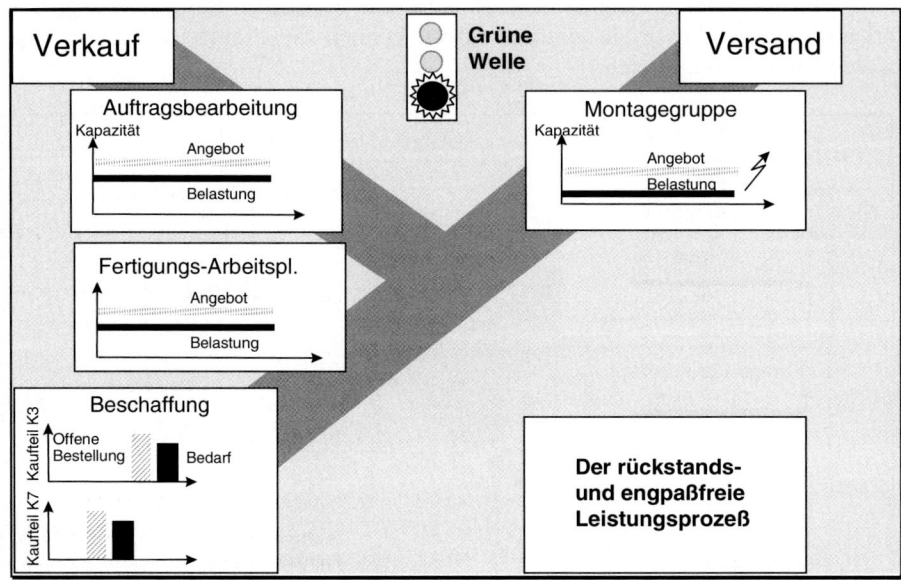

Abb. 27   Grüne Welle im Leistungsprozeß

Wenn aber auch alle drohenden Überkapazitäten, alle drohenden Überbestände, also alle drohenden Verschwendungen erkannt werden, bevor sie eintreten, dann können diese gezielt genutzt oder vermieden werden, bevor sie eintreten (Abb. 27).

Diese drohende Überversorgung sollte das PM entweder abwenden (Storni und Kapazitäten gezielt herunterfahren) oder mit diesen sonst ungenutzten Ressourcen - Vorräte und Kapazitäten - alle denkbaren Zusatzumstände realisieren.

**Jeder Euro Umsatz aus einer sonst nicht
genutzten Ressource ist fast 100 % Ertrag!**

Die Verantwortung für das vorlaufende Beseitigen drohender Engpässe und künftiger Verschwendungen ist Sache des Prozeßmanagements.

Sobald das PM von einer drohenden Ressourcen-Disharmonie erfährt, nimmt es direkt mit der betroffenen Fachgruppe (Arbeitsplatz, Beschaffer,...) Kontakt auf, um diese drohende Abweichung zu harmonisieren, bevor sie zum Terminverzug oder zur Überversorgung mit Ressourcen führt.

Quintessenz:

Gelingt es uns, wie mit einem Radargerät drohende Gefahren durch voraussichtliche Unter- und Überversorgung frühzeitig zu erkennen und gezielt zu beseitigen, wird unser Unternehmen in Termintreue, Flexibilität und Ertragskraft unschlagbar. Das ökonomische Prinzip wird immer besser realisiert.

11.2.1 Die Prozeß-Simulation

Auf dem Markt werden inzwischen Simulationen angeboten, die Ihnen Hinweise auf drohende Gefahren im künftigen Auftrags-, Betriebs- und Versorgungsgeschehen geben.

Im folgenden wollen wir am Beispiel der Prozeß-Simulation unseres Hauses beschreiben, wie eine Simulation funktionieren kann und wie sie logischerweise während der Simulationsrechnung die gesamte operative Materialdisposition, Bestellrechnung und Y-Prozeßsteuerung gleichzeitig abwickelt. Die dafür bisher bekannten disponierenden und steuernden PPS-Module werden überflüssig (Abb. 28), denn

- da die deterministische Bedarfs- und Bestellrechnung in die Simulation integriert ist, brauchen sie keine zusätzliche. Das übliche separate MRP-Programm wird nicht mehr gebraucht.
- Da Rückstände im voraus vermieden werden, brauchen Sie auch keine Kapazitätsterminierung zur prioritätengerechten Neuplanung der Rückstände, also zur Schadensbegrenzung. Dieses hochkomplexe Programm wird - endlich - überflüssig.
- Einen elektronischen Leitstand braucht der selbständige David sowieso nicht.
- Das minutenaktuelle Betriebserfassungs-System ist für die Planung und Steuerung Ihres termintreuen Leistungsprozesses nicht nötig.

Folgerichtig finden Sie in der Abb. 28, rechte Hälfte, alle diese z.T. komplexen, teuren PPS-Module nicht mehr.

Wir haben sie gebraucht, solange die früheren manuellen PPS-Funktionen lediglich 1:1 auf die EDV übertragen wurden. Das war ein Fortschritt in den 60er Jahren!

Heute müssen wir uns fragen, was wir mit dem Computer ganz anders, viel effizienter machen können. Welche neuen Chancen bietet er?

Schon in den 60er Jahren war einigen PPS-Experten klar, man sollte eine EDV-Simulation haben, damit wir die chancenlose manuelle Machbarkeitsprüfung (Abb. 28) ablösen können.

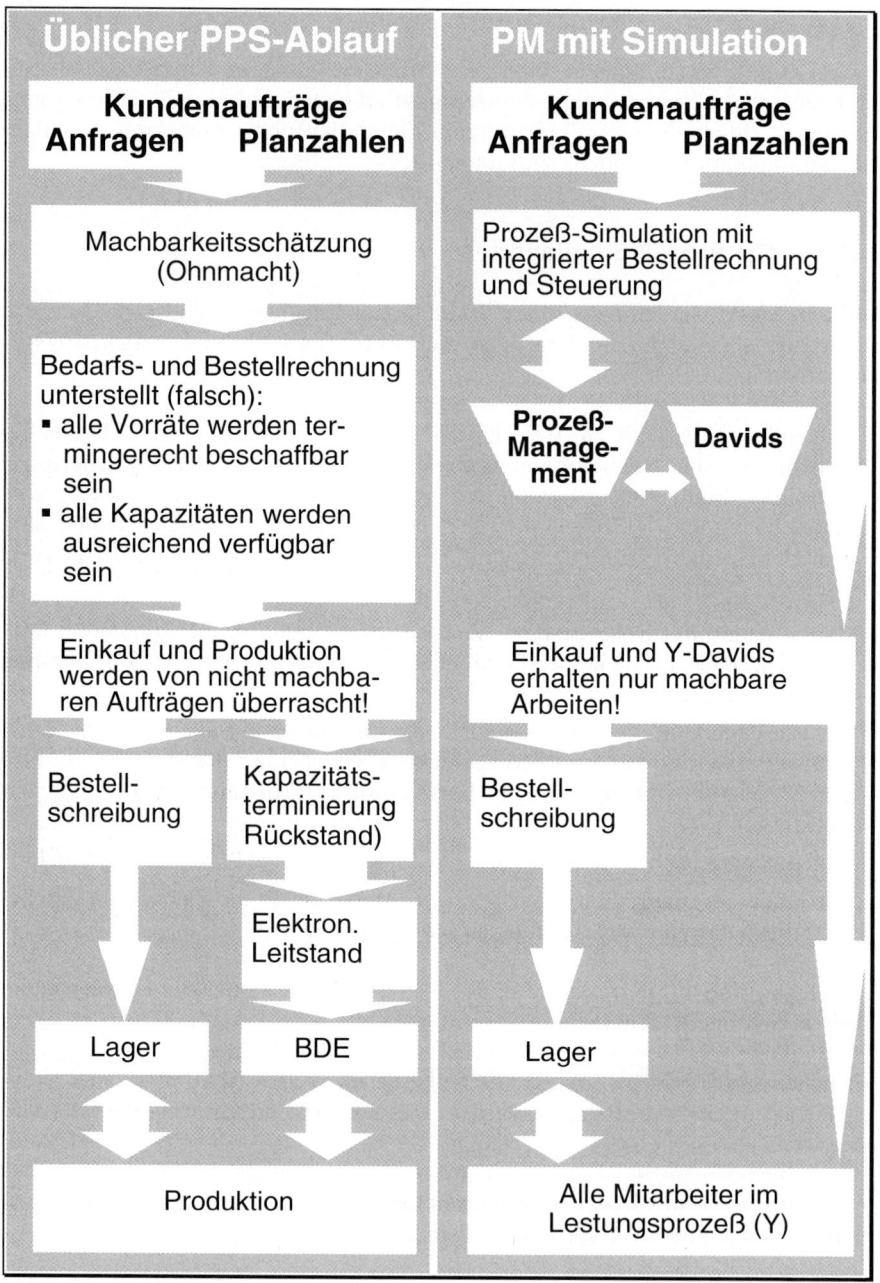

Abb. 28 Übliches PPS versus simulationsgestütztes Prozeßmanagement

Da die hohen Anforderungen an eine durchgängige Prozeß-Simulation damals zumindest von der EDV-Technik noch nicht erfüllt werden konnten - Speicherplatz und Geschwindigkeit -, wurden die PPS-Systeme mit Reparaturalgorithmen wie z.B. die Kapazitätsterminierung als prioritätengesteuertes Rückstandsverwaltungsprogramm zur Begrenzung jenes Schadens entwickelt, der durch die manuell nicht realisierbare Machbarkeitssicherung programmiert war.

Darum heißt diese Schwachstelle im PPS-System (Abb. 28, linke Hälfte oben) 'Machbarkeitsschätzung'.

Es wurde versucht, die programmierten Folgen unzulässiger Annahmen wie „Kapazitäten und Vorräte werden schon ausreichend vorhanden oder beschaffbar sein" mit Prioritätenrechnungen halbwegs wieder in den Griff zu bekommen, um den bereits eingetretenen Schaden wenigstens zu begrenzen.

Trotzdem haben uns die PPS-Systeme damals sehr viel weiter gebracht. Die Alternative z.B. der manuellen Stücklistenauflösung war unsicher, aufwendig und dauerte viel zu lange.

Der damalige Fortschritt mit PPS-Systemen darf uns aber heute nicht länger veranlassen, diesen Weg der 60er Jahre aus lauter Gewöhnung immer noch zu gehen!

Denn heute gibt die Prozeß-Simulation, welche die Anforderungen an eine durchgängige vorlaufende Transparenz des gesamten Leistungsprozesses erfüllt, wie z.B.

- jederzeitige „Was wäre, wenn..."-Betrachtungen alternativer Mixe von Aufträgen, Anfragen und Planzahlen losgelöst von der operativen Disposition und Steuerung, um zum frühestmöglichen Zeitpunkt drohende Rückstände, Engpässe und Fehlteile sowie drohende Überversorgung aller Ressourcen zu erkennen.

- Synchrone, vorlaufende Prüfung aller Ressourcen (Personal, Maschinen, Vorräte,...), bevor der Primärbedarf zur Ressourcendisposition freigegeben wird.

- Integrierte Simulation der vorgelagerten Arbeitsplätze wie Auftragserklärung, Konstruktion, Arbeitsvorbereitung, NC-Programmierung,...

- Kurze Simulationszeiten auch bei Zehntausenden von Zukauf- und Eigenfertigungsteilen mit entsprechenden Stücklisten und Arbeitsplänen bzw. Rezepturen sowie Hunderten von Arbeitsplätzen.

- Gemeinkostenvorgänge, soweit sie im Prozeß zeit- oder kostenintensiv wirken, muß die Prozeß-Simulation aufnehmen und analog der Arbeitsplan-Arbeitsgänge verarbeiten.

- Erkennen der wirklich relevanten drohenden Ressourcen-Disharmonien, damit das Prozeßmanagement nicht im Informationsmüll erstickt (Abb. 29 und 30).

Abb. 29   Vermeiden wir den Datentod des Prozeßmanagements

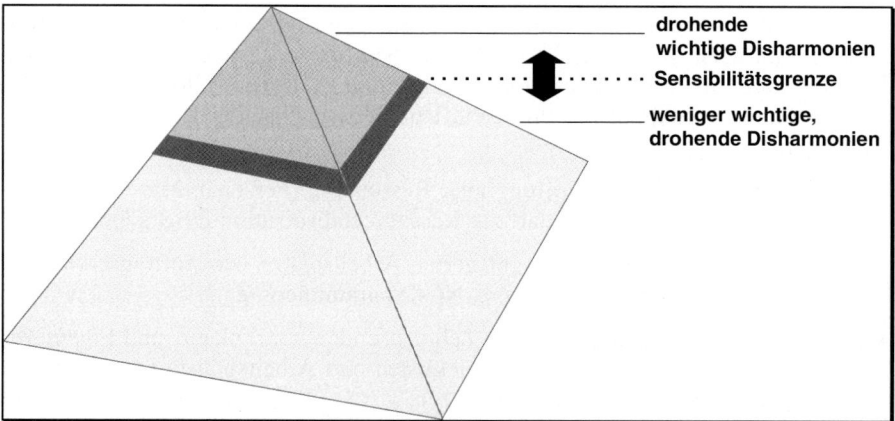

Abb. 30   Das PM bestimmt die Sensibilität der Simulation

- Programmierte sehr leistungsfähige Hilfen zur zügigen <u>Beseitigung der Rück-stände</u>. Diese Leistung der Prozeß-Simulation hat sich in der praktischen Ar-beit als äußerst wichtig, unbedingt notwendig, herausgestellt. Wenn diese Hil-fen nicht wirklich exzellent sind, hat das PM keine Chance, die Rückstands-freiheit jemals zu erreichen, geschweige denn zu erhalten.

- Harmonisierungstools, damit das PM nach genereller Rückstandsbeseitigung jeden Arbeitsplatz (Abb. 31) engpaßfrei und jedes Zukaufteil (Abb. 32) fehlteilfrei machen kann ('Grüne Welle').

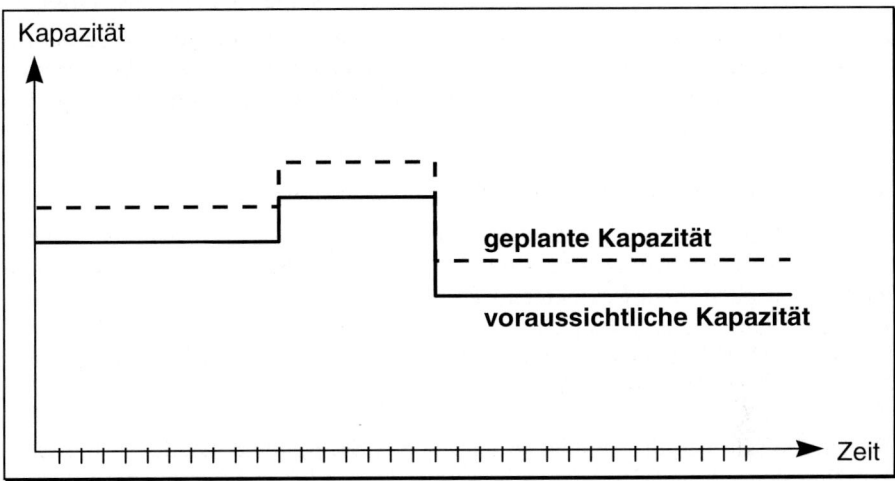

Abb. 31   Ein vorlaufend harmonisierter Arbeitsplatz (engpaßfrei)

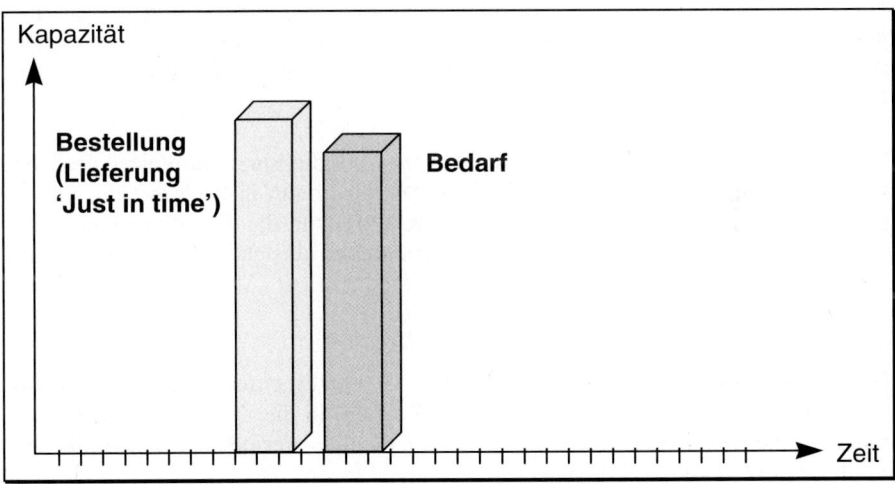

Abb. 32   Ein vorlaufend harmonisiertes Zukaufteil (engpaßfrei)

- Fokussierung der Ressourcenbetrachtungen in frei wählbaren Zeitperioden über den gesamten Planungshorizont, z.B. Einzeltage im Nahbereich, Wochen im Mittelfristbereich und Monate im Langfristbereich.
- Kundenauftrags- und fertigungsauftragsindividuelle Realisierung von Sonderwegen in der Herstellung und Sonderlieferzeiten in der Versorgung zur Sicherung der den Kunden zugesagten Termine.

- Alle Anfragen, Aufträge und Planzahlen in <u>einem</u> System. Keine Unterscheidung in Grob- und Feinplanung.

- <u>Dispositionsvorschläge</u> für neue Bestellungen inkl. Mahnungen und Umterminierungen bestehender Bestellungen und jetzt zu startende Fertigungsaufträge.

- Steuerung des gesamten Leistungsprozesses auf dem Leistungs-Ypsilon als sofort verfügbare „Nebenprodukte" der Simulation. Damit wird die unmittelbare Steuerung der Prozeßtreiber möglich, nachdem die Harmonisierung aller Ressourcen gelungen ist.

<u>Wie dient die Leistungssimulation dem Prozeßmanagement?</u>

Die Simulation muß jederzeit in der Lage sein, die sich aus den wechselnden Marktchancen ergebenden Primärbedarfe (Anfragen, Kundenaufträge und Planzahlen) mit allen ihren Ressourcenbedarfen synchron und entsprechend den vorhandenen und bisher geplanten Ressourcen Ihrer Arbeitsgruppen und Vorräte bedarfs- und termingerecht gegenüberzustellen. Dieses geschieht analog einer Soll- und Haben-Darstellung in einem T-Konto.

Stellen Sie sich vor, die Simulation baut sich je Sachnummer (Zulieferteil, Eigenfertigungsteil,...) und je Arbeitsplatz und dann wiederum je zu betrachtende Zeiteinheit im Planungshorizont (Tag, Woche,...) ein T-Konto auf. Auf der Habenseite trägt die Simulation die von der jeweiligen Arbeitsgruppe gemeldete Kapazität bzw. für Vorräte die Bestände und die terminierten offenen Bestellungen bzw. freigegebenen Fertigungsaufträge ein. Auf der Sollseite bucht sie jene Ressourcenbedarfe, die sich aus der Auflösung der Primärbedarfe als terminierte Kapazitäts- und Materialbedarfe ergeben.

Sind einzelne T-Konten schlecht ausgeglichen, gibt die Simulation diese drohende Disharmonie dem PM zur Kenntnis. Das PM wird dann in Abstimmung mit der betroffenen Fachgruppe (Besitzer dieses Kontos) für die Ressourcenanpassung sorgen. Gelingt dieses, haben wir die angestrebte terminsichernde Harmonisierung dieser Ressource für den Zeitraum des T-Kontos erreicht (Abb. 33).

<u>Beispiel:</u>

Ein Unternehmen hat 10.000 Zulieferteile, 12.000 Eigenfertigungsteile und 600 Arbeitsplätze. Es will ein halbes Jahr (36 Wochen) in die Zukunft simulieren und möchte eine Wochenrasterung der zu betrachtenden Perioden. Dann ergibt sich folgende Anzahl dieser T-Konten:

⇒ 10.000 Zukaufteile	x 36 Wochen	=	360.000 T-Konten
⇒ 12.000 Eigenteile	x 36 Wochen	=	432.000 T-Konten
⇒ 600 Arbeitsplätze	x 36 Wochen	=	21.600 T-Konten

Insgesamt gleichzeitig zu betrachten	=	<u>813.600 T-Konten</u>

Sie erkennen, daß diese Arbeit nur von einem entsprechend konzipierten EDV-System zu bewältigen ist. Jeder Mensch ist hier überfordert.

Bei jeder ungeplanten Veränderung der bestehenden Auftrags-, Betriebs-, Bestands- oder Versorgungssituation, also des Leistungsprozesses, können einzelne Konten aus dem Ruder laufen.

Ist so eine drohende Disharmonie für die Termintreue relevant, meldet die Simulation dieses als drohende Gefahr an das Prozeßmanagement. Der verantwortliche Beschaffer oder Chef eines betroffenen Arbeitsplatzes wird jetzt vom PM auf diese drohende Gefahr hingewiesen. Der Fachmann, also der Leistungserbringer, hat jetzt die Chance, den frühzeitig identifizierten drohenden Engpaß überlegt und kostengünstiger zu erweitern als ihm dieses bisher bei plötzlich erkannten IST-Engpässen und bereits eingetretenen Terminverzügen möglich war.

Betrachten wir beispielsweise vier der vielen denkbaren kritischen Situationen im Unternehmen:

1. Fall:

Die Simulation erkennt, daß ein Zulieferteil in 20 Tagen gebraucht wird. Ihr Einkauf hat in Ihrer EDV eine Lieferzeit von 100 Tagen für dieses Teil hinterlegt. Sofort stößt die Simulation das PM mit der Nase auf dieses drohende Fehlteil.

Der Mitarbeiter im PM gibt keine Ruhe, bis die Lieferung dieses Teiles innerhalb von 20 Tagen sichergestellt ist.

Nur in den seltenen Fällen, in denen das Teil unter gar keinen Umständen in 20 Tagen zu beschaffen ist, versucht der PM-Mitarbeiter, die Durchlaufzeit für diesen Auftrag so weit zu verkürzen, daß eine längere Beschaffungszeit akzeptiert werden kann, ohne den Kundentermin zu gefährden.

In den jetzt noch ganz selten auftretenden Fällen, daß auch diese Maßnahme nicht zum Erfolg führt, spricht der PM-Mitarbeiter mit dem Verkauf und gibt ihm vorher durchsimulierte Empfehlungen, wie und wann welche der hinter dem Versorgungsengpaß stehenden Kundenaufträge alternativ behandelt werden kann:

⇒ Entweder nehmen wir einem anderen, nicht ganz so wichtigen Auftrag dieses Teil weg und terminieren den auf seinen dann realistischen Termin um, oder

⇒ wir bestätigen den neuen Auftrag, der dieses drohende Fehlteil provozierte, zu seinem späteren realistischen Termin. Dabei versucht das PM, die Übergangszeiten für diesen Auftrag individuell zu reduzieren, um den Auslieferungstermin möglichst wenig hinausschieben zu müssen.

Beachten Sie bitte, daß nahezu alle für Kundenaufträge notwendigen Zusatzressourcen beschaffbar sind, wenn es das PM und damit die höchst engagierten Fachgruppen nur frühzeitig erfahren.

**Der Weg des PM zum Verkauf wegen einer Terminverschiebung
wird zu einer höchst seltenen Annahme.**

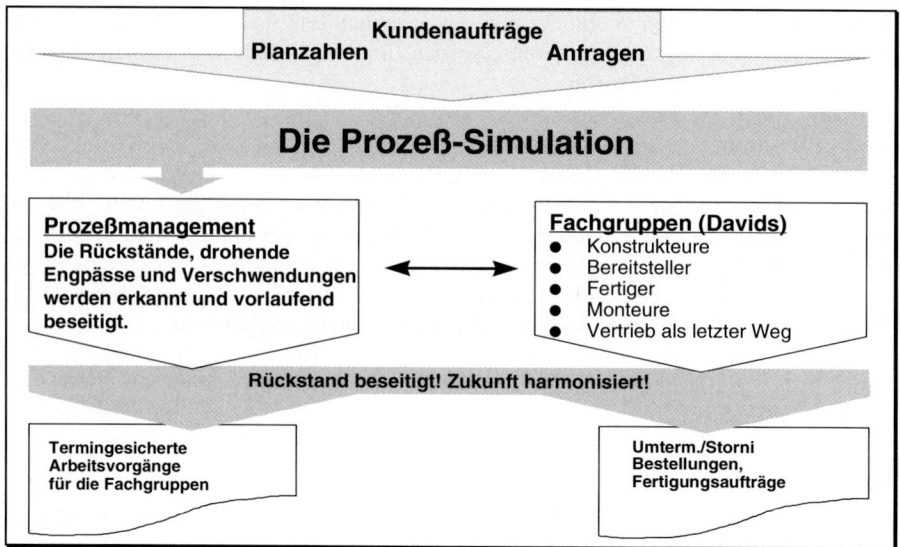

Abb. 33   Das rückstands-, engpaß- und verschwendungsfreie Unternehmen.
Schnell! Flexibel! Termintreu! Ertragsstark!

Die in den allermeisten Fällen mögliche Lieferzeitverkürzung für das Zulieferer-teil - hier auf 20 Tage - gibt der PM-Mitarbeiter für diesen einen Beschaffungs-vorgang in die Simulation ein. Dieser drohende Engpaß ist jetzt im Vorfeld über-wunden.

2. Fall:

Die Simulation erkennt, daß eine Montagegruppe oder irgendein anderer Arbeits-platz (Bohrwerk, Konstruktionsgruppe,...) in der sechsten Woche 20 Stunden mehr Kapazität braucht als bisher von dieser Gruppe als geplante Kapazität an das PM gemeldet wurde.

Sofort stößt die Simulation das PM mit der Nase auf diesen drohenden Kapazität-sengpaß. Sie ahnen die Analogie zum drohenden Fehlteil!

Der PM-Mitarbeiter besucht den Sprecher der betroffenen Arbeitsgruppe, zeigt ihm die drohende Überlast und vereinbart mit ihm bereits jetzt, wie der zusätzli-che Kapazitätsbedarf bereitgestellt wird, z.B. durch Überstunden, Samstags-schicht, Personalbereitstellung aus in dieser sechsten Woche nicht ausgelasteten Gruppen, Leiharbeiter, u.ä. Wenn der gute Wille da ist, findet sich bei frühzeitiger Engpaßerkennung in fast 100 % aller Fälle eine Lösung.

Dem Betriebsrat fällt die Zustimmung zu flexiblerer Arbeitszeit natürlich viel leichter, wenn diese Maßnahmen frühzeitig vereinbart werden statt von jetzt auf gleich angewiesen werden müssen.

3. Fall:

Die Simulation erkennt relevante drohende Unterauslastung bei besonders teuren Arbeitsplätzen. Hier drohen erhebliche Ertragsverluste. Das PM strengt sich an, für diese teuren Kapazitäten fakturierbare Arbeiten zu finden, entweder

⇒ durch Hinweise an den Verkauf, damit er jene Produkte stärker verkauft, die diesen Arbeitsplatz nutzen,

⇒ oder durch Hereinholen von Lohnarbeit. Sie spielen dann 'verlängerte Werkbank' für andere Unternehmen.

Erinnern Sie bitte die besondere Ertragsrelevanz dieser Art Aufträge.

Nur in dem Ausnahmefall, daß unmittelbar nach einer drohenden Unterauslastung eine kostenmäßig nicht mehr vertretbare oder nicht realisierbare Überlast folgt, sollten Arbeiten vorgezogen werden die erst später dran sind, denn:

Zu früh erbrachte Wertschöpfung verbraucht
unnötig Vorräte und erhöht die Kapitalbindung.

Lassen Sie Ihre Maschinen stehen, wenn keine Marktanforderung (Aufträge, Planzahlen,...) vorliegen. Schulen Sie Ihre Mitarbeiter in den freien Zeiten, damit sie bei künftigen Überlasten an verschiedenen Arbeitsplätzen einsetzbar sind.

4. Fall:

Die Simulation erkennt wesentliche teure vorhandene oder drohende Überbestände. Dieses erfährt das PM ebenso. Natürlich schlägt die Simulation eine Bestellung ohne Bedarf sofort zum Storno bzw. Teilstorno vor.

Zu hohe Vorräte ohne Bedarf sollten das PM zusätzlich veranlassen, gemeinsam mit den hier relevanten Fachbereichen (Verkauf, Einkauf, Konstruktion,...) zu überlegen, wie diese sonst zur Verschrottung anstehenden Vorräte für irgendeine Art von Umsatz genutzt werden können.

So kommen Sie dem ökonomischen Prinzip Schritt für Schritt immer näher. Die Richtung stimmt immer.

Es kommt also darauf an, alle Ressourcen auf dem Leistungs-Ypsilon ständig harmonisiert zu halten.

Sie müssen davon überzeugte sein, daß Ihnen der Weg von der disharmonischen Ressourcennutzung (Abb. 26, Seite 81) zur durchgängig harmonisierten (Abb. 27, Seite 82) gelingt. Im ersten Schritt wenigstens so weit, daß Sie die drohenden Fehlteile und drohenden Überlasten durch Ressourcenanpassung so frühzeitig weg bekommen, also harmonisieren, daß keine erkennbaren Rückstandsverursacher übrig bleiben.

Daß ihr PM dieses mit Hilfe einer entsprechenden Prozeß-Simulation und der Mitarbeit Ihrer wichtigsten Mitarbeiter schafft, genau das müssen Sie sich vorstellen können. In der Praxis ist es hinreichen bewiesen, daß es funktioniert.

Daraus resultiert folgende Forderung: Das PM darf erst Feierabend machen, wenn die Ressourcen mit dem Marktbedarf harmonisiert sind. Dann hat das PM den rückstands-, engpaß- und verschwendungsfreien Durchlauf aller Aufträge und Vorräte erreicht.

Die vorlaufende, durchgängige Harmonisierung aller Versorgungen und Einzelleistungen auf dem Leistungs-Ypsilon ist die erste von zwei K. O. - Bedingungen auf dem Weg zum ertragsstarken flexiblen Unternehmen.

Damit dem PM die wichtige Abstimmung zwischen Marktanforderung und der Leistungserbringung zum frühestmöglichen Zeitpunkt gelingt, muß die Leistungssimulation dem PM mindestens folgende Informationen zur Verfügung stellen:

- Den Rückstandsnachweis, der dem PM exakt aufzeigt, welche noch durchzuführenden Vorgänge in die Vergangenheit terminiert wurden, wo sie natürlich nicht machbar sind und deswegen vom PM in die Zukunft geholt werden müssen, möglichst ohne den Kundentermin zu gefährden. Das ist in der Regel durch das Stauchen der Vorgänge möglich. Erinnern Sie dazu bitte die Tatsache, daß mehr als 95 % der Durchlaufzeiten Liegezeiten sind.

  Erst wenn es dem PM gelungen ist, <u>alle</u> in die Vergangenheit terminierten Vorgänge in die Zukunft zu holen, ist Ihr Unternehmen rückstandsfrei. Erst jetzt werden die von der Prozeß-Simulation zu errechnenden Bedarfstermine und Belastungsprofile für die Arbeitsplätze stimmen, denn

  solange es im Planungssystem Rückstände gibt, sind alle Bedarfstermine und Belastungsprofile falsch.

- Die voraussichtliche Kapazitätsbelastung im Verhältnis zur bisher geplanten Kapazität zu jedem Termin für jeden Arbeitsplatz, bei dem von der Simulation relevante Abweichungen zwischen Ressourcenbedarf und Ressourcenangebot erkannt werden.

- Den Belastungsverursachernachweis für diese Arbeitsplätze, damit bei nicht ausgleichbarer Überlast Planzahlen oder Aufträge identifiziert und dann gezielt reduziert oder terminlich anders zugeordnet werden können.

- Die drohenden Fehlteile dann, wenn die noch zur Verfügung stehende Zeit wesentlich kleiner ist als die Beschaffungs- oder Herstellzeit dieser Sachnummer.

- Den Bestandsverwendungsnachweis, der aussagt, für welche Aufträge der vorhandene Dispositions-Bestand bisher eingeplant ist.

- Die Bestände ohne Bedarf. Das sind jene überraschend hohen Bestände, Bestellungen und Fertigungsaufträge, für die trotz Auflösung des gesamten Primärbedarfes überhaupt kein Bedarf - mehr?- vorliegt. Ursache: z.B. Änderung des Absatzplanes.

- Die Führungsinformationen wie z.B. der verbliebene Rückstand - das wäre schlimm! - ermöglichen der Unternehmensführung u.a. die Kontrolle, ob das PM die unverzichtbare Rückstandsfreiheit erreicht hat und laufend erhält.

Dieses sind die wichtigsten, von der Simulation synchron und gleichzeitig zu ermittelnden Mindestinformationen, damit das Prozeßmanagement überhaupt arbeiten kann.

11.2.2   Die besondere Bedeutung der Engpaßarbeitsplätze

Was glauben sie, wieviel Prozent Ihrer Arbeitsplätze Engpaßarbeitsplätze sind?

Schließlich stellen echte Engpaßarbeitsplätze wegen Ihrer Null-Ressourcenflexibilität für das PM eine besondere Herausforderung dar.

Also: Wieviele Engpaßarbeitsplätze haben Sie? Wetten, Sie schätzen zu hoch! Weil Sie im Unternehmen immer wieder von Engpässen hören, die - das leuchtet ein - bei zu spätem Erkennen nur schwer aufzulösen sind.

Daß die Überschätzung der Engpaßanzahl ein weiteres Paradigma aus dem Ist-Zustand ist, werden Sie gleich erkennen.

Wann ist also ein sogenannter Engpaß ein echter Engpaß? Ein echter Engpaß sieht wie folgt aus:

- Der Engpaßarbeitsplatz ist täglich 24 Stunden durchgehend ausschließlich mit Kundenaufträgen ausgelastet.
- Der Arbeitsplatz läuft auch in den Pausen durch.
- Er ist im eigenen Unternehmen durch andere Maschinen, Personen, Werkzeuge, usw. nicht substituierbar.
- Auch außerhalb Ihres Unternehmens findet sich keine Kapazität zur Entlastung dieses Arbeitsplatzes.
- Ihrem Technologiezentrum (Konstrukteure und Arbeitsplaner) fällt weder etwas ein zur Rüstzeitenreduzierung noch zu einer alternativen Herstellungsart.
- Es ist sichergestellt, daß ausschließlich gute Teile - also kein Ausschuß - über diese kostbare Kapazität laufen.
- Ihr Einkauf sieht keine Möglichkeit, wenigstens einen Teil der auf dem Engpaß produzierten Teile auswärts zuzukaufen.

Erst wenn mindestens alle diese Kriterien ernsthaft geprüft sind, können wir von einem Engpaßarbeitsplatz reden. Sie werden erkennen, daß von Ihren sogenannten Engpässen kaum ein einziger übrig bleibt.

Fragen Sie sich jetzt bitte:

Welchen Ertragsverlust erleidet Ihr Unternehmen, wenn ein echter Engpaßarbeitsplatz eine Stunde umgerüstet wird?

Jawohl, Sie haben recht. Das kostet Sie eine Stunde Umsatz all jener Erzeugnisse,
von denen auch nur ein einziges Teil über den echten Engpaß läuft. Allein dieser
Ertragsverlust ist so groß - oft ein fünfstelliger DM-Betrag -, daß alle Stillstandszeiten inkl. Rüstzeiten dieses Engpasses so niedrig wie irgend möglich gehalten
werden müssen.

Glücklicherweise gibt es nur ganz wenige echte Engpässe. Kaum ein Arbeitsplatz
mit Rückstand ist ein Engpaß. Es kann auch nur ganz wenige Engpässe geben,
denn wir wissen:

Eine Kette ist so stark wie ihr schwächstes Glied. Niemand würde sagen: „Eine
Kette ist so stark wie ihre schwächsten Glieder." Also kann es schon aus dieser
Sicht je Kostenträgergruppe maximal einen Engpaß geben.

Haben Sie also ein sehr kritisches Auge auf die sogenannten und ein hellwaches
auf die echten Engpässe! Prüfen Sie Ihre Engpässe selbst! In aller Regel begrenzen sie Ihre Umsätze und Erträge völlig unnötig, da sie - bei Licht betrachtet -
noch lange keine wirklichen Engpässe sind. Immer wenn mir von echten Engpässen im Leistungsprozeß berichtet wird, bitte ich um die Besichtigung dieses Arbeitsplatzes. Dazu zwei praktische Beispiele:

Fall 1:

Die Produkte eines Großmotoren-Herstellers mit ca. 250 Mio. Euro Jahresumsatz
waren sehr begehrt. Die Lieferzeiten liefen ihm davon. Logisch, oder? Aber die
Erträge auch! Immer noch logisch? Als absoluter und damit für das ganze Unternehmen leistungsbestimmender Engpaß war das Großteilebearbeitungszentrum
identifiziert. Jeder wußte, dieses Zentrum war dreischichtig - also um die Uhr -
besetzt inkl. jener Zeiten am Wochenende, die gerade noch genehmigt wurden.

Dieser Informationsstand traf zu, und so war auch die Unternehmensführung
informiert. Die Kapazität dieses Großteilebearbeitungszentrums bestimmte die
Kapazität und damit die Lieferzeiten des Unternehmens.

Also schauten wir uns diesen Engpaß an:
Vor dem Bearbeitungszentrum stapelten sich die rückständigen, teuren Großguß-
teile und warteten. Zweifellos ein Indiz für diesen Engpaß!

Aber: Aufgrund der Mittagszeit war die Maschine abgestellt. Die drei Bediener
spielten Skat. Das war immer so. Auch den mich begleitenden Geschäftsführer hat
diese Tatsache nicht irritiert. Erst als ihm klar wurde, daß jede Stunde Ausfall
dieses Bearbeitungszentrums eine Stunde Umsatzausfall bedeutet - das waren in

diesem Fall über 40.000 Euro - wurden die Verantwortlichen sensibel für die Folgen von Pausen an diesem Engpaß.

Fall 2:

Ein sehr erfolgreicher Armaturenhersteller mit 80 Mio. Euro Jahresumsatz hatte seine Pulverbeschichtungsanlage als dominanten Engpaß identifiziert. Drei Schichten, mehr geht nicht.

Vor Ort bestätigte uns - dem Geschäftsführer und mir - der Meister die drei Schichten. Wir fragten ihn, ob ihm bewußt sei, daß er der Engpaß für sein Unternehmen sei, noch einige 10 % mehr Umsatz zu machen.

Das verstand er nicht und erklärte uns, daß er durch geschickteres Aufhängen der zu verpulvernden Teile noch mindestens 20 % mehr aus der Anlage herausholen könnte. Auch hier war die Frage:

„Haben wir wirklich leistungsbestimmende Engpässe?"

schnell und verblüffend einfach beantwortet.

Was ist also zu tun, wenn Sie auf einen echten permanenten Engpaß stoßen? Wir müssen noch viel mehr tun als bei anderen Arbeitsplätzen, seine Verfügbarkeit hoch zu treiben und diese effizient zu nutzen, z.B.

- 24-Stunden-Dauerbetrieb sicherstellen.
- Jeden Sonntag - sofern nicht produziert werden darf - vorbeugende Instandhaltung.
- Keine Pausenzeiten zulassen. Also Springer einsetzen!
- Mehr Bediener ausbilden, als wir im worst case (Urlaub und Krankheit) brauchen.
- Große Lose, sofern Rüstzeiten relevant sind.
- Vor und hinter dem Engpaß Vorräte erhöhen:
    - vor dem Engpaß, damit der Engpaß niemals 'leerläuft',
    - hinter dem Engpaß, damit die Versorgung der folgenden Arbeitsplätze nicht abreißt.
- Sicherstellen, daß kein Ausschuß über den Engpaß läuft.
- Reihenfolgen optimieren.
- Plan-Durchlaufzeit für diesen Arbeitsplatz bewußt erhöhen, damit Reihenfolgen optimiert werden können.
- Jeden einzelnen Arbeitsgang prüfen, ob dieser wirklich nur auf diesem Engpaß gemacht werden kann.
- Investitionen für Rüstzeitreduzierungen sofort freigeben.
- Investition für zweiten Arbeitsplatz schnell und wohlwollend prüfen.

Meldet die Prozeß-Simulation dem Prozeßmanagement eine drohende Überlast für so einen echten Engpaß, bleibt dem PM als ultima ratio - sofern Verschiebungen im Auftragsnetz (Supply Chain) keine Erleichterung bringen - nur noch der Weg zum Verkauf.

Das PM legt dem Verkauf absolut transparent die voraussichtliche, nicht auflösbare Gesamtbelastung dieses Arbeitsplatzes, inkl. Belastungsverursacher, vor. Der Verkauf entscheidet dann, 'welchen Tod er sterben will', z.B. :

- Reduzierung oder Verschiebung von Planzahlaufträgen, für die noch keine Kundenaufträge vorliegen,
- Mengenteilung eines Kundenauftrages,
- die Entscheidung, den Wunschtermin eines Kunden nicht zu akzeptieren oder
- im schlimmsten Fall - sofern der neue Auftrag wichtiger ist als ein bereits bestätigter - die Verschiebung eines Kundenauftrages auf einen anderen machbaren Termin.

Bedenken Sie, daß so eine drohende Überlast in der Regel nur durch Zusatzaufträge eintreten kann, denn gestern abend war unser Leistungsprozeß noch harmonisiert, also ohne drohende Überlasten.

Das PM ist gut beraten, vor dem Gang nach Canossa - also zum Verkauf - wirklich alle Chancen zur Ressourcenbeschaffung auszunutzen. Peinlich, wenn dem Verkäufer eine Lösung einfällt, die das PM nicht gesehen hat. Dem Verkauf wird immer wieder unterstellt, er würde bei nicht machbaren Terminvorstellungen uneinsichtig sein. Wir haben diese Erfahrung nicht gemacht. Wenn die Belastungs- und Versorgungssituationen für ihn transparent sind und er sich auf die Terminzusagen wirklich verlassen kann, ist er dem PM und den Fachbereichen ein wertvoller, konstruktiver Partner. So erleben wir das.

11.2.3   Basisdaten für die Prozeß-Simulation

Die Prozeß-Simulation soll auf der Basis des jeweils aktuellen Primärbedarfs (Kundenaufträge, Planzahlen, Anfragen) blitzschnell für die Zukunft ausrechnen:

- Erstens: Welche Vorgänge hätten bereits in der Vergangenheit erledigt werden müssen, sind es aber nicht? Damit identifiziert die Prozeß-Simulation alle in der Vergangenheit nicht mehr durchführbaren Vorgänge. Diese holen die Mitarbeiter des PMs aus der Vergangenheit in die Zukunft, nur dort sind sie noch realisierbar.

- Zweitens: Sobald kein Vorgang aus irgendeinem Primärbedarf mehr in der Vergangenheit liegt, kann die Prozeß-Simulation zuverlässig ausrechnen:

**Zu welchen Terminen werden welche Ressourcen
zu termintötenden Engpässen?**

Dann kann das PM unmittelbar mit den betroffenen Davids für diese Ressourcen die Harmonisierung herbeiführen. Gleichzeitig soll die Simulation aufzeigen:

**Zu welchen Terminen werden welche Ressourcen
ertragsfressend überversorgt sein?**

Dann kann das PM unmittelbar mit den verantwortlichen Davids entweder die drohende Verschwendung abwenden oder gemeinsam mit dem Verkauf oder anderen Stellen im Unternehmen eine umsatzbringende Nutzung dieser drohenden Überversorgungen herbeiführen.

Obwohl die umsatzbringende Verwendung sonst ungenutzter Ressourcen zuhöchst ertragsrelevant ist, muß bei der Einführung dieser Organisation zunächst die Termintreue, also das Vermeiden von drohenden Engpässen, die höchste Priorität haben. Jetzt stellt sich die Frage:

"Welche Basisdaten benötigt eine durchgängige Prozeß-Simulation?"

Sie werden in den folgenden Ausführungen erkennen:

**Alle für die Simulation benötigten Daten sind in Ihrem
Unternehmen vorhanden oder leicht zu beschaffen (Abb. 34).**

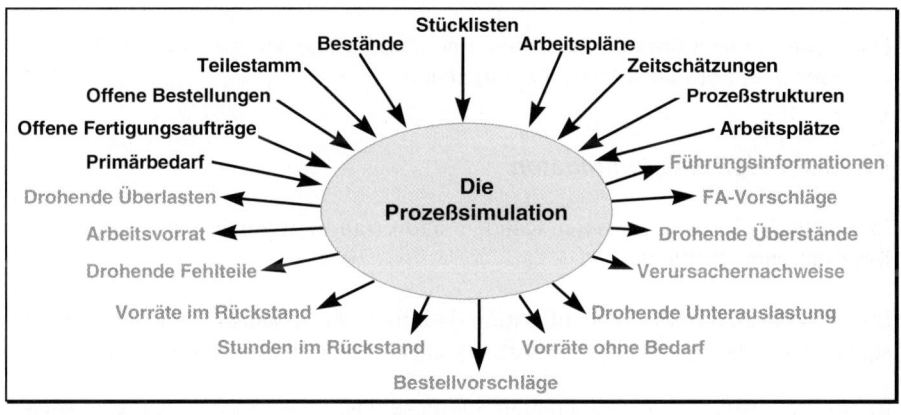

Abb. 34   Basisdaten für die Prozeß-Simulation und ihre Ergebnisse

11.2.3.1 Der Primärbedarf

Darunter verstehen wir jene Produkte und Leistungen, die uns der Markt in der Zukunft abnehmen wird.

In der Regel sind dieses Erzeugnisse und Ersatzteile. Es können aber auch Dienstleistungen wie Entwicklungs- und Konstruktionsaufträge sein.

Der Primärbedarf besteht üblicherweise aus terminierten Kundenaufträgen und/oder Planzahlen des Verkaufs.

Die allermeisten Industrieunternehmen verwalten diesen Primärbedarf längst auf Ihrer EDV-Anlage. Damit stehen sie der Simulation zur Verfügung.

Die synchrone deterministische Auflösung des Primärbedarfs über Stücklisten, Arbeitspläne und Zeitschätzungen führt dann zu terminierten Einzelbedarfen für alle Ressourcen wie Vorräte, Arbeitsplätze, Werkzeuge usw. Diese Einzelbedarfe (Sekundärbedarfe) stellen die Sollbuchungen auf den T-Konten je Ressource und Termin dar:

⇒ terminierte Materialbedarfe,

⇒ terminierte Kapazitätsbedarfe.

Die Lagerbestände stellen die Haben-Buchungen auf dem T-Konto 'Heute' dar. Bestellungen und Fertigungsaufträge sind künftige Bestände und werden als Haben-Buchungen auf jene T-Konten gebucht, welche den Lieferterminen dieser Zulieferungen von Lieferanten oder aus der eigenen Fertigung entsprechen.

Sie sehen: Der Vergleich der T-Kontostände je Sach-Nummer und Termin zeigt der Simulation ganz selbstverständlich exakt terminierte drohende Unter- und Überversorgungen auf.

Die Informationen über die Bestands- und Zulieferersituationen sind in der Regel ebenfalls in der bestehenden EDV vorhanden.

11.2.3.2 Die Teilestammdaten

In den EDV-Systemen unserer Kunden sind erfahrungsgemäß eine Vielzahl von Informationen abgelegt.

Die Prozeß-Simulation braucht daraus lediglich die dispositiven Daten wie Bestände, laufende Bestellungen und Fertigungsaufträge, Lieferzeiten, usw.

In aller Regel haben unsere Kunden alle diese Daten, weil sie in der Vergangenheit mindestens ein PPS-System eingeführt hatten, mit welchem Erfolg auch immer.

11.2.3.3 Die Arbeitsplatzkapazitäten

Die aus den Primärbedarfen abgeleiteten terminierten Kapazitätsbedarfe je Arbeitsplatz stellen die Soll-Buchungen für die T-Konten je Arbeitsplatz dar.

Ein Arbeitsplatz kann ganz im Sinne unserer kleinen Unternehmer, unserer Davids, z.B. eine Konstruktionsgruppe, ein NC-Team, ein Lehrenbohrwerk, eine Montagegruppe oder die nutzbare Montagefläche sein.

Die nutzbaren Arbeitsplatzkapazitäten werden ohne großen Aufwand vom David-Sprecher aktuell an das PM für die Zukunft gemeldet. Entsprechend z.B. der Urlaubsplanung kann der David dem PM sein Kapazitätsangebot ständig aktuell mitteilen. Sie erkennen, die Meldung der voraussichtlichen Kapazitätsangebote je Arbeitsplatz ist keine aufwendige Sache.

Hier sei nochmals darauf hingewiesen, daß die Kapazitätsangebote durch die ständigen Harmonisierungsaktivitäten des PM mit den Davids relativ häufig den tatsächlichen Forderungen des Marktes angepaßt werden. Denn wir wollen die

**Flexibilität unserer Ressourcen,
nicht die Flexibilität der Kundentermine.**

Es lohnt nicht, die evtl. im vorhandenen System bereits angelegten Arbeitsplatzdaten für die Prozeß-Simulation zu übernehmen. Es sind bestenfalls einige hundert Datensätze, die vom PM ohnehin permanent gepflegt werden. Diese Arbeitsplätze legt sich das PM mit Hilfe der Simulationstools selbst an.

11.2.3.4 *Supply Chains statt Stücklisten und Arbeitsplätze*

Wir haben inzwischen die notwendigen Soll- und Haben-Buchungen der Prozeß-Simulation behandelt. Sie werden sich jetzt fragen:

**"Wie finden wir von den Primärbedarfen zu
den terminierten Einzelbedarfen je Ressource,
also je Arbeitsplatz und Sachnunmmer?"**

Woher erfahren wir also, welche Einzelleistungen zu welchem Termin auf den unterschiedlichen Arbeitsplätzen erbracht werden müssen, damit die Ihren Kunden zugesagte Gesamtleistung - wie sie Sie auch immer anbieten - zu dem vereinbarten Liefertermin erbracht ist? Wir brauchen also pro zu erbringende Gesamtleistung, z.B. für ein Erzeugnis, eine Art Rezeptur, in der alle benötigten Ressourcen wie z.B. Zukaufteile und Fremdleistungen sowie alle Eigenfertigungsteile und durchzuführende Eigenleistungen, auch z.B. Konstruktion, enthalten sind.

Natürlich können nur jene Prozeßtreiber in der Prozeß-Simulation berücksichtigt werden, deren Vorhandensein (Arbeitsplatz) und deren für die Geschäftsprozesse durchzuführende Tätigkeiten der Simulation bekannt sind.

Wenn wir hier als Basisdaten die Stücklisten und Arbeitspläne nutzen - das tun wir natürlich - dann kennt die Simulation

- sämtliche durchzuführende Beschaffungsvorgänge aus den Stücklisten und

- jene Wertschöpfungsvorgänge, die als Arbeitsgänge in den Arbeitsplänen hinterlegt sind.

  Dummerweise beschreiben aber Stücklisten und Arbeitspläne leider weniger als 20 % aller für einen Kundenauftrag notwendigen Vorgänge.

Wo sind z.B. die

- vorgelagerten Vorgänge wie Auftragsklärung, Konstruktion, Arbeitsplanung,...?
- vielen zeit- und kostenintensiven Gemeinkostenvorgänge wie Wareneingang, QS, Einlagerung, Lagerung, Materialbereitstellung, Verpacken, Versenden,...?
- Auswärtsvergaben?
- Kundenleistungen, usw.?

Außerdem hat die übliche Darstellung der Stücklisten und Arbeitspläne nichts mit Prozeßdenken zu tun (Abb. 35). Sie erhält das tayloristische Denken und Handeln Ihrer Mitarbeiter.

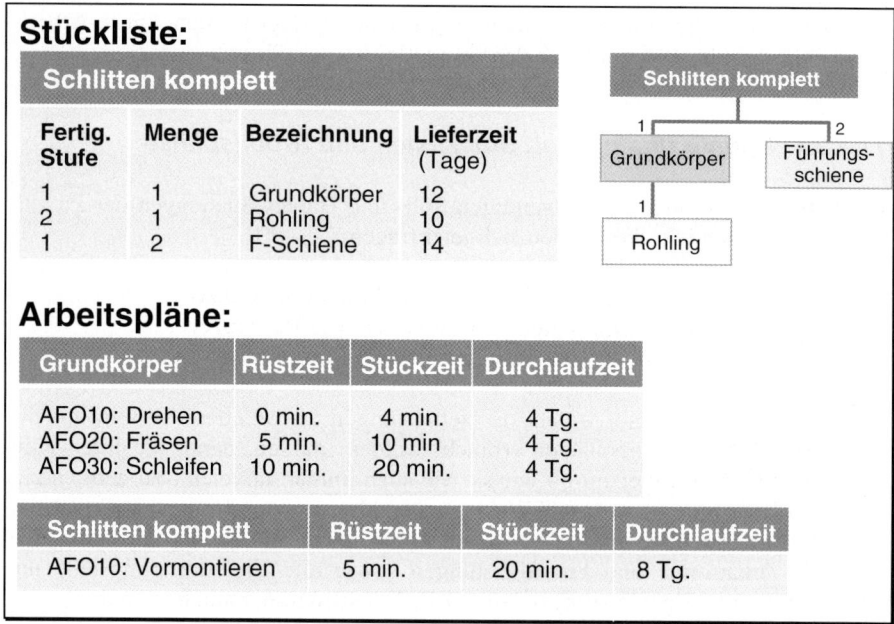

Abb. 35 Stücklisten und Arbeitspläne

Deswegen haben wir eine ganz andere Art der Prozeßdarstellung entwickelt, die Supply Chains. Die Prozeß-Simulation übernimmt die Stücklisten und Arbeitspläne unserer Kunden und bildet daraus sofort diese **Supply Chains** (Abb. 36).

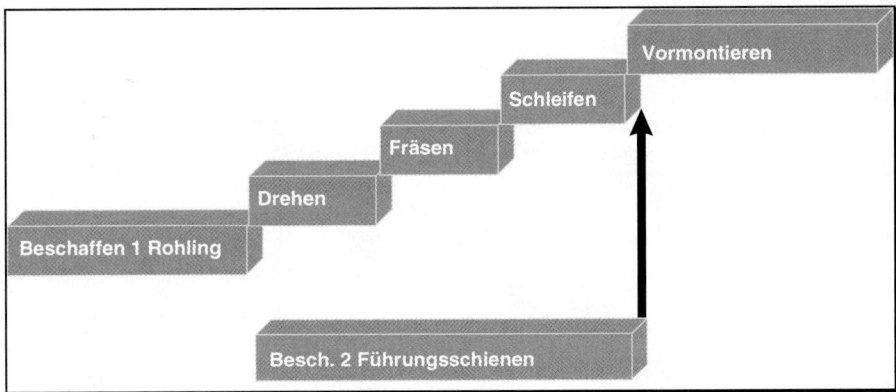

Abb. 36 Supply Chain aus Stücklisten und Arbeitsplänen

Diese lassen den Prozeßcharakter sofort erkennen und lassen sich leicht beliebig erweitern. Anlagenbauer fügen auftragsbezogen z.B. ihre Engineeringaktivitäten und Kundenleistungen hinzu (Abb. 37).

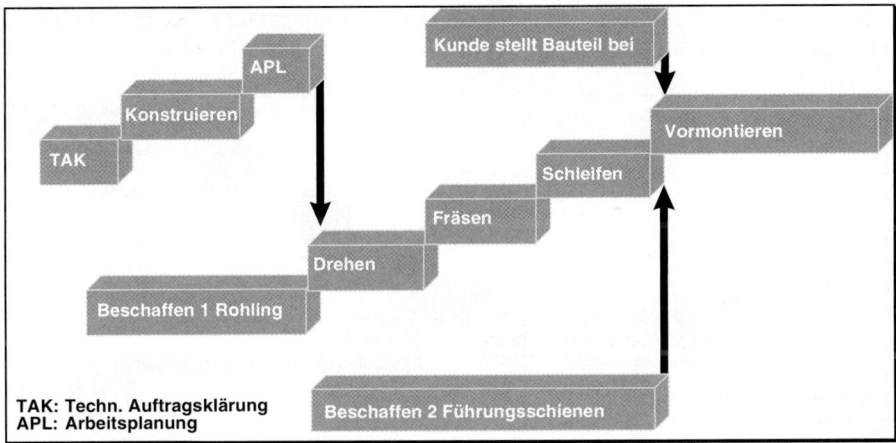

Abb. 37 Supply Chain inkl. Engineering

Die vielen kosten- und zeitintensiven Gemeinkostenvorgänge fügt die Prozeß-Simulation in die Supply Chain automatisch ein (Abb. 38).

Lediglich aus Platznot in der Abb. 38 erscheinen dort nicht die Arbeitspläne für die Zukaufteile (Abb. 39) und die Distributionsaktivitäten. Ebenfalls sind die Lagerzeiten unterbrochen dargestellt, weil sie in ihrer Dauer nicht mehr auf die Abbildung passen bzw. alle anderen Vorgänge von der Abbildung 38 verdrängen würden.

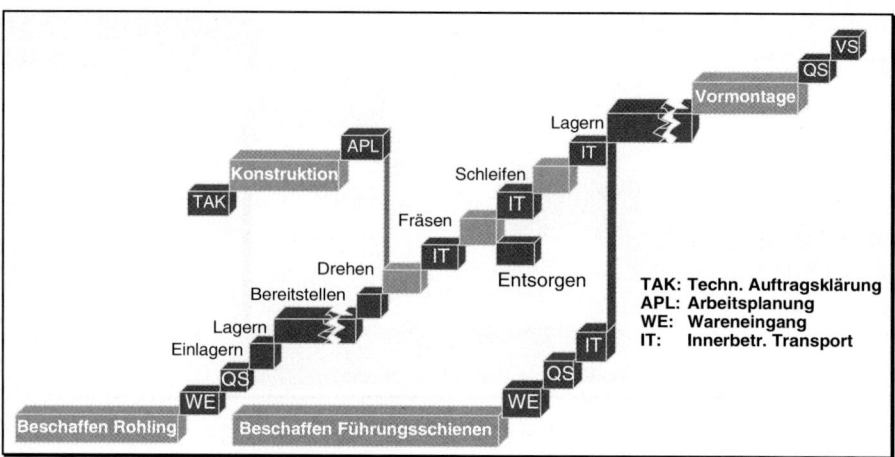

Abb. 38   Die durchgängige Supply Chain

Bedenken Sie bitte, daß die mittlere Liegezeit einer Sachnummer mit der Umschlagshäufigkeit '6' schon zwei Monate beträgt. Diese Zeiten sind in der Supply Chain in ihrer vollen Länge nur auf meterlangen Plotter-Darstellungen abbildbar, allerdings mit beachtlichen Chancen zur Wertanalyse dieser Prozesse.

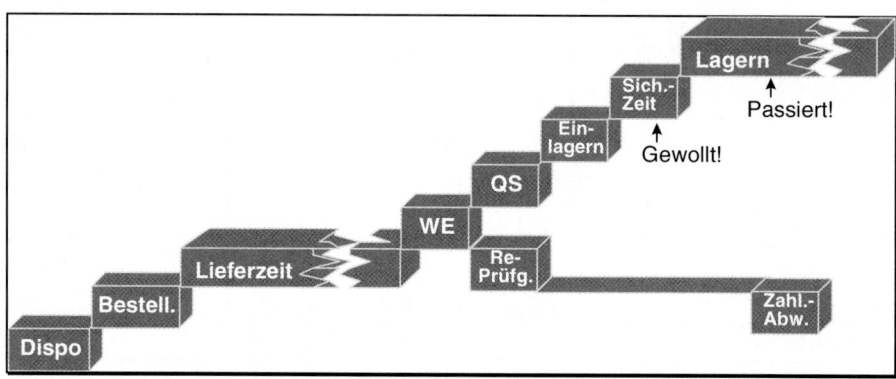

Abb. 39   Beispiel: 'Arbeitsplan' Beschaffung

Was ist also eine Supply Chain?

Eine Supply Chain besteht aus jenen voneinander abhängigen Vorgängen, die für eine definierte Leistung durchgeführt werden müssen.

Mit dieser geschickten Verknüpfung von Stücklisten und Arbeitsplänen zu Supply Chains sowie deren beliebige Erweiterung um Vorgänge, die Ihnen für den einzelnen oder für alle Prozesse wichtig erscheinen, sowie deren Transparenz, Wertung und Auflösung ergeben sich ganz neue Möglichkeiten, die im folgenden nur unzureichend beschrieben sind. Wir entdecken ständig neue Chancen und Vorteile:

- Alle Mitarbeiter im Unternehmen kennen die sehr transparente Darstellung der Supply Chains und beginnen - ob sie wollen oder nicht - immer stärker in Prozessen zu denken. Ab-teilungsdenken hat ständig weniger Chancen.

- Die Diskussionen sind versachlicht, weil alle Prozesse bis in jeden Vorgang, inkl. deren Auswirkungen auf Termine und Prozeßtreiber transparent sind.

- Sobald Sie mit Ihrem Unternehmen eine Supply Chain evtl. über Dienstleister zu Ihren A-Lieferanten und/oder A-Kunden aufbauen wollen, können Sie das über die Erweiterung der Supply Chain leicht tun.

Für die Prozeß-Simulation werden u.a. folgende Leistungen möglich:

- Die synchrone vorlaufende Machbarkeitsprüfung aller notwendigen Ressourcen inkl. Konstruktion, AV, verlängerte Werkbank, etc., kann systemimmanent sichergestellt werden. Das ist eine unverzichtbare Forderung, denn bedenken Sie bitte:

> **Es ist völlig gleichgültig, welche einzelne Ressource für die Leistungserbringung fehlt. Sobald eine einzige nicht vorhanden ist, droht der Termin zu platzen, Rückstand baut sich auf, Durchlaufzeiten und Kapitalbindung steigen, die Produktivität sinkt.**

- Mit der Supply Chain werden Sie für jede der Ihren Kunden zugesagten Leistungen auf Knopfdruck erkennen können, welche drohenden Ressourcen-Disharmonien Ihre Aufträge gefährden, damit Sie diese sofort und in sinnvoller Reihenfolge - die am schwierigsten aufzulösenden Disharmonien zuerst - vorlaufend harmonisieren können.

- Systemimmanent vermeidet die Simulation zu frühe Kapitalbindung durch die oft großzügig angegebenen Vorlaufzeiten der Disponenten für die Bereitstellungstermine der Komponenten. Die Simulation errechnet auch die Bedarfstermine für die Stücklistendispositionen aus den insgesamt kürzeren Vorgabe- und Durchlaufzeiten der Arbeitsplaner.

- Die Supply Chain enthält pro Kundenauftrag oder Planzahl alle benötigten Ressourcenbedarfe. Wenn Sie wollen, auch jene für Gemeinkosten-Arbeitsplätze (s. Kap. 12.1, S. 110).

- Da in der Supply Chain alle notwendigen Ressourcenbedarfe mit Terminen enthalten sind, ist für die Simulation jederzeit feststellbar, welche Einzelleistungen (Zulieferung oder Bestände und Arbeitsplätze in der Eigenleistung) welche Kundenaufträge enthalten werden. Der sogenannte ständige Nachweis des Primärbedarfsverursachers ist hier systemimmanent gesichert.

- Dasselbe gilt für die ständige auftragsbezogene Kenntnis, wie weit jede einzelne Supply Chain (z.B. Kundenauftrag) fertiggestellt ist.

- Ist eine Leistung in einer Supply Chain unter äußerster Anstrengung nicht termingerecht zu erbringen, zeigt die Supply Chain dem PM Möglichkeiten, auftragsbezogen die Durchlaufzeiten-Puffer zu nutzen, um den Endtermin doch noch zu schaffen oder in extremen Ausnahmesituationen die Notwendigkeit, den Endtermin eines Kundenauftrages und damit die komplette Supply Chain zu verschieben, damit alle anderen sonst unnötig frühen Leistungen inkl. Zulieferungen nicht zu verfrühter Wertschöpfung und unnötiger Kapitalbindung führen.

- Soll im Einzelfall z.B. auf Ausweicharbeitsplätze ausgewichen werden, ist die Supply Chain dieses Auftrags leicht am Bildschirm als Graphik änderbar.

- Die Summe der einzelnen Vorgänge aller Supply Chains repräsentieren den gesamten terminierten Bruttobedarf an Ressourcen, das ist die 'Brutto-Supply Chain', auch Grundlage für Kalkulationen in der Welt der Prozeßkostenrechnung. Durch Abzug der vorhandenen Ressourcen gewinnt die Simulation unmittelbar alle vom Einkauf und Ihren eigenen Wertschöpfern zu erbringenden Netto-Einzelaktivitäten, als sogenannte 'Netto-Supply Chain'.

- Der kritische Pfad wird sowohl für die Brutto- als auch für die Netto-Supply Chain optisch sichtbar.

Erinnern Sie sich bitte an die Empfehlung, Konstrukteure und Arbeitsplaner zu Technologie-Teams zusammenzulegen. Wie lange werden diese weiterhin im selben Team hier Stücklisten, da Arbeitspläne erarbeiten? Unsere ersten Kunden mit - zugegeben - wenigen Fertigungsstufen haben ihre Grunddatenverwaltung inzwischen von Stücklisten und Arbeitsplänen auf Supply Chains umgestellt, sehr empfehlenswert.

Die Supply Chains stellen die Basis für eine immer wieder verblüffend einfache erfolgreiche Planung und Steuerung des gesamten Leistungsprozesses und einen genial einfachen Ansatz für Kalkulationen und die Prozeßkostenrechnung dar. Es realisiert sich hier eine Erkenntnis des großen französischen Philosophen und Technikers Antoine de Saint-Exupéry:

**"Die Technik entwickelt sich stets vom Primitiven
über das Komplizierte zum Einfachen."**

Fassen wir zusammen, was über die benötigten Grunddaten festzustellen ist:

Die vorhandenen Grunddaten (Stücklisten und Arbeitspläne) reichen für die Serienfertigung aus, der Simulation die synchrone deterministische Ermittlung jener Ressourcenbedarfe zu ermöglichen, die für die engpaß- und verschwendungsarme Produktion erforderlich sind.

Das professionell arbeitende PM wird diese Grunddaten später um z.B. Bereitstellungs-, Transport- und Prüfarbeitsfolgen ergänzen wollen, um z.B. auch die Bereitstellungs-, Transport- und Prüfarbeiten planen, disponieren und steuern zu können.

Damit werden diese von der Steuerung oft vernachlässigten Gemeinkosten-Arbeiten ebenfalls transparent dimensionierbar und gezielt steuerbar.

<u>Einzelfertigung</u>

Hier können wir nicht durchgängig auf vorhandene Stücklisten und Arbeitspläne zurückgreifen. Dennoch spricht gerade hier alles dafür, der Idee der Supply Chain treu zu bleiben.

Was hindert Sie daran, für jeden kundenindividuellen Einzelauftrag alle auftragsindividuellen Vorgänge (z.B. Einzelbeschaffungen, externe Leistungen und interne Wertschöpfungen) von Hand, aber durch die Prozeß-Simulation geführt in einer Supply Chain wie einen Netzplan zusammenzufügen?

Jeder Vorgang hat dann das gleiche Gewicht und denselben Termindruck. Es gilt dann nicht mehr: "In der Montage holen wir minutenweise wieder herein, was wir in den vorgelagerten Bereichen wochenweise verloren haben."

Abb. 37, Seite 101 zeigt eine sehr vereinfachte Darstellung einer Supply Chain für einen individuell gestalteten Kundenauftrag. Die Japaner nennen diese Darstellung den 'Process-Flowchart'.

Die Prozeß-Simulation kopiert sich die Supply Chains der bereits bekannten Baugruppen in die auftragsindividuelle Leistungsstruktur (Abb. 37) hinein und erhält so wiederum die den kompletten Kundenauftrag beschreibende Supply Chain mit allen durchzuführenden Vorgängen.

Es versteht sich von selbst, daß das PM versucht, in enger Zusammenarbeit mit dem Verkauf und den Davids - insbesondere der Konstruktion - die Kundenaufträge technisch zu klären und die Supply Chains so schnell wie möglich vollständig zu erstellen, damit auch in der Einzelfertigung die Planung und Steuerung des Leistungsprozesses nach derselben Methode wie in der Serienfertigung zuverlässig erfolgen kann.

Daten aus der Vorkalkulation und der Rückgriff auf bisher durchgeführte ähnliche Aufträge sind wertvolle Starthilfen zur Erstellung der auftragsindividuellen Supply Chain. Mit jedem Konstruktionstag wird die Supply Chain vollständiger und zuverlässiger als Basis für die gesamte Disposition und Steuerung jedes einzelnen Kunden- oder Entwicklungsauftrages.

Damit dem PM die Supply Chain nicht unnötig umfangreich und unübersichtlich wird, läßt sich das PM beim Aufbau einer auftragsindividuellen Supply Chain von folgender Regel leiten:

**"Ich fasse jene Vorgänge zu einer Supply Chain zusammen,
die ich terminlich sichern und überwachen will!"**

Je nach Umfang eines Kundenauftrages entstehen erfahrungsgemäß 30 bis weit über 1000 individuelle Vorgänge in einer Supply Chain, exklusive jener, die sich die Simulation aus bekannten Baugruppen in die Struktur kopiert. Diese Datenmengen sind problemlos von der Prozeß-Simulation beherrschbar.

Die Simulation ist in der Lage, die jeweils aktuelle Supply Chain mit ihrem Arbeitsfortschritt auszuplotten, damit sich jeder Beteiligte, auch Ihr Kunde, ständig ein exaktes Bild über den Stand eines ausgewählten Auftrages machen kann.

Die Verkäufer von Unternehmen der Einzelfertigung nehmen diese geplotteten Supply Chains gern mit zu ihren Kunden als vertrauensbildende Maßnahme und um sie auf die Terminrelevanz eigener Zulieferungen hinzuweisen (Abb. 37). Die Supply Chain stellt darüber hinaus natürlich eine ausgezeichnete Basis für eine mitlaufende Nachkalkulation dar.

11.2.3.5 Alle Simulationsdaten sind verfügbar

In aller Regel sind die für die Prozeß-Simulation benötigten Daten

⇒ Primärbedarfe,

⇒ Teilestamm- und Dispositionsdaten,

⇒ Arbeitsplatzkapazitäten und

⇒ Verzeichnisse, wie Stücklisten und Arbeitspläne oder Rezepturen,

in den Unternehmen verfügbar oder relativ leicht beschaffbar.

Wenn nicht, sollte kein Aufwand zu groß sein, dies Daten zu erstellen. Der Aufwand dafür steht in keinem Verhältnis zu jenem Ertragssprung, den ein engpaß- und verschwendungsfrei arbeitendes Unternehmen erlebt.

Auf das hinreichend bekannte Argument "Ja, aber die Daten sind im schlechten Zustand und müssen zunächst einmal richtiggestellt werden", dürfen Sie nicht hereinfallen. Es werden sonst Jahre vergehen, und Ihre Grunddaten stimmen immer noch nicht.

Starten Sie mit durchaus z.T. nicht korrekten Daten. Die Simulation spült Ihnen unkorrekte Daten direkt oder indirekt nach oben. Sie bereinigen die Ursachen und merzen damit die gröbsten Fehler der Grunddaten systembedingt aus. Nach wenigen Monaten haben Sie mit dieser Roßkur nach der genialen 20/80-Regel Ihre Grunddaten hinreichend sauber.

11.2.3.6 Systembedingt zu optimalen Grunddaten

Glauben Sie wirklich, daß der meistens praktizierte Weg zur Erstellung und Pflege von Stücklisten und Arbeitsplänen Zeiten spart und zu einer hohen Produktivität führt? Wie sieht dieser Weg heute aus?

Die Konstruktion erstellt fern der Fertigung die Zeichnungen und Stücklisten. Diese werden an eine andere Abteilung, die Arbeitsvorbereitung, weitergereicht. Diese erstellt auf der Basis der Konstruktion Arbeitspläne für jene Facharbeiter, die oft viel besser wissen, wie man so etwas herstellt. Das tun sie dann auch, wenn sie endlich die Fertigungsunterlagen erhalten haben. Ihre Ideen, wie es schneller, billiger und besser geht, nutzen sie, um ihre Vorgabezeiten mit möglichst geringem Aufwand zu erreichen.

Damit verhalten Sie sich absolut unternehmerisch, nur leider an den Unternehmenszielen vorbei. Warum sollten Sie das nicht tun? Ihre Kompetenz ruft ohnehin niemand ab. Welche Verschwendung wertvollster Erfahrung für höhere Produktivität und Qualität.

Warum bringen wir nicht die Konstruktion und den arbeitsplanenden Teil der Arbeitsvorbereitung - die Technologen - in gemeinsame Teams? Die Summe dieser Teams nennen wir

'Technologiezentrum, TZ.'

Dort können die Konstruktions- und Fertigungsunterlagen gemeinsam mit den Arbeitsplanern sofort viel fertigungsgerechter erstellt werden. Die Unterlagen sollten gerade so detailliert sein, daß die Wertschöpfer wissen, was sie in welchen generellen Schritten herstellen sollen.

Dann lassen Sie die praxiserfahrenen Wertschöpfer überlegen, was sie alles schneller, besser, billiger machen könnten. Das melden Sie an das TZ zurück. So finden Sie mit viel weniger Aufwand als heute systemimmanent zu praxisgerechteren technischen Unterlagen und interessanteren Kalkulationen.

Natürlich sollte ein entsprechendes Entlohnungssystem die Wertschöpfer zusätzlich motivieren, ihr Wissen um kostengünstigere und die Qualität Ihrer Produkte steigernde Herstellung einzubringen. Mit den üblichen Leistungslohn-Systemen - sie wirken produktivitätsbremsend - ist so etwas Großartiges natürlich nicht möglich.

12 Machen Sie Gemeinkosten zu Einzelkosten

In diesem Kapitel ist beschrieben, wie Sie Ihre unechten Gemeinkosten um mehr als 20 % herunterfahren und dann permanent weiter senken können.

Schauen Sie sich einmal die Kostenstruktur eines durchschnittlichen Industrie-Unternehmens in Abbildung 40 an:

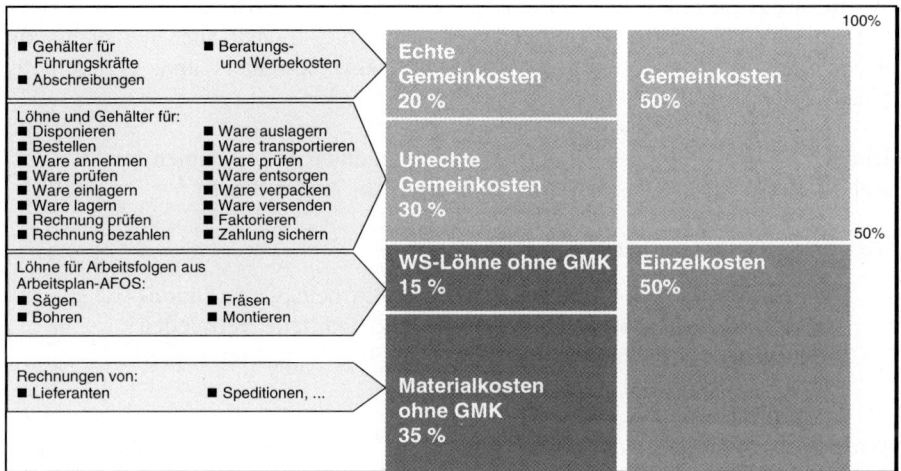

Abb. 40   Kostenstruktur-Beispiel

Ca. 50 % aller Kosten sind Gemeinkosten, davon wiederum der größte Teil sogenannte 'unechte Gemeinkosten', das sind eigentlich Einzelkosten wie die Lohnkosten der Wertschöpfer, die in der Abb. 40 (Beispiel) mit 15 % aller Kosten angegeben sind.

Die Experten, die vor vielen Jahren Arbeitspläne erfunden haben, interessierten sich nicht für die technologisch uninteressanten Gemeinkostenvorgänge. Deswegen kamen sie nicht in die Arbeitspläne, deswegen werden sie von PPS nicht gesteuert, deswegen werden sie heute als Gemeinkosten angesehen. Falsch!

Seit mindestens 40 Jahren versuchen wir, den ohnehin ständig abnehmenden Lohnanteil der Wertschöpfer in den Arbeitsfolgen minutenweise zu senken.

Mit welcher Intensität haben wir ähnliches bei den Gemeinkosten getan? Kaum!

In den unechten Gemeinkosten stecken Vorgänge wie Disposition, Beschaffen, Rechnungen prüfen, Ware annehmen, Ware prüfen, Einlagern, Lagern, Auslagern, Material bereitstellen, Transportieren, Verpacken, Versenden, Zahlungseingänge prüfen, sowie Konstruieren, Arbeitspläne und NC-Programme erstellen, usw.

Mit einigen guten Ideen und geeigneter Software kann man die unechten Gemeinkosten in Einzelkosten umwandeln und diese in denselben Focus nehmen wie wir es seit über 40 Jahren mit den Arbeitsfolgen aus den Arbeitsplänen tun.

Wir nennen diese in Einzelkosten umgewandelten unechten Gemeinkosten

wertneutrale Einzelkosten!

Wertneutrale Einzelkosten sind jene neuen Einzelkosten, die aus den bisherigen unechten Gemeinkosten gewonnen wurden und nichts, aber auch gar nichts zur Wertsteigerung des Kostenträgers beitragen, also besonders üble und unnötig hohe Kosten.

Diese provozierende Feststellung ist im intelligenten Unternehmen leicht zu beweisen, wenn wir uns das folgende Phänomen vor Augen führen.

Sie erinnern sich an unsere Feststellung:

> „Wenn für alle Arbeitsgänge aus den Arbeitsplänen hinreichend Kapazität bereitgestellt ist und Fehlteile vermieden werden, erreichen wir eine praktisch 100 %ige Liefertreue. Der Leistungsprozeß ist engpaßfrei."

Wie ist das möglich, wenn nur maximal 20 % aller für die Abwicklung eines Kundenauftrags notwendigen Vorgänge im Arbeitsplan stehen und über 80 % der Vorgänge als GMK-Vorgänge gar nicht auf Machbarkeit geprüft wurden? Da die GMK-Stellen niemals wirklich zum Engpaß werden, müssen sie deutliche Überkapazitäten haben.

Das ist auch aus einem anderen Grund logisch: Bedenken Sie, welche Mühen und Methoden seit über 40 Jahren angewendet werden, um die Zeiten für die Wertschöpfer zu reduzieren und ihre Arbeitsplätze bedarfsgerecht zu dimensionieren. Dies alles haben die GMK-Mitarbeiter noch gar nicht erlebt. Oder: Wann hatten Sie das letzte Mal eine Samstagsschicht in einem nicht direkt in den Leistungsprozeß integrierten GMK-Bereich?

12.1   Dimensionieren Sie auch Ihre Gemeinkosten-Arbeitsplätze bedarfsgerecht

Wie Sie im Kapitel 11.2.3.4, S. 99 nachlesen können, erstellt die Prozeß-Simulation aus Ihren Stücklisten und Arbeitsplänen sogenannte Supply Chains.

Bei der Supply Chain erkennen Sie sofort den Prozeßcharakter. Der Inhalt der Supply Chains ist zunächst identisch mit jenen Ihrer Stücklisten und Arbeitspläne.

In den Arbeitsplänen fehlen leider die vielen Gemeinkostenvorgänge. Deshalb können diese jetzt noch nicht in den Supply Chains enthalten sein.

Stellen Sie sich nun vor, es würde gelingen, auch die Gemeinkostenvorgänge in die Supply Chains zu bringen (Abb. 38, Seite 102).

⇒ Dann können Sie die Kapazitäten der Gemeinkosten-Arbeitsplätze (z.B. Versand) genauso bedarfsgerecht dimensionieren wie die Arbeitsplätze 'Schleifen, Bohren und Fräsen'.

Genau das können Sie tun. Mit einem Expertensystem können Sie jetzt sämtliche ertragsrelevanten Gemeinkosten-Vorgänge in jene Supply Chain schießen, die wir vorher aus Ihren Stücklisten und Arbeitsplänen generiert hatten. Es entstehen Supply Chains inkl. ihrer Gemeinkostenvorgänge (Abb. 38).

Jetzt kann die Prozeß-Simulation auch für alle GMK-Arbeitsplätze im voraus den tatsächlichen Kapazitätsbedarf ermitteln. Endlich können auch die GMK-Arbeitsplätze auf den tatsächlichen Kapazitätsbedarf heruntergefahren werden.

> **Die Kapazität jeder Gemeinkostenstelle läßt sich endlich bedarfsgerecht dimensionieren, genauso, wie wir das seit mehr als 40 Jahren erfolgreich mit den Kapazitäten der Wertschöpfer-Arbeitsplätze tun.**

Jeder mag für sich abschätzen, welchen Einsparungseffekt 40 Jahre Dimensionierung und Rationalisierung der Wertschöpfer-Arbeitsplätze gebracht haben. Ähnliche Reserven stecken auch in den GMK-Arbeitsplätzen.

Ein praktisches Beispiel:
Nachdem wir bei einem Gerätehersteller mit gut 100 Mio. Euro Umsatz auf der Basis von Stücklisten und Arbeitsplänen die dort angegebenen Arbeitsplätze bedarfsgerecht dimensioniert hatten, wendeten wir uns den Gemeinkosten-Arbeitsplätzen zu.

Wir fanden einen Gemeinkosten-Bereich 'Verpackung und Versand', der seit Jahren täglich 60 Mitarbeiter beschäftigte, von Montag bis Freitag täglich 7,5 Stunden.

Allein die Ankündigung, das PM würde nun auch die Gemeinkostenvorgänge in die Prozeß-Simulation aufnehmen und diese GMK-Stellen bedarfsgerecht dimensionieren, veranlaßte den Abteilungsleiter zur Freistellung von sechs Mitarbeitern.

12.2   Vereinfachen Sie Ihre Leistungsprozesse mit der Wertanalyse

Die Supply Chains inkl. ihrer GMK-Vorgänge können von der Prozeß-Simulation ausgeplottet werden.

Stellen Sie sich vor, Sie sehen den gesamten Leistungsprozeß eines Ihrer A-Produkte erstmalig objektiv visualisiert vor sich. Sie sehen grafisch überzeugend dargestellt:

- Die allermeisten Vorgänge, mehr als 80 %, sind GMK-Vorgänge.
- Die Vorgänge, die die mittlere Durchlaufzeit vom Wareneingang bis zum Versand dominant bestimmen, sind GMK-Vorgänge, zuvorderst 'Lagerzeiten'.
- Sie müssen sich Mühe geben, die wenigen kurzen Wertschöpfungsvorgänge in dem meterlangen Plotterbild zu finden. Sie erinnern sich an das Verhältnis Wertschöpfung (< 5 %) und Liegezeiten (> 95 %).
- Sie erkennen, wie extrem Ihnen die sogenannten wirtschaftlichen Losgrößen die Lager- und Durchlaufzeiten in die Länge treiben.
- Sie werden erstaunt sein über viele unnötige Umwege, die vielen Einzeloptima.
- Sie werden sich fragen: „Warum machen wir das so? Warum geben wir eigentlich so viel Geld aus für Vorgänge, die den Wert des Produktes - unserer Leistung - um keinen Pfennig erhöhen?"

Was fangen Sie mit diesen wertanalytischen Erkenntnissen an? Was werden Sie sofort tun?

Sofort werden Sie unnötige, teure oder zu lange dauernde Vorgänge entfernen, verkürzen, mindestens aber versuchen, sie billiger zu bekommen.

Wie bei der Wertanalyse der Produkte werden Sie erstens fragen:

⇒ Wie können wir diese üblen wertlosen Vorgänge überflüssig machen?

Nur für jene, die nicht oder noch nicht überflüssig gemacht werden können, ist die zweite Frage erlaubt:

⇒ Wie können wir diese noch unverzichtbaren wertneutralen Vorgänge rationalisieren oder billiger beschaffen?

Sie beginnen mit der Wertanalyse Ihrer Leistungsprozesse. Sie sehen z.B. in einem Zweig der Supply Chains den unnötigen Umweg einer Komponente über Einlagerung, Lager, Auslagerung und Transport (Abb. 41) und entscheiden sich für den viel kürzeren Weg direkt auf einen Bahnhof beim ersten Arbeitsplatz. Jetzt haben Sie die Anzahl der Vorgänge halbiert, sind viel schneller geworden und haben die Kosten nachhaltig reduziert.

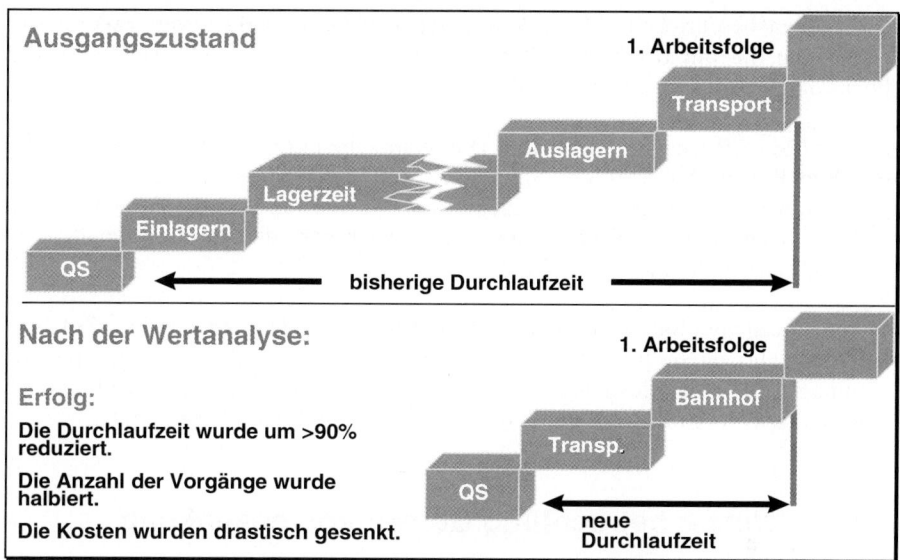

Abb. 41   Supply Chains-Wertanalyse

Endlich haben Sie und Ihre aufgeschlossenen Mitarbeiter die Chance, nicht nur die weitverbreitete Wertanalyse der Produkte, sondern auch die Wertanalyse der Leistungsprozesse zu praktizieren. Einzelfertiger fügen ihre Vorgänge wie konstruieren, Arbeitspläne erstellen, usw. über die Simulationssoftware den Supply Chains hinzu. Die Supply Chains beschreiben jede zu erbringende Leistung in ihren Einzelschritten. Sie können sich diese auf Plotterbildern anschauen. Diese totale Transparenz ist die Basis für die Wertanalyse der Prozesse.

12.3   Identifizieren Sie Ihre Kostentreiber

Eine weitere wirksame Möglichkeit zur Kostenreduzierung ist die Entdeckung Ihrer Kostentreiber. Kostentreiber sind jene GMK-Vorgänge, die so oft vorkommen und/oder so teuer sind, daß sie einen interessanten Anteil der Gemeinkosten ausmachen. Es ist besonders lohnend, diese zu beseitigen.

Wenn Sie die GMK-Vorgänge in Ihre Prozesse integriert haben, können Sie mit der Prozeß-Simulation aus Ihren in einem Zeitraum hergestellten und/oder gelieferten Produkten ermitteln, wieviele Vorgänge pro Vorgangsart nötig waren und was Sie jede Vorgangsart gekostet hat, alle diese Leistungen zu erbringen.

Es entsteht eine Riesendatei, die alle diese Einzelvorgänge enthält. Aus dieser Datei holen Sie analog der ABC-Analyse jene Vorgangsarten heraus, die in ihrer Summe besonders hohe Gemeinkosten verursachen. Diese werden Sie zuallererst angreifen.

Die soeben beschriebene Methode können Sie ebenfalls dazu verwenden, Vorgänge, die Sie mit besonderer Priorität reduzieren wollen, noch stärker in den Focus der Verantwortlichen zu treiben.

Nehmen Sie z.B. an, Sie wollen Ihre Durchlaufzeiten unbedingt drastisch reduzieren. Was können Sie jetzt tun? Sie erhöhen z.B. den Vorratszins um das 3-fache. Sofort werden sämtliche Lager-, Liege- und Wartezeiten um das 3-fache teurer. Sofort rücken sie in der Kostentreiberanalyse nach vorn und damit nachhaltiger in den Focus Ihrer Verantwortlichen.

Welche Vorgänge Sie auch immer reduziert haben wollen, machen Sie sie künstlich teurer, lassen Sie Ihre Mitarbeiter Anteil haben am erzielten Zusatzertrag, und zumindest alle hier relevanten Mitarbeiter werden sich 'Ihren Kopf zerbrechen', wie sie diese Vorgänge reduzieren oder wenigstens billiger leisten können.

12.4   Nutzenbetrachtung Gemeinkostensenkung

Das Ertragspotential von deutlich mehr als 20 % Ihrer unechten Gemeinkosten erschließen Sie sich nach dem in Abb. 42 dargestellten Weg:

- Sie wandeln die unechten Gemeinkosten um in wertneutrale Einzelkosten, mit denen Sie - nebenbei gesagt - Ihre Produkte wesentlich sicherer kalkulieren können, wenn Sie wollen.
- Diese bisher intransparenten unechten Gemeinkosten sind jetzt sehr transparente Einzelkosten. Diese senken Sie mit den drei beschriebenen Methoden
  - Dimensionierung der Gemeinkosten-Arbeitsplätze,
  - Wertanalyse der Prozesse und
  - Kostentreiberanalyse.

In der Abb. 42 ist vorsichtig eine mögliche Reduzierung der unechten Gemeinkosten von 20 % angenommen, die unmittelbar Ertragsgewinn darstellt. Wenn Sie das für Ihr Unternehmen ausrechnen, bekommen Sie eine konkrete Vorstellung von diesem Nutzenpotential.

Der Unterschied zur herkömmlichen Methode: Seit vielen Jahren kennen wir die bisher praktizierte Gemeinkosten-Wertanalyse. Von den hierauf spezialisierten Beratern wird empfohlen, diese etwa alle drei Jahre durchzuführen, da die GMK stets wieder steigen (Abb. 43). Die Vor- und Nachteile dieser Methode sollen hier nicht vertieft werden.

In der Anwendung unserer Methode werden Sie erfahren, daß die permanente Senkung der unechten Gemeinkosten eine ganz andere Qualität darstellt. Sie ist ständig aktiv. Ihre Ergebnisse sind objektiv für jeden nachvollziehbar.

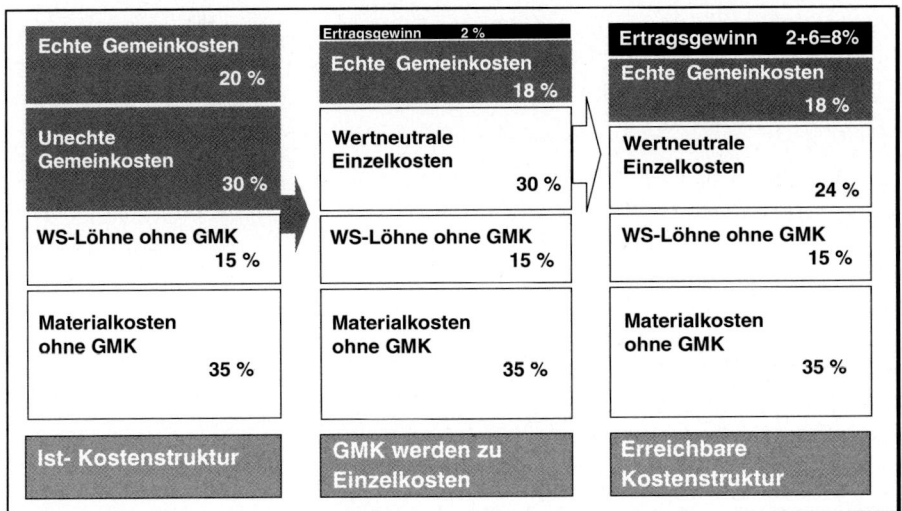

Abb. 42 Ertragspotential Gemeinkosten

Durch die ständige Dimensionierung der GMK-Stellen analog zu 'Schleifen, Bohren, Fräsen' bleiben einmal reduzierte Gemeinkosten unten und werden permanent - wie bei den Wertschöpfern seit 40 Jahren erlebt - weiter gesenkt (Abb. 43).

> **Sie praktizieren jetzt die intelligente, permanente Gemeinkosten-Wertanalyse.**

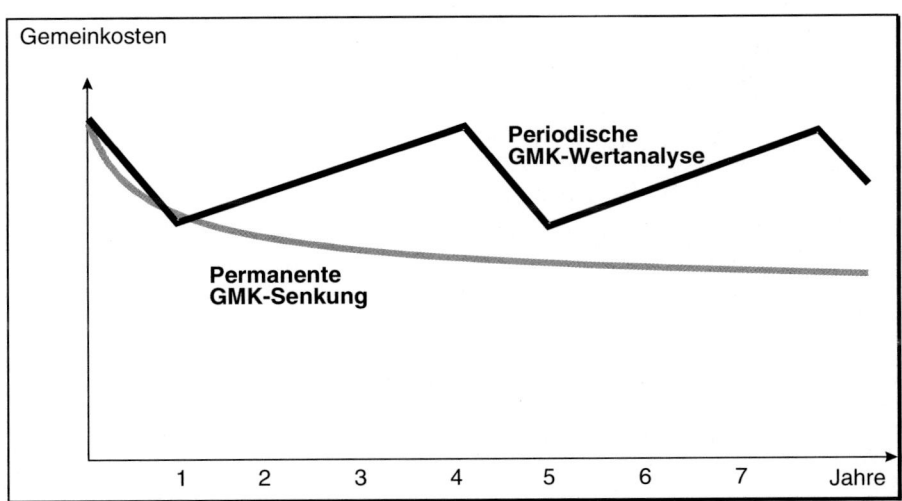

Abb. 43 Permanente GMK-Senkung versus periodische GMK-Wertanalyse

13 Die intelligente Disposition und Steuerung des Leistungsprozesses

Die Ihren Kunden oder Ihrem Verkauf zugesagten Leistungen werden im Tagesgeschäft im eigentlichen Leistungsprozeß von Ihren operativ tätigen Mitarbeitern erbracht. Das sind Wertschöpfer und Gemeinkosten-Mitarbeiter.

Wir nennen alle am Leistungsprozeß operativ beteiligten Mitarbeiter

'Prozeßtreiber'

Wie wir die Machbarkeit des Primärbedarfs (Kundenaufträge und/oder Planzahlen) sichern, wie wir also die zu erbringende Leistung planen, haben wir in Kapitel 11 ausführlich beschrieben.

Mit der durchgängigen Ressourcenharmonisierung hat das PM mit Hilfe der Prozeß-Simulation sichergestellt, daß die Beschaffer ihre Zukaufteile termingerecht zur Verfügung stellen können und die Prozeßtreiber für ihre Arbeiten termingerecht ausreichend Kapazität haben werden.

Ein so harmonisiertes und synchronisiertes Unternehmen zeichnet sich im Leistungsprozeß auf dem Leistungs-Ypsilon dadurch aus, daß die für Kundenaufträge oder Planzahlen durchzuführenden einzelnen Operationen mit relativ kurzen Übergangszeiten termintreu durchgeführt werden können. Im Idealfall wird der Auftrag an den Folge-Arbeitsplatz genau dann gebracht, wenn dieser Arbeitsplatz diesen Auftrag weiterbearbeiten soll.

Ein engpaßfreies Unternehmen ist so geplant und wird so gesteuert, daß sich die einzelnen an einer Leistung beteiligten Mitarbeiter so rechtzeitig gegenseitig zuliefern, daß jeder einzelne seine Arbeit termintreu leisten kann.

Sie erkennen bereits: Die Synchronisierung aller Vorgänge setzt absolute Termintreue und damit die vorherige Ressourcenharmonisierung voraus.

Wie Sie die harmonisierte Unternehmung erreichen, haben wir inzwischen behandelt. Sie werden erkennen, daß die Art und Weise, wie wir die Harmonisierung realisiert haben, das synchronisierte Unternehmen systemimmanent nach sich zieht.

13.1 Die durchgängige Harmonisierung führt system-bedingt zur Synchronisierung aller Vorgänge

Um die so zwangsläufig herbeigeführte Synchronisierung zu erkennen, schauen Sie sich bitte einen harmonisierten Arbeitsplatz, wie in der Abb. 44 dargestellt, genau an.

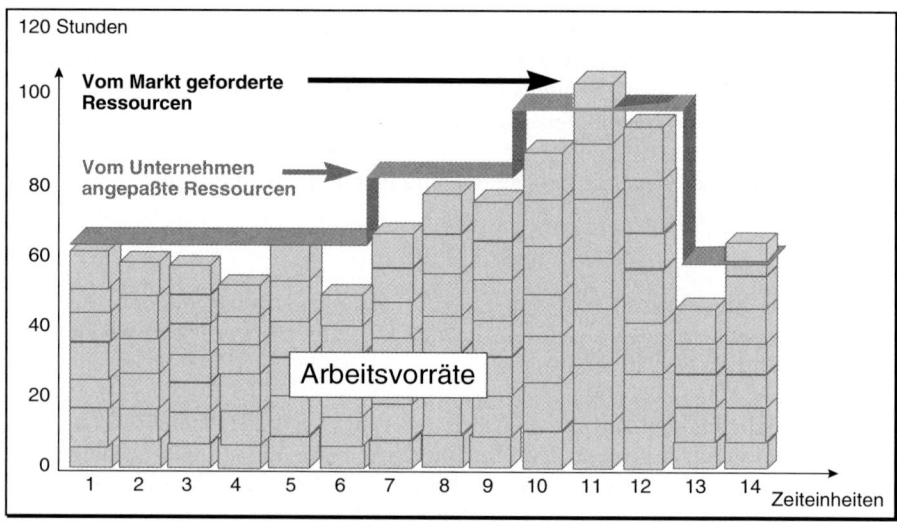

Abb. 44   Vorlaufende Ressourcenharmonisierung; die Ressourcen werden den Marktanforderungen flexibel angepaßt

Die Ressourcenharmonisierung führt systembedingt zum rückstands-, engpaß- und verschwendungsfreien Leistungsprozeß, die 'Grüne Welle'. Damit ist gleichzeitig die Synchronisierung aller durchzuführenden Vorgänge für den Leistungsprozeß erreicht.

Sie erkennen, daß dieser Arbeitsplatz seine Kapazität den vom Markt geforderten Ressourcen so gut angepaßt hat, daß wir hier von einem harmonisierten Arbeitsplatz sprechen können. Dieser Arbeitsplatz kann z.B. eine Konstruktionsgruppe, eine Maschinengruppe, eine Montagegruppe, ein Gemeinkostenarbeitsplatz oder irgendeine andere Fachgruppe sein.

Der Sprecher des in Abb. 44 dargestellten Arbeitsplatzes hatte dem PM offensichtlich ein Kapazitätsangebot von ca. 70 Stunden für jeden der ersten 14 Zeiteinheiten (Tage, Wochen, Monate,...) gemeldet.

Die Prozeß-Simulation hat durch die deterministische zeitsynchrone Auflösung des Primärbedarfs über z.B. Stücklisten, Arbeitspläne und Zeitschätzungen festgestellt, daß von der 10. bis 12. Zeiteinheit jeweils ca. 90 Std. Kapazität benötigt werden. Die Fachgruppe hat sich in diesem Beispiel entschieden, für diese

3 Zeiteinheiten das Kapazitätsangebot z.B. durch Mehrarbeit oder zusätzliches Personal auf 94 Std. pro Zeiteinheit zu erhöhen. Für die 7. bis 9. Zeiteinheit wurde das Kapazitätsangebot also jeweils auf 94 Stunden angehoben.

Weitere Mehrbelastungen, z.B. von der 7. bis 9. Zeiteinheit, wurden ebenfalls durch vorlaufende Kapazitätsanpassungen ausgeglichen.

Damit ist dieser Arbeitsplatz engpaßfrei, also harmonisiert. Die erste K.O.-Bedingung, die gelungene Harmonisierung nach sichergestellter Rückstandsfreiheit, ist erfüllt. Ist dieser Arbeitsplatz damit auch zu allen anderen Arbeitsplätzen synchronisiert? Die Antwort ist JA, sofern die Harmonisierung auch bei allen anderen Arbeitsplätzen und Zulieferteilen gelungen ist.

Die durchgängige Rückstands- und Engpaßfreiheit aller Arbeitsplätze sowie die Sicherung der Versorgungssicherheit für alle Zukaufteile ist die erste von nur zwei K.O.-Bedingungen für eine durchgängige Termintreue, kurze Durchlaufzeiten, niedrige Kapitalbindung und hohe Produktivität Ihres Unternehmens.

Sie erkennen:

Es macht keinen Sinn, nur einzelne Arbeitsplätze im Leistungsprozeß rückstands- und engpaßfrei zu gestalten.

Auch hier wird noch einmal deutlich, daß das PM die Rückstandsfreiheit und die durchgängige Harmonisierung aller Arbeitsplätze und Materialien immer wieder sicherstellen <u>muß</u>, um die Synchronisierung der Davids und aller Zulieferungen zu sichern.

Wie eingangs dieses Buches schon erwähnt, müssen nur zwei K.O.-Bedingungen eingehalten werden, um nahezu unglaubliche Erfolge zu erzielen. Die erste haben wir jetzt erarbeitet.

<u>Erste K.O.-Bedingung der Wassermann-Philosophie:</u>

- Das Prozeßmanagement darf erst nach Hause gehen, wenn es die Rückstandsfreiheit im gesamten Leistungsprozeß erreicht hat und wenn es die Ressourcenharmonisierung für alle Davids und Zukaufteile für die dispositions- und steuerungsrelevante Zukunft gesichert hat.

Ein harmonisiertes Zukauf- oder Eigenfertigungsteil, künftig als Oberbegriff für alle Teile 'Sachnummer' genannt, ist in der Abb. 32, Seite 87, dargestellt. Die tagesgenau ermittelten Materialbedarfe sind analog zu den ebenso exakt berechneten Einzelbelastungen der Abb. 44 zu sehen. Das Ressourcenangebot bei den Sachnummern besteht aus Säulen, die für den Tag heute den Bestand, für die Zukunft offene Bestellungen oder Fertigungsaufträge darstellen.

13.2   Termingesicherte Arbeitsvorräte für die Mitarbeiter im Leistungsprozeß

Mit der gelungenen vorlaufenden Harmonisierung aller Ressourcen liegt genau fest, bis wann an welchem Arbeitsplatz welche Arbeit erledigt sein muß und auch kann, denn die Machbarkeit wurde bereits vorher zwischen dem PM und diesem Arbeitsplatz gesichert, ebenso evtl. notwendige Zulieferungen.

Schauen Sie dazu noch einmal bitte auf die Abb. 44 und fragen sich: Was steht konkret hinter den einzelnen Säulen der ersten Tage? Sind diese Einzelbelastungen dem Betrieb bekannt? Die Antwort lautet: JA! Für den Kurzfristbereich sind nämlich längst Fertigungsaufträge freigegeben, welche die Einzelbelastungen verursachen. Diese Einzelbelastungen stellen den aktuellen Arbeitsvorrat für diese Fachgruppe dar.

Was hindert uns daran, diese Arbeitsvorräte aktuell für jede Fachgruppe auszudrucken und ihr sofort zur Verfügung zu stellen (Abb. 45)?

				WAY - [Arbeitsvorrat M/M1 (Montage) bis 18.07.97]			
Arbeitsvorrat	Pflegen	Übersichten	Auswertungen	Fenster	Hilfe		
lfd. Nr.	Eck- termin	Start- termin	^Auftragsnummer	Vorgangsbezeichnung	Bel. in Std.	Eh.	Kommentar
11	25.06.97	24.06.97	FA Nr. 02740	MONTAGE TRETEI.	1,8	h	
12	25.06.97	23.06.97	FA Nr. 02741	MONTAGE LENKST.	6,8	h	
13	27.06.97	26.06.97	FA Nr. 02742	MONTAGE LENKST.	4,6	h	
14	03.07.97	25.06.97	FA Nr. 02741	MONT.ZUBEHÖR	15,0	h	
15	03.07.97	02.07.97	FA Nr. 02743	MONTAGE LENKST.	3,5	h	
16	03.07.97	27.06.97	FA Nr. 02742	MONT.ZUBEHÖR	10,0	h	
17	07.07.97	04.07.97	FA Nr. 02722	MONT.SATTEL	3,3	h	
18	08.07.97	03.07.97	FA Nr. 02743	MONT.ZUBEHÖR	7,5	h	
19	08.07.97	08.07.97	FA Nr. 02744	MONTAGE LENKST.	0,8	h	
20	08.07.97	04.07.97	FA Nr. 02724	MONT.SATTEL	6,7	h	
21	09.07.97	08.07.97	FA Nr. 02744	MONT.ZUBEHÖR	1,5	h	
22	10.07.97	10.07.97	FA Nr. 02721	MONT.SATTEL	0,7	h	
23	10.07.97	07.07.97	FA Nr. 02722	MONT.LENKEINH.	6,7	h	
24	10.07.97	09.07.97	FA Nr. 02723	MONT.SATTEL	4,5	h	
25	10.07.97	10.07.97	FA Nr. 02721	MONT.LENKEINH.	1,3	h	
26	10.07.97	10.07.97	FA Nr. 02721	MONT.RAHM.-RAD	0,3	h	
27	10.07.97	10.07.97	FA Nr. 02722	MONT.RAHM.-RAD	1,7	h	
28	11.07.97	11.07.97	A43	MONTAGE LENKST.	1,6	h	
29	15.07.97	14.07.97	A43	MONTAGE TRETEI.	1,7	h	
30	15.07.97	11.07.97	A43	MONT.ZUBEHÖR	3,2	h	
31	15.07.97	14.07.97	Losgrößenbedarf	MONTAGE TRETEI.	0,1	h	
32	15.07.97	08.07.97	FA Nr. 02724	MONT.LENKEINH.	13,3	h	
33	16.07.97	10.07.97	FA Nr. 02723	MONT.LENKEINH.	8,9	h	
34	16.07.97	16.07.97	A43	MONT.SATTEL	1,4	h	
35	16.07.97	16.07.97	FA Nr. 02723	MONT.RAHM.-RAD	2,2	h	

Drücken Sie F1, um Hilfe zu erhalten |!!NUM

Abb. 45 Arbeitsvorrat je Arbeitsplatz

Diese Arbeitsvorräte gehen meistens tagesaktuell - in der Automobil-Zulieferindustrie schichtaktuell oder gar noch häufiger - an die im Prozeß tätigen Prozeßtreiber, die als einzelne Arbeitsplätze oder bereits zu kleinen Unternehmen (Davids) zusammengefaßt sind.

Je nach Branche und Art des Unternehmens sind das:

⇒ Auftragsklärer, Konstrukteure, Arbeitsplaner, Disponenten, Einkäufer, Warenannehmer, Qualitätsprüfer, Ein- und Auslagerer, Materialbereitsteller, Transporteure, Mitarbeiter in der Fertigung und Montage sowie Kommissionierer, Versender plus möglicherweise Außenmontierer beim Kunden.

Sobald die Arbeitsgruppe einen neuen Arbeitsvorrat bekommt, arbeitet sie ausschließlich nach diesem aktuellen. Sie sehen, daß die Fachgruppe u.a. den spätesten Endtermin - dann muß die Arbeit fertig sein - in der Arbeitsvorratsliste erkennt. Die Fachgruppe ist wie Ihre Lieferanten frei, die Reihenfolge ihrer Arbeiten zu optimieren. Auf keinen Fall darf so etwas aber zur Gefährdung der synchronisierten Endtermine führen.

Damit haben wir die zweite und letzte K.O.-Bedingung für die harmonisierte und synchronisierte Leistungserbringung erkannt.

Zweite K.O.-Bedingung der Wassermann-Philosophie:

• Die Fachgruppen sind als Unternehmer frei, die Reihenfolge ihres Arbeitsvorrates selbst zu bestimmen. Ihre Ecktermine allerdings müssen und können sie halten. Gefährdete Ecktermine (Schnee und Regen) melden die Fachgruppen sofort an das Prozeßmanagement.

Das PM erkennt mit Hilfe der Supply Chains in der Simulation sofort, was getan werden kann, den Kundentermin trotzdem zu halten. Je früher im Prozeß dieser Terminverzug auftritt, desto mehr Chancen hat das PM, z.B. die langen Liegezeiten (> 95 %) dafür zu verwenden. Daraus entstehen dann wieder neue Termine für alle Prozeßtreiber dieses Geschäftsprozesses.

Die Termine auf der Arbeitsvorratsliste (Abb. 45) sind verbindlich. Sie werden leicht nachvollziehen, daß Ihre Fertigungsaufträge keinen Termin mehr haben sollten. Allein terminführend für alle Prozeß-Vorgänge sind die ständig aktuellen Arbeitsvorräte aus der Prozeß-Simulation.

13.2.1   Die papierlose Steuerung des Leistungsprozesses

Wenn Sie Ihren Prozeßtreibern Bildschirme mit Zugriff auf die Prozeß-Simulation aufstellen, können Ihre Prozeßtreiber direkt mit dem Steuerungssystem kommunizieren, Ihre Arbeitsplätze selbst engpaßfrei machen und Ihre Arbeitsvorratsliste, z.B. in der Reihenfolge, optimieren.

Dieses Software-Kommunikationssystem haben wir inzwischen entwickelt. Es läßt die Kommunikation zwischen den Prozeßtreibern und dem PM viel einfacher und schneller ablaufen.

Die Reaktionsgeschwindigkeit des gesamten Leistungsprozesses nimmt noch einmal zu. Ihre Prozeßtreiber werden immer mehr zu selbständigen, hochmotivierten Unternehmern.

Das PM wird entlastet, die Kommunikation zwischen den Prozeßtreibern und dem PM reduziert sich auf jene Fälle, die sich trotz effizienter elektronischer Verbindung nur im persönlichen Dialog klären lassen, wie z.B. die folgenden unplanbaren sogenannten „Schnee- und Regenereignisse".

13.2.2   Die Bedeutung der Schnee- und Regenereignisse

Nun gibt es Praktiker, die den Eindruck haben, die ganze Ressourcen-Harmonisierung würde nicht viel bringen. Nicht vorhersehbare Ereignisse würden die beste Harmonisierung immer wieder über den Haufen werfen. Hier müssen wir sehr aufpassen, daß wir das Kind nicht mit dem Bade ausschütten.

Fragen Sie sich selbst: „Welche Ereignisse im Unternehmen sind wirklich nicht vorhersehbar, schicksalhaft wie Schnee und Regen?"

Dazu zählen Werkzeugbruch, Stromausfall, deutlich überdurchschnittliche Krankheitsquote, ein sonst zuverlässiger Lieferant liefert nicht termintreu und meldet sich auch nicht usw.

Schätzen Sie selbst: „Wieviel Prozent aller Störungen, denen ernannte und selbsternannte Terminjäger tagtäglich hinterherlaufen, sind auf diese schicksalhaften Ereignisse zurückzuführen?"

Selbst die härtesten Praktiker schätzen diese schicksalhaften Störungen auf höchstens 10 % aller Störungen. Tatsächlich sind es noch viel weniger. Denn die Praxis zeigt:

**In einem rückstands- und engpaßfreien Unternehmen spielen
die Schnee- und Regenereignisse keine wesentliche Rolle mehr.**

Erstens sind es sehr wenige. Zweitens fallen sie in eine harmonisierte Umgebung und können so sehr schnell und sicher beherrscht werden. Und drittens holt das PM diese Verzüge immer dann wieder auf, wenn dieses Schnee- und Regenereignis nicht gerade zum Ende des Geschäftsprozesses - z.B. beim Verladen - eintritt. Je länger die Netto-Supply Chain noch ist, desto mehr Chancen hat das PM, verlorene Zeiten wieder hereinzuholen.

13.2.3   Das einfache Rückmeldesystem

In einem harmonisierten Unternehmen sind die Fachgruppen durchschnittlich 97 %, termintreu. Welchen Sinn macht es jetzt, die Fachgruppe in 97 von 100 Fällen über ein anspruchsvolles, damit teures, minutenaktuelles Betriebsdatenerfassungssystem melden zu lassen: „Wir sind pünktlich fertig!" Also lautet die Spielregel für die Rückmeldung zwischen dem PM und den Fachgruppen:

Wir können also davon ausgehen, daß jede Gruppe ihre Termine hält. Sobald die Gruppe aber erkennt, daß ein Ecktermin gefährdet ist, und die Gruppe ihn mit eigenen Bordmitteln und Sondereinsatz nicht schafft, muß dieses sofort an das PM gemeldet werden, schnell durch Zuruf, Telefon oder mit dem elektronischen Kommunikationssystem.

Sobald also ein Prozeßtreiber feststellt, daß er einen Termin nicht einhalten kann, meldet er dieses sofort an das PM.

Das PM versucht jetzt leistungsübergreifend, den Kundentermin dennoch zu halten. Die Chance dazu ist um so besser, je weiter dieser Störfall vor dem zugesagten Liefertermin liegt.

Sie erkennen, für die Arbeitsfortschrittkontrolle benötigen Sie keinerlei aufwendige, hochaktuelle Rückmeldesysteme. Hier gilt endlich nicht mehr: „Ein Steuerungssystem ist so gut wie sein Rückmeldesystem." Für die betriebswirtschaftlichen Informationen, z.B. für die Nachkalkulation, reicht ein sehr einfaches, bestenfalls tagesaktuelles Rückmeldesystem.

13.2.4   Der unnötige elektronische Leitstand

Können Sie sich vorstellen, daß eine überschaubare Arbeitsgruppe für die Verwaltung eines in seiner Machbarkeit termingesicherten Arbeitsvorrates einen Leitstand braucht? Wir auch nicht!

Sämtliche Vorgänge aller Aufträge sind vom PM vorlaufend in ihrer Machbarkeit gesichert. Ein Leitstand macht in dieser Welt keinen Sinn.

13.3   Termingesicherte Dispositionen für Lieferanten

Mit der gelungenen vorlaufenden Harmonisierung liegt ebenfalls genau fest, bis wann welche Zukaufteile dem Betrieb zur Verfügung stehen müssen. Bei drohenden Fehlteilen haben die zuständigen Beschaffer im PM vor Abschluß der Harmonisierung gesichert, daß diese bedarfsgerecht geliefert werden.

Sicher können Sie sich vorstellen, daß eine Prozeß-Simulation bei von ihr selbst errechneten, exakt terminierten Bedarfen in der Lage ist, diese aktuellen Dispositionen in Bestellungen, Mahnungen, Umterminierungen auf früher oder später sowie Storni oder Teilstorni umzusetzen, und dem Beschaffer ebenfalls als wertvolle operative Leistung der Simulation aktuell zur Verfügung zu stellen.

Somit werden also auch die Lieferanten unmittelbar nach der gelungenen Harmonisierung direkt vom PM mit ihrem aktuellen 'Arbeitsvorrat' versorgt.

Die Supply Chain bietet Ihnen die zusätzliche Möglichkeit, die Dispositionen und Verfügbarkeiten Ihrer A-Lieferanten im Sinne des Supply Chain Management in Ihre Leistungsprozesse einzubeziehen. Ihre A-Lieferanten werden integrierte Partner Ihres Leistungsprozesses zu Ihrer noch besseren Versorgungssicherheit.

13.4   Anstoß für die Erstellung der Fertigungsunterlagen

Nach der Harmonisierung ist der Simulation exakt bekannt, wann welcher Konstruktions-, Fertigungs- oder Montageauftrag mit seinem ersten Arbeitsgang gestartet werden muß. Diese Termine hat die Simulation selbst errechnet. Also kann sie den Anstoß zur Erstellung der Fertigungsunterlagen um so viele Tage vor Start des ersten Arbeitsganges geben, wie Sie es gerne möchten, möglichst wenige bitte!

Diese Fertigungsunterlagen haben aber den Charakter von Begleitpapieren für das Identifizieren des Auftrages vor Ort. Die Terminführung dieser Aufträge geschieht - wie bereits geklärt - durch die aktuellen Arbeitsvorräte für die Fachgruppen (Abb. 45, Seite 120). Deswegen sollten Sie die ohnehin meistens überholten Termine auf Ihren Fertigungsaufträgen löschen.

13.5   Fachgruppen im Kunden-/Lieferantenverhältnis

Jede Gruppe - unsere Davids - soll sich als ein kleiner Unternehmer verstehen. Versuchen Sie, soviel Verantwortung wie möglich auf diese Gruppen zu übertragen, z.B. für Qualität, Kosten, einfache Herstellung, Werkzeuge für mehr Produktivität, kleinere Reparaturen, usw.

Teilen Sie dazu Ihre im Leistungsprozeß auf dem Leistungs-Ypsilon tätigen Mitarbeiter in lauter überschaubare Gruppen von durchschnittlich 5-10 Personen auf, lassen Ihr PM alle Gruppen harmonisieren und lassen Sie diese Gruppen die besondere Wertschätzung insbesondere der Unternehmensführung wissen. Der Betriebsrat wird auf Ihrer Seite sein. Schließlich werden genau jene Menschen, für die er sich einsetzt, kräftig aufgewertet.

Die Gruppen sind in ihren Terminen untereinander synchronisiert und liefern sich im Kunden-/Lieferantenverhältnis gegenseitig zu (Abb. 46). Jede Gruppe ist im Leistungsprozeß gleichzeitig Lieferant und Kunde.

Zwischen den Gruppen entsteht ein sportlicher Wettbewerb um die besten Mitarbeiter und die besten Leistungen, wenn Sie das dafür günstige Unternehmensklima schaffen und eines Tages ein dieses Verhalten unterstützendes Entlohnungssystem realisieren (Kap. 19.3, S. 190).

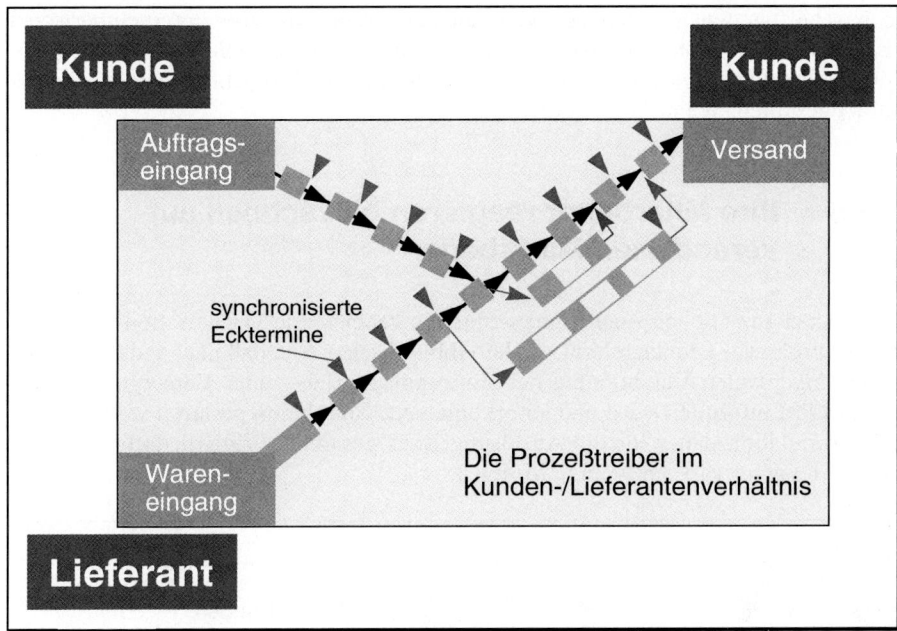

Abb. 46   Der termintreue Leistungsprozeß

Die Qualität der Leistungen steigt im Selbsterziehungsprozeß dieser Gruppen. Gelieferter Ausschuß wird dem 'Lieferanten', also dem liefernden David, nicht durchgelassen. Der 'Kunde', also der Folge-David wird sich damit nicht herumschlagen wollen. Die Gruppen gehen äußerst effizient miteinander um. Die Leistungen der einzelnen Gruppen können Sie in den Wettbewerb zu externen Unternehmen stellen. So bringen Sie zusätzlich die attraktive und lukrative Idee der Marktwirtschaft in Ihr sonst leider eher planwirtschaftlich geführtes Unternehmen.

Zwischen Unternehmensführung und Davids muß ein Geist des Vertrauens und gegenseitiger Verpflichtung herbeigeführt werden. Sie werden erstaunt sein, welche Vorschläge zur Leistungssteigerung von diesen Gruppen entwickelt werden. Leistung muß Spaß machen, auch für diese Gruppenmitarbeiter. Sie werden ein starkes Absinken der Krankheitsquote feststellen können, wenn die David-Mitarbeiter den Eindruck haben, daß die Unternehmensführung diese Aufwertung aufrichtig meint und wirklich will.

Natürlich müssen die Mitarbeiter auf die Übernahme von mehr Verantwortung, auf die Gestaltung des Arbeitsplatzes und selbständige Einteilung der Aufgaben vorbereitet werden. Dieses geht aber - weil sie es selbst wollen - zügig.

Das David-Konzept wird die Wettbewerbsfähigkeit Ihres Unternehmens enorm steigern, die Kundenzufriedenheit erhöhen, die Kosten senken, den Mitarbeitern bessere individuellere Chancen zur Weiterentwicklung anbieten.

Sie schaffen den Wettbewerb viel leichter, wenn Sie alle unternehmerischen Kräfte in Ihrem Haus mobilisieren, eben auch die der so wichtigen wertschöpfenden Basis, denen es obendrein noch Freude und Spaß macht, mitzudenken und mitzugestalten. Wenn Sie sie nur lassen!

13.6   Ihre Mitarbeiter reagieren blitzschnell auf veränderten Marktbedarf

Sie haben inzwischen eine binnen Stunden reagierende Organisation Ihres Leistungsprozesses kennengelernt. In der Abb. 47 sehen Sie, daß nach jeder wesentlichen ungeplanten Veränderung der Auftrags-, Betriebs- oder Versorgungssituation das PM informiert wird und sofort eine neue Simulation gestartet werden kann. Die Simulationsdauer für die Auflösung Ihres gesamten Primärbedarfs beträgt je nach Mengengerüst nur wenige Minuten.

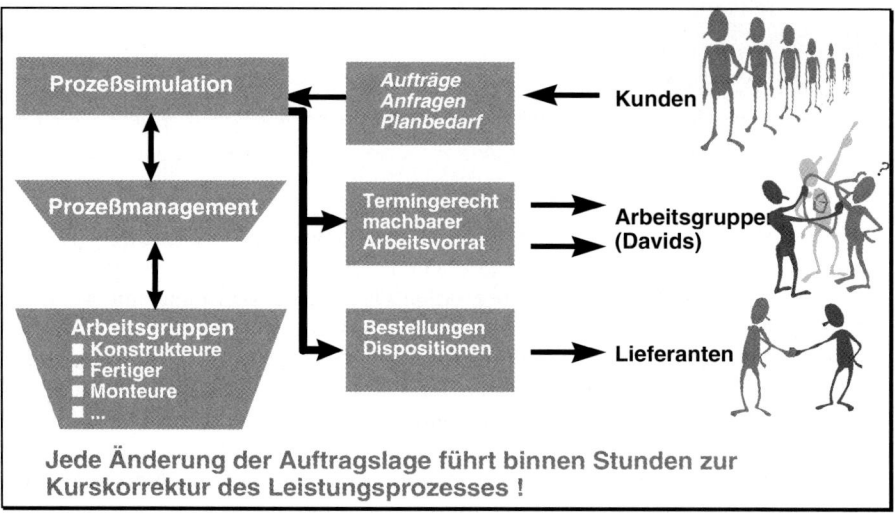

Abb. 47   Schnelle Reaktion auf Kundenwünsche

In der Regel liegen dem PM also die aus Veränderungen im Umfeld resultierenden Konsequenzen in wenigen Minuten vor.

Sofort betreibt das PM - siehe Abb. 47 - die Harmonisierung mit den betroffenen Fachgruppen. Die weit verbreiteten zeit- und energieraubenden, mindestens wöchentlichen Terminsitzungen werden überflüssig. Nach gelungener Harmonisierung gehen folgende operative Informationen direkt vom PM

⇒ an die Fachgruppen im Prozeß: Deren aktuellen Arbeitsvorräte,

⇒ an die Lieferanten: Deren Bestellungen, Umdispositionen und noch unverbindliche Bedarfsvorschauen, möglichst über Fax oder Internet, und

⇒ an die entsprechenden EDV-Programme Ihres Unternehmens: Der Anstoß für die Erstellung der Fertigungsunterlagen und die Bestellschreibung, sofern das noch so praktiziert wird.

Wenige Stunden nach der Veränderung im Kundenauftragsbestand arbeiten Ihre Prozeßtreiber bereits für den neuen, aktuell gültigen Marktbedarf.

Ganz besonders für die hochflexiblen Automobil-Zulieferer ist die kurze, sichere Reaktion auf veränderte Bedarfe der Autohersteller zur Überlebensfrage geworden. Aber auch in allen anderen Branchen wird Schnelligkeit, Termintreue und Flexibilität zunehmend zum Erfolgsfaktor im Wettbewerb.

13.7   Das synchron arbeitende Unternehmen ist jedem anders organisierten Wettbewerber überlegen

Fassen wir zusammen, was das beschriebene harmonisierte und synchronisierte, mit lauter kleinen Unternehmern ausgestattete Unternehmen besonders auszeichnet:

- Ihr Prozeßmanagement kennt und optimiert das künftige Betriebs- und Versorgungsgeschehen, also Ihren Leistungsprozeß, ertragsmaximierend. Jeder Auftrag ist durch die Supply Chain transparent.
- Alle vorhandenen und insbesondere drohenden Zustände, die unseren Zielen - in erster Linie Ertragsmaximierung - im Wege stehen, werden zum frühestmöglichen Termin sicher erkannt und von Ihren besten Fachleuten beseitigt.
- Die indirekten, nicht wertschöpfenden Funktionen können durch die wachsende Selbständigkeit und das jetzt stärker genutzte Know-how der Davids ausgedünnt werden (Kap. 20, S. 195).
- Sie brauchen sich kein komplexes, hochintegriertes PPS-System zuzulegen.
- Die Verantwortung für die terminsichere, hochqualifizierte Leistungserbringung wird direkt an die Prozeßtreiber (Davids) delegiert.
- Sie kombinieren die Markt- und Finanzmacht des groß gewordenen Unternehmens - Goliath - mit der Schnelligkeit, Flexibilität und Begeisterung der Fachgruppen, den Davids.
- Sie behandeln diese Fachgruppen als kleine Unternehmer.

Können Sie sich die Überlegenheit eines so organisierten Unternehmens vorstellen? Kein Wunder, daß die namhaften Betriebswirtschaftler der Welt, wie z.B. der weltweit anerkannte Fachmann für Unternehmensorganisation, Herr Prof. Eliyahu M. Goldratt, dem harmonisierten und synchronisierten Unternehmen die größten Wettbewerbschancen einräumt.

14   Bessere Entscheidungen mit Prozeßkosten

Mit der Umwandlung der unechten Gemeinkosten in wertneutrale Einzelkosten (Abb. 42, S. 115) haben Sie einen wichtigen Schritt in Richtung Prozeßkosten getan. Den Löwenanteil der gesamten Kosten Ihres Unternehmens - nämlich durchschnittlich über 75 % - können Sie ab sofort Ihren Prozessen und damit auch Ihren Kostenträgern als Einzelkosten direkt zurechnen. Nur noch weniger als 25 % Ihrer Kosten - die echten Gemeinkosten - müssen z. B. über Zuschläge verteilt werden.

Welche Chance für die Kostenrechner Ihres Unternehmens! Werden sie diese Möglichkeiten nutzen? Völlig unabhängig davon verwendet das PM diese Kostentransparenz für folgende entscheidungsrelevante Informationen:

14.1   Kostenträger-Kalkulationen

Durch einfache Addition der in der Brutto-Supply Chain gespeicherten Kosten je Prozeßtreiber-Vorgang inkl. der Gemeinkosten-Vorgänge erhalten Sie bestens geeignete Informationen über Sinn oder Unsinn z.B. Ihrer Variantenvielfalt.

Praktisches Beispiel:

Ein Unternehmen der Konsumgüterindustrie mit einem Umsatz von ca. 200 Mio. Euro stellte fest, daß es jahrelang Produkte beworben hat, die unter Berücksichtigung der tatsächlich notwendigen Vorgänge inkl. GMK einen uninteressanten Deckungsbeitrag ablieferten. Andererseits standen Produkte auf der Streichliste mit einem tatsächlich hohen Deckungsbeitrag.

14.2   Die mitlaufende Nachkalkulation

Erinnern Sie bitte: Für jeden Kundenauftrag im Anlagenbau oder für jeden Produkt-Entwicklungsauftrag gibt es zur Steuerung eine Brutto-Supply Chain (Abb. 37, S. 101). Diese wird auch zur Vorkalkulation genutzt. Mit fortschreitender Abarbeitung und Plan-Veränderungen im Auftragsdurchlauf wird die Supply Chain aktualisiert und mit IST-Kostendaten versorgt. Das macht eine

'mitlaufende Nachkalkulation auf Knopfdruck'

möglich, die nicht nur das bisher verbrauchte mit dem bisher geplanten Budget vergleicht, sondern hochrechnet, bei welchen Kosten dieser Auftrag landet, wenn nach Plan oder mit den bisherigen Über- oder Unterschreitungen weitergearbeitet wird. Das gibt Ihnen die Chance, frühzeitig nicht gewollten Kosten-Entwicklungen gegenzusteuern.

14.3   Halbfabrikate-Inventur auf Knopfdruck

Sie haben erkannt, daß in einem ressourcenharmonisierten Unternehmen die durchzuführenden Vorgänge zu über 97 % plangerecht durchgeführt werden, natürlich auch die GMK-Vorgänge.

Zum Monatsende wird in immer mehr Unternehmen eine Zwischenbilanz erstellt. Große Unbekannte sind die in der Produktion zum Stichtag tatsächlich erbrachten Leistungen, der Abarbeitungsgrad der Fertigungsaufträge. Hier sind Irrungen um Mio. Euro an der Tagesordnung.

Wenn aber zu über 97 % Ist=Plan ist, erhalten Sie das tatsächlich in den Werkstätten gebildete Vermögen hinreichend genau aus der Summe aller Plankosten, oder - soweit relevant - Ist-Kosten, jener Vorgänge, die bis zum Stichtag terminiert waren.

So wird die monatliche Halbfabrikate-Inventur eine Abfall-Leistung unserer Philosophie.

14.4   Make-or-Buy?

Jetzt wissen Sie nicht nur viel genauer, was Sie Ihre eigenen Kostenträger inkl. der vielen GMK-Vorgänge tatsächlich kosten, sondern Sie wissen auch genau, was Sie einzelne Teilprozesse in Ihrem Unternehmen kosten.

Auch für die Buy-Entscheidung wissen Sie, welche GMK-Vorgänge wie Bereitstellung, Transport, Verweilzeit beim Partner, Rücktransport, usw. wieviel Zusatzkosten verursachen. Selbst ein übliches Zukaufteil verursacht viel mehr als Einstands- und Transportkosten, bevor es bei Ihnen im Lager verfügbar ist (Abb. 39, S. 102).

<u>Praktisches Beispiel:</u>

Mehrere Kunden von uns hatten z.B. gemeint, Verlagerungen zu billigeren Anbietern oder ins billige Ausland würden die Gesamtkosten der Kostenträger senken. Das war nicht immer richtig! Denn die zusätzlich anfallenden Gemeinkosten (Regie, Transporte, Zeit, usw.) konnten leicht unterschätzt werden. Sie waren nicht transparent genug, um sie diesen Kostenträgern zurechnen zu können.

Make-or-Buy-Entscheidungen werden also durch die Integration der GMK-Vorgänge viel sicherer, eine wichtige Voraussetzung zur deutlichen Reduzierung des 'Break-even-points' Ihres vielleicht zunehmend virtuellen Unternehmens, eine interessante Chance (Kap. 16, S. 137).

Auch auf dem Weg zur Partnerschaft zu ausgewählten Lieferanten und Kunden (Supply Chain Management) wird Ihnen die durchgängige Supply Chain mit Ihren klaren Einzelkosten je Vorgangsart wertvolle Entscheidungshilfen geben.

Ihre professionellen Controller werden noch viele weitere Entscheidungshilfen finden, sobald Sie Ihre Gemeinkosten in wertneutrale Einzelkosten umgewandelt und in die Geschäftsprozesse integriert haben.

15   Unternehmensübergreifendes Supply Chain Management

Die Erfahrung der PMs lehrt, daß die Flexibilität und die Termintreue der eigenen Prozeßtreiber relativ schnell realisiert ist. Es sind überschaubar viele Arbeitsplätze, besetzt mit Mitarbeitern des eigenen Unternehmens. Sie werden geschult und sind von der Idee des engpaßfreien Unternehmens bald überzeugt.

Eine andere Sache ist die Liefertreue der vielen Lieferanten. Logischerweise wird das PM hier sehr bald aktiv, gemeinsam mit Ihrem strategischen Einkauf. Die Gespräche mit den Lieferanten ergeben dann erstaunliche Zeit- und Kostenpotentiale für beide Seiten:

- Die Bestellabwicklung kann wesentlich vereinfacht werden.
- Sowohl der Lieferant als auch Ihr Unternehmen macht eingehende Qualitätsprüfungen.
- Sowohl der Lieferant als auch Ihr Unternehmen hat Vorräte inkl. Sicherheitsbestände über dieselbe Sachnummer im Unternehmen (Abb. 48).
- Ihr Unternehmen 'verrät' dem Lieferanten Ihre künftig wahrscheinlichen Materialbedarfe, welche Dispositionshilfe für ihn!
- Hier bereits erfahrene Dienstleister können Ihnen und Ihrem Lieferanten Vorgänge abnehmen, die er besser, schneller und billiger kann, denn es ist die Kernkompetenz der Dienstleister.

Abb. 48 Notwendige Randbedingungen für Supply Chain Management

Sie haben also die Chance, zumindest mit Ihren A-Lieferanten und Dienstleistern sogenannte Lieferketten oder Supply Chains aufzubauen, wie Sie das - vielleicht weniger partnerschaftlich - aus der Automobil-Industrie kennen.

Ähnliche Gespräche führen Sie mit Ihren Großkunden. Warum erfragen Sie nicht deren mittelfristige Bedarfe, damit Sie besser für Ihre A-Kunden disponieren können oder deren Sicherheitsbestände von Ihren Produkten, damit Sie beide Kapitalbindung sparen können? Warum übernehmen Sie nicht - soweit möglich - seine Disposition für Ihre Produkte?

So können Sie für alle Beteiligten (Sie, Ihre Kunden, Ihre Lieferanten) kosten- und zeitsparende Supply Chains aufbauen.

In unserer Sprache fügen Sie die Ypsilons Ihrer Kunden und Lieferanten an Ihr eigenes an (Abb. 49). Sie erweitern Ihre eigenen Supply Chains.

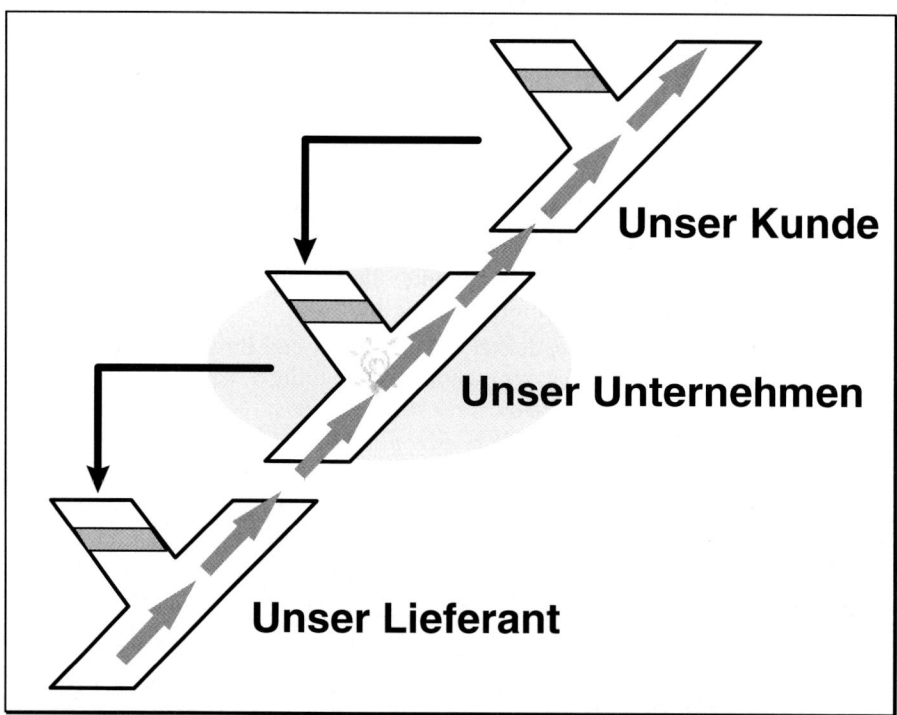

Unser Kunde

Unser Unternehmen

Unser Lieferant

Abb. 49   Chancen von unternehmensübergreifenden Lieferketten (Supply Chains)

Die Prozeß-Simulation beherrscht problemlos die so entstehenden erweiterten Supply Chains. Sie holt sich die notwendigen Daten aus den unterschiedlichen EDV-Systemen Ihrer Kunden und Lieferanten (Abb. 50).

Rita Heise (Oracle) stellt für die USA fest:

**„Es sind nicht mehr die Firmen,
die miteinander im Wettbewerb stehen,
sondern es sind die kompletten
individuellen Logistikketten,
die gegeneinander konkurrieren."**

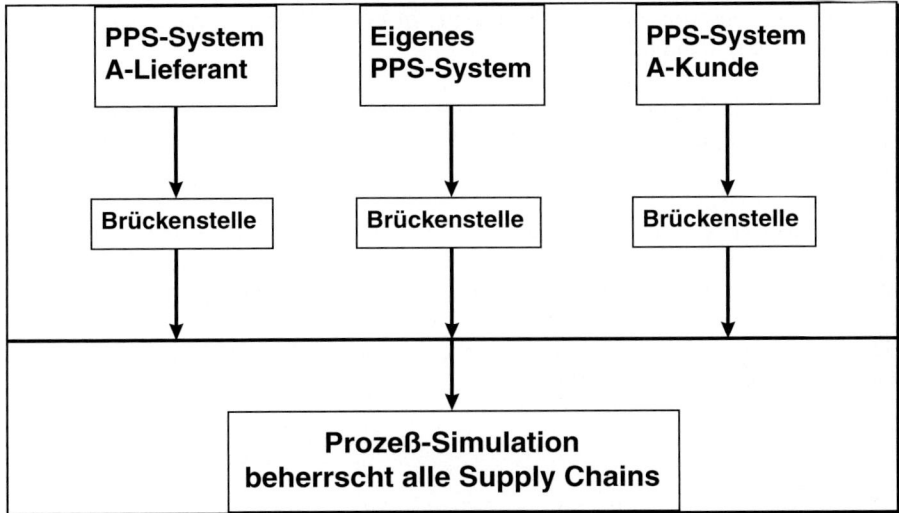

Abb. 50   Der Aufbau einer Supply Chain über mehrere Unternehmen

Das Supply Chain Management ist kunden- und ertragsrelevant. Die dadurch entstehenden strategischen Partnerschaften enthalten viele Chancen. Diese Idee wird sich auch in Deutschland durchsetzen.

Unsere Kunden sind darauf vorbereitet:

⇒ Die Basis ihrer Steuerung ist die Supply Chain, die sich - ohne, daß sie das 'merkt' - mühelos um Vorgänge Ihrer Kunden, Lieferanten oder Dienstleister erweitern läßt. Das tun die PMs bereits heute für die verlängerten Werkbanken.

⇒ Sie beherrschen ihre Prozesse termintreu und sind damit fit und attraktiv als Partner einer unternehmensübergreifenden Supply Chain. Oder glauben Sie, es würde ein Partner in der Kette geduldet, der sich nicht termintreu einfügen kann?

Fangen Sie also an, Lieferketten aufzubauen (Abb. 49) und diese mit Ihren Kunden und Lieferanten zu aller Nutzen genau so zu optimieren, wie es das PM im eigenen Hause erfolgreich realisiert.

Dem PM und der Supply Chain in der Simulation ist es gleich, ob sie über ein oder mehrere Unternehmen greift. Da die Simulation aus den bereits bestehenden EDV-Systemen aller Partner über Brückenstellen versorgt wird, ist es auch gleichgültig, welche EDV-Landschaft die Partner haben.

Sie sprechen mit Ihren Lieferanten und Kunden auf der Basis Ihrer transparenten Supply Chains, die Sie gemeinsam mit den Lieferanten und gemeinsam mit den Kunden verlängern und optimieren wollen. Sie werden das genau so tun, wie es Ihre sich gegenseitig zuliefernden Davids in deren Prozeßoptimierung für Ihren internen Prozeß dann längst tun.

Diese Denke in Supply Chains ist prozeßorientiert, reißt Abteilungsgrenzen und Hierarchien ein, und fördert eine dem Wettbewerb überlegene Unternehmenskultur.

Es gibt also viele gute Gründe für Sie, die Chancen der Lieferketten - zumindest mit Ihren wichtigsten Lieferanten und Kunden - sofort zu realisieren, wenn oder nachdem Sie Ihre eigenen Geschäftsprozesse termintreu beherrschen.

Die Wassermann-Philosophie mit ihrer konsequenten Prozeßorientierung ist eine offensichtlich gut geeignete Basis.

16 Der Einkauf, das Triebwerk zum virtuellen Unternehmen

Lassen Sie mich am Anfang folgende These wagen:

**„Mit 50 % Ihrer heutigen Ressourcen (Kosten)
können Sie denselben Umsatz bei besserem Ertrag
und viel geringerem Risiko realisieren!"**

Es wird schwierig sein, diese These zu widerlegen. Denn: Bei wieviel Prozent aller von Ihnen heute im eigenen Haus durchgeführten Vorgänge können Sie von Kernkompetenz sprechen?

Was meint Kernkompetenz? Kernkompetenz muß dem Anspruch gerecht werden:

„Kein Anbieter kann diese Leistungen besser, schneller und kostengünstiger erbringen als Ihr Unternehmen!"

Immerhin: Ganz offensichtlich nicht zur Kernkompetenz zählende Aktivitäten wie Küche und Reinigung sind inzwischen häufig an Firmen vergeben, deren Kernkompetenz darin liegt, genau diese Dinge besser und preiswerter zu tun.

Was ist mit all den anderen Vorgängen in Ihrem Unternehmen, die Sie auch zu variablen Kosten machen könnten?

Was ist mit Vorgängen wie Ware annehmen, Ware prüfen, Einlagern, Lagern, Auslagern, Transportieren, Sägen, Bohren, Fräsen, Kommissionieren, Verpacken, Versenden, Buchhaltung, EDV-Dienste,...? Alles Kernkompetenzen, deren Durchführung Sie auch noch nach Metalltarifen bezahlen?

Wer in Ihrem Unternehmen hat bisher systematisch in Frage gestellt, ob die einzelnen Vorgänge wirklich im eigenen Unternehmen bestmöglich durchgeführt werden, ob sie zur Kernkompetenz des Unternehmens gehören? Welche Stelle im Unternehmen wäre hier besser geeignet als der strategische Einkauf, alternative Leistungsquellen zu beschaffen?

Wer entscheidet heute eigentlich nach welchen Entscheidungsalgorithmen welche Vorgänge im eigenen Unternehmen erbracht werden, und welche wir zukaufen? Prüfen Sie das einmal für den gegenwärtig praktizierten IST-Zustand, das ist interessant!

16.1   Der erste Schritt

Schreiben Sie alle kostenrelevanten Vorgänge untereinander, die heute in Ihrem Unternehmen durchgeführt werden und sortieren Sie diese in drei Kategorien:

- A) Unzweifelhaft Kernkompetenz Ihres Unternehmens
- B) Nicht sofort zu erkennen
- C) Garantiert nicht Kernkompetenz Ihres Unternehmens

Prüfen Sie, ob es für die Kategorie C attraktive Anbieter gibt. Wenn ja, ermitteln Sie die Prozeßkosten inkl. Gemeinkosten sowie evtl. Durchlaufzeitveränderungen für diese Vorgänge der Kategorie C. Dann haben Sie bereits einen satten Arbeitsvorrat für den strategischen Einkauf.

Vielleicht kann man in diesem Fall von Konzernen lernen. Thod Perry von Anderson Consulting:

„Heute lagern Weltkonzerne alles aus,
was nicht direkt Kerngeschäft ist."

16.2   Lassen Sie die Marktwirtschaft in Ihr Unternehmen eindringen

Es macht wohl keinen Sinn mehr, der Planwirtschaft zu huldigen. Warum lassen Sie diese dann in den Unternehmen zu? Auf dem Weg zum virtuellen Unternehmen muß sich jede Stelle im Betrieb dem Wettbewerb im Markt stellen.

16.3   Der strategische Einkauf tritt in Aktion

Das Prozeßmanagement hat mit der transparenten Darstellung aller Prozesse, der Kenntnis der Prozeßkosten inkl. Gemeinkosten und Zeitbedarfe beste Voraussetzungen, den Weg zum virtuellen Unternehmen zu initiieren und zu unterstützen.

Der aufgeschlossene Einkauf wird diese Initiative begeistert aufgreifen und den Markt nach Vergabemöglichkeiten durchforsten. Schließlich liegt Deutschland inmitten eines bestens erschlossenen Einkäuferparadieses.

16.4   Werden Sie die komplexeren Prozesse beherrschen?

Das Prozeßmanagement wird keinerlei Probleme haben, die neuen Vorgänge in den Supply Chains abzubilden und rückstandsfrei zu steuern. Der Supply Chain in unserer Simulation ist es gleichgültig, von welchem Unternehmen welche Vorgänge durchgeführt werden.

Das Prozeßmanagement wird bei möglicher Auswärtsvergabe die dadurch evtl. zusätzlich notwendigen logistischen Vorgänge in die Supply Chain aufnehmen und über die Prozeßkosten und evtl. Zusatzzeiten feststellen, inwieweit sich die Vergabe im Einzelfall rechnet.

Durch die Existenz des funktionierenden Prozeßmanagements und der Simulation werden auch hochkomplexe Abläufe beherrscht. So wird auch der Weg für unternehmensübergreifende „Supply Chains" wesentlich erleichtert.

16.5   Nutzenbetrachtungen

Sie machen Ihre de-facto-Fixkosten zu variablen, senken den gefährlichen „Break-even-point" und sichern dadurch zusätzlich die Existenz Ihres Unternehmens. Alle Ressourcen Ihres Unternehmens, inkl. Ihres Managements, sind auf ihre entscheidenden Kernkompetenzen fokussiert.

Sie öffnen Ihr Unternehmen für die Marktwirtschaft: Frischluft für Ihr Unternehmen!

**Für Ihre Kunden arbeiten jetzt
ausschließlich Kernkompetenz-Partner
in beherrschten termintreuen und
ertragsstarken Leistungsprozessen.**

17 Ertragspotential Markt

Für die Materialdisposition und Steuerung des Leistungsprozesses in der Serienfertigung ist in der Regel ein Absatzplan vorhanden, der vom Verkauf bestmöglich erstellt wird. Dieser Absatzplan orientiert sich schwerpunktmäßig an den
Vorstellungen des Verkaufs, welche Produkte er mit seinen begrenzten Ressourcen mit dem geringsten Aufwand absetzen kann.

17.1 Absatzplanung

Serienfertiger mit vielen verkaufsfähigen Enderzeugnissen wissen ein Lied davon
zu singen, wie schwer und oft aufwendig ein halbwegs realistischer Absatzplan zu
erstellen und zu pflegen ist (Abb. 51).

Abb. 51 Absatzplanung

Fehleinschätzungen sind in der Absatzplanung geradezu normal, ein falsches oder gar kein System meistens unverzeihlich.

Wir haben erkannt, daß wir das Problem 'Zuverlässige Absatzplanung' wesentlich entspannen können, wenn wir die Lieferzeiten unserer Lieferanten und insbesondere unsere Durchlaufzeiten deutlich reduzieren. Bei wenigen Tagen Durchlaufzeit wäre ein Absatzplan gar nicht mehr nötig.

Die Erstellung des Absatzplanes bleibt ein Risiko in der Disposition der für die Zukunft zu beschaffenden Ressourcen.

Soweit wir bei der Absatzplanung auf Prognoseverfahren zurückgreifen müssen, empfehlen wir die einfache exponentielle Glättung erster Ordnung mit ihrem variablen Glättungsfaktor ALPHA.

Mit ihr können Absatzplanzahlen errechnet werden, soweit die Erzeugnisse prognosefähig sind. Es entsteht dann die in der Abb. 52 sogenannte <u>Absatzprognose.</u>

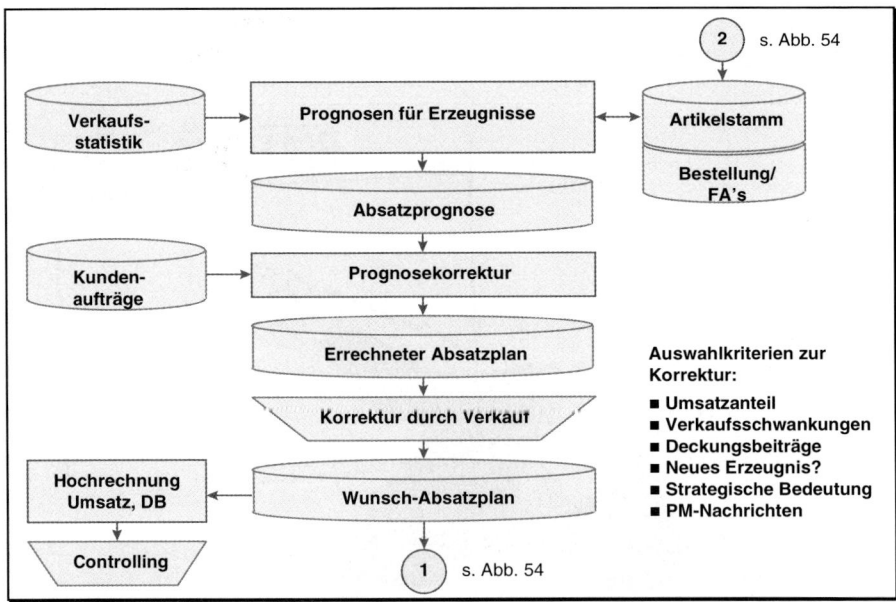

Abb. 52   Absatzplanung

17.2   Prognosekorrektur

Hätten Sie genug weitreichende Kundenaufträge oder wären Ihre Durchlaufzeiten sehr kurz, könnten wir auf die unsichere Prognose verzichten. Also sollten wir wenigstens jene Kundenaufträge nutzen, die bereits im Haus sind und damit unsere Absatzprognose korrigieren

zum errechneten Absatzplan (Abb. 52).

Dabei muß natürlich sichergestellt werden, daß die Überlagerung von Prognosemengen und Kundenaufträgen weder zur Über- noch Unterversorgung mit Ressourcen führt. So eine Aufgabe ist relativ leicht lösbar. Ziemlich einfallslos wäre es, die bereits vorhandenen Kundenaufträge nicht zur marktgerechten Anpassung der Absatzplanzahlen zu verwenden und damit diese Kundenaufträge nicht in die Ressourcendisposition einzubeziehen.

Gehen wir also davon aus, daß wir den per EDV prognostizierten Absatzplan um die vorliegenden Kundenaufträge ebenfalls per EDV korrigieren lassen.

Bis hierher hat der Verkauf seine eigene Marktkenntnis noch gar nicht in den von ihm zu verantwortenden Absatzplan eingebracht.

17.3   Der Wunsch-Absatzplan

Der Verkauf sollte sich nun jene Erzeugnisse mit ihren errechneten und korrigierten Absatzzahlen ansehen, die für den Ertrag und die Marktversorgung besonders interessant sind, oder an denen er aus anderen Motiven besonderes Interesse hat.

Nach vom Verkauf zu definierende Kriterien wie

- Umsatzanteil, z.B. A-Teile,
- Verkaufsschwankungen, z.B. Z-Teile,
- Deckungsbeitrag,
- neues Erzeugnis,
- Erzeugnis mit strategischer Bedeutung oder
- Hinweise vom PM über Chancen zur Ertragsmaximierung.

sollten dem Verkauf die ihm zur manuellen Korrektur wichtigsten Erzeugnisse gezeigt werden.

Sofern ihm nichts Besseres einfällt, wird er diese errechneten Bedarfe stehen lassen. Wo er bessere Informationen hat, wird er sie ändern. Damit liegt dann endlich

der Wunsch-Absatzplan (Abb. 52)

des Verkaufs vor. Hier bietet sich die Möglichkeit einer Hochrechnung, ob das Unternehmen mit diesem Plan seine Ertragsziele erreichen wird.

17.4   Der ertragsmaximierende Absatzplan

Der Verkauf kann nicht wissen, wie gut seine Wunsch-Absatzzahlen mit den vom Unternehmen auf Verdacht beschafften Ressourcen harmonisieren (hoher Ertrag), oder ob sie diese Ressourcen betriebswirtschaftlich katastrophal - an einigen Stellen Samstagsarbeit, an anderen Kurzarbeit - belasten (Ertragsverluste). Deswegen sollten Sie das PM den Dialog mit dem Verkauf führen lassen, um einem ertragsmaximierenden Absatzplan näher zu kommen.

Das Ziel 'Ertragsmaximierung' enthält nicht die Notwendigkeit, jeden Umsatz mitzunehmen. Vielmehr sollten jene Verkaufschancen genutzt werden, welche in ihrem Mix den größtmöglichen Ertrag für das Unternehmen realisieren.

Daraus resultiert die Aufgabe, jenes verkaufbare Auftrags-Mix zu finden, welches bei den vorhandenen und beschaffbaren Ressourcen (Personal, Maschinen, Vorräte, ...) den höchsten tatsächlichen Ertrag bringt.

17.4.1   Lösungsansatz

Wir erreichen den richtigen Mix nicht, wenn wir lediglich die je Erzeugnis ermittelten Deckungsbeiträge berücksichtigen. Stellen Sie sich vor, Sie verkaufen ausschließlich jene Produkte, die den höchsten Deckungsbeitrag aufweisen. Sie werden direkt in den Konkurs getrieben.

Die von diesen Produkten betroffenen Arbeitsplätze werden überlastet sein. Kostentreibende Überstunden und teure Sonderschichten sind die Folge. Alle anderen Arbeitsplätze bleiben ungenutzt, viele Vorräte sind programmierte Verschrottungsbestände. Der Ertrag geht in den Keller.

Damit wir das ertragsmaximierende Produktmix - also den lukrativsten Absatzplan inkl. Kundenaufträge - finden, müssen wir versuchen, jene Produkte zu planen und zu verkaufen, welche die vorhandenen Ressourcen (Personal, Maschinen, Vorräte,...) maximal nutzen. Stellen Sie sich z.B. vor, Sie gewinnen einen Kundenauftrag, der eine sonst garantiert nicht benötigte Maschinenkapazität nutzt. Der so erzielte Zusatzumsatz wäre fast zu 100 % Ertrag, oder?

Stellen Sie sich weiter vor, Sie holen einen weiteren Auftrag herein, der Vorräte nutzt, die kein vorhandener oder künftiger Auftrag benötigt. Diese Vorräte stehen alternativ zur Verschrottung an. Wie hoch ist der tatsächliche Ertrag dieses Auftrags für das Unternehmen? Zuhöchst lukrative Überlegungen!

Gibt unsere Kostenrechnung Antwort auf diese Fragen? Ermutigen Sie den Verkauf, sich besonders um diese hochlukrativen Aufträge zu bemühen. Warum kann sich ein Maschinenbauer nicht als verlängerte Werkbank anbieten, um seine sonst freien Ressourcen ertragswirksam zu nutzen?

So etwas bedeutet z.B., daß ein Unternehmen seine für die eigenen Erzeugnisaufträge trotz äußerster Anstrengungen nicht nutzbaren Maschinen als verlängerte Werkbank anbietet.

Stellen Sie sich vor, es gelingt Ihnen, für eine sonst nicht voll genutzte Maschine einen Auftrag im Sinne einer verlängerten Werkbank zu bekommen. Wieviel % des mit diesem Zusatzauftrag auf bisher fremdem Markt hereingeholten Erlöses ist der Ertrag?

Sie haben recht. Nahezu 100% dieses Erlöses sind Ertrag!

Abb. 53 zeigt ein Beispiel aus einer Drehmaschinenfabrik, die sich zur Ertragserhöhung einen äußerst lukrativen zusätzlichen Markt erschlossen hat.

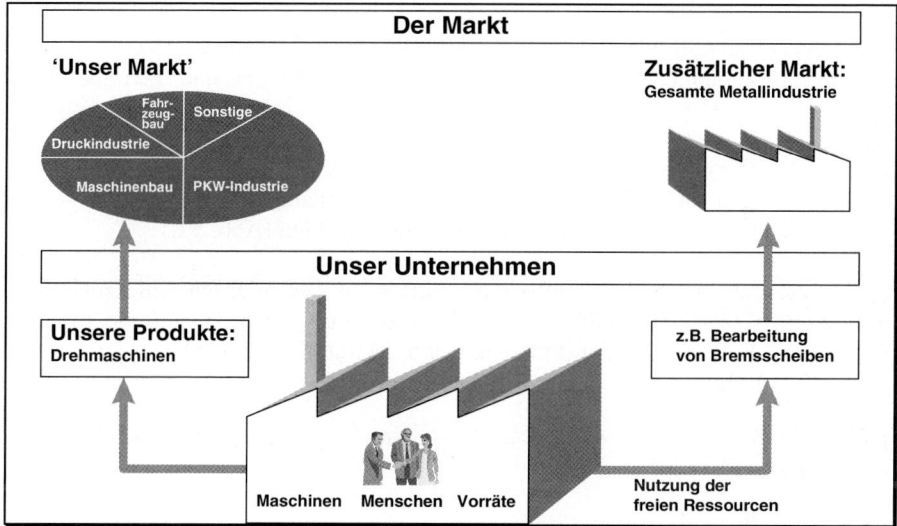

Abb. 53 Wir bieten uns auch als verlängerte Werkbank an

Quintessenz:

Den ertragsmaximierenden Verkaufsplan können Sie realisieren, wenn Sie ständig im voraus erkennen,

⇒ welche Kapazitäten und/oder Vorräte voraussichtlich nicht gebraucht werden und
⇒ bei welchen Ressourcen teure Engpässe drohen.

Aus diesen Erkenntnissen sollte der Verkauf seine Marketing- und Verkaufsaktivitäten auch auf jene Produkte konzentrieren, die bisher nicht genutzte Ressourcen verwenden. Andererseits sollte er keine Werbeaktion für Erzeugnisse starten, die Sie nur in teuren Überstunden herstellen können.

Wenn Sie diese Abhängigkeit in Ihrem Unternehmen nicht kennen, laufen Sie Gefahr, trotz Umsatzausweitung den Ertrag zu verlieren. Das hat schon manchen Unternehmensführer den Job gekostet.

Da entsprechende Appelle an den Verkauf erfahrungsgemäß wenig nutzen, sollte man es den Verkäufern zur besonderen Freude machen, mit Priorität die ertragsrelevanten Produkte zu verkaufen, indem wir ihnen dafür ganz besonders hohe Provisionen zahlen.

Damit ist die Tür zu einem ertragsstärkenden, variablen Provisionssystem aufgestoßen.

17.4.2   Lösungsweg zur ertragsstarken Absatzplanung

Der Verkauf erstellt wie bisher seinen Absatzplan mit Inhalten, die eine Identifizierung der geplanten Produkte, ihrer gewünschten Mengen und Termine zulassen.

Diese Absatzplanung kann durch ein praxisgerecht arbeitendes EDV-Prognosesystem inkl. Prognosekorrektur durch vorhandene Kundenaufträge und direkter Korrektur durch den Verkauf unterstützt werden (Abb. 52,).

Durch die synchrone deterministische Auflösung des Wunsch-Absatzplanes in terminierte Bedarfe für Halbfabrikate (Eigenfertigung) und Zukaufteile sowie in terminierte Belastungen für Personal- und Maschinenarbeitsplätze wird deren Gegenüberstellung zu den bisher geplanten Ressourcen möglich.

Drohende Disharmonien werden von der dafür entwickelten Prozeß-Simulation aufgezeigt (Abb. 54).

Die Mitarbeiter des Prozeßmanagements kennzeichnen nun

- jene Produkte, deren zusätzlicher Verkauf wegen sonst drohender Unterlast von teuren Arbeitsplätzen oder drohender Materialverschrottung eine besonders interessante Ertragschance nutzen würde und

- jene Produkte, deren zusätzlicher Verkauf wegen Überlast zu erhöhten Kosten führen würde.

Bei der nächsten Absatzplan-Fortschreibung wird der Verkauf zwangsläufig auf die Hinweise des PM aufmerksam gemacht (Abb. 52). Er hat nun die Chance, seine Planzahlen auf maximale Unternehmenserträge auszurichten.

Der äußerst ertragsrelevante Dialog des PM mit dem Verkauf ist mit dieser Ablauforganisation systemimmanent institutionalisiert und wird deswegen funktionieren.

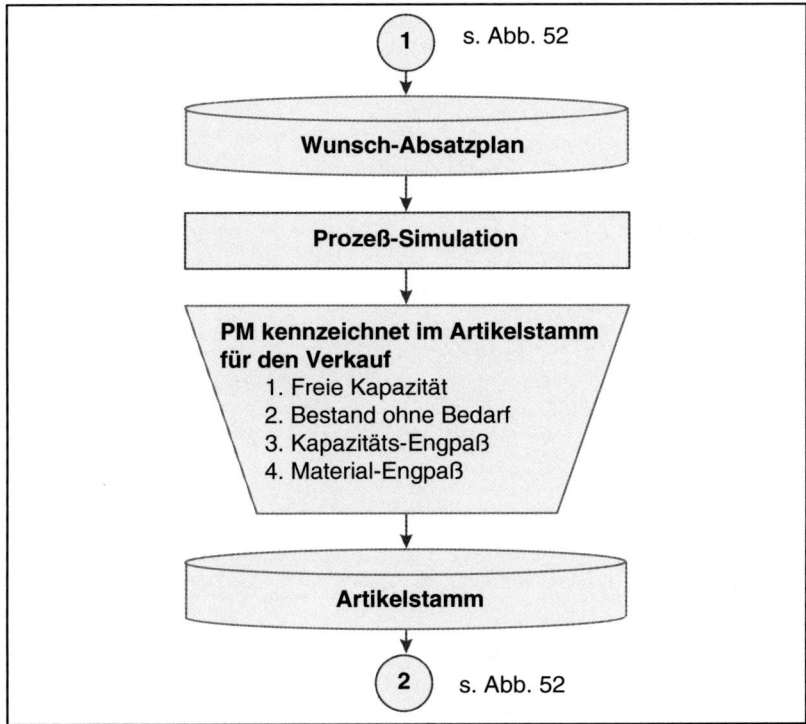

Abb. 54   Dialog PM mit Verkauf

17.4.3   Der Verkauf realisiert den ertragsstarken Absatzplan

Da wir jetzt wissen, welche Produkte für welche Zeiten besonders stark oder zurückhaltend vermarktet werden sollten, geben wir den Verkäufern

⇒ wenig Provision für Produkte, welche die bereits bestehenden Engpässe zusätzlich kostentreibend strapazieren und

⇒ sehr viel Provision für Produkte, die sonst nicht genutzte Ressourcen verwenden.

Wenn Sie sich vor Augen führen, daß die Ertragssicherung das oberste Ziel jedes Unternehmers in der Marktwirtschaft sein muß und uns der o.a. Weg ein wesentliches Stück auf diesem Weg weiterbringt, spricht der Nutzen für sich. Denn der maximal mögliche Ertrag eines Unternehmens ist - was den Ressourceneinsatz angeht - dann erreicht, wenn alle Ressourcen aufgrund verkaufter oder umgehend verkaufbarer Leistungen ausgelastet bzw. in Anspruch genommen sind und die Liegezeiten zwischen den Operationen so kurz wie möglich sind.

Dafür ist der Dialog zwischen Verkauf und Prozeßmanagement ein wichtiger, zuhöchst ertragsrelevanter Schritt.

18 Die markt- und prozeßgerechte Material-versorgung

Analog zu den viel zu langen Durchlaufzeiten finden wir auch bei den Vorräten viel zu hohe Bestände.

Auch hier müssen wir uns fragen, wer eigentlich in den Unternehmen die Verantwortung für die Höhe der Kapitalbindung in Vorräten trägt.

Häufig wird hier die Materialwirtschaft genannt. Wir werden in diesem Kapitel erkennen, daß die Materialwirtschaft nur begrenzte Möglichkeiten hat, die Höhe der Kapitalbindung selbst zu bestimmen. Daher kann sie die Höhe der Vorräte auch nicht verantworten.

Außerdem sei hier darauf hingewiesen, daß es in unserem 'Intelligenten Unternehmen' die herkömmliche Materialwirtschaft gar nicht mehr gibt.

- Wir kennen den wichtigen strategischen Einkauf mit ähnlicher Aufgabenstellung wie der Verkauf. Internationales Beschaffungsmarketing und das Abschließen interessanter Rahmenabkommen sind seine Aufgaben.
- Die Materialdisposition ist Teil der Ressourcendisposition im Prozeßmanagement.
- Das Abrufen von Mengen aus den Rahmenverträgen machen die Beschaffer. Das sollte ebenfalls im PM geschehen.
- Wer ist also heute in Ihrem Unternehmen für die Höhe der Vorräte verantwortlich?

Hier finden wir wieder die Analogie zu den Durchlaufzeiten, für deren ständige Verkürzung auch niemand wirklich verantwortlich war. Müssen wir uns also wirklich wundern, wenn die Vorräte mindestens doppelt so hoch sind wie sie es sein müßten?

**Wenn niemand wirklich verantwortlich ist,
bunkert jeder Zeiten und Vorräte!**

Die Unternehmensführer haben bei der nachhaltigen Bestandssenkung häufig bereits resigniert. Beweis: Obwohl die Vorräte oft den größten Vermögensanteil ausmachen, kümmern sie sich um die Genehmigung eines PCs für ein paar tausend Mark Anlagevermögen, während der Disponent im selben Augenblick in ganz anderen Größenordnungen Vermögen schafft.

18.1   Ursachen viel zu hoher Kapitalbindung

Nur wenn wir die Ursachen der Kapitalbindung wirklich kennen und wissen, welche Ursachen die vielen Millionen Euro Kapitalbindung erzeugen, können wir gezielt und wirtschaftlich an die Senkung der Vorräte herangehen. Einige der folgenden Ursachen sind bereits in anderen Kapiteln behandelt. Sie werden hier wegen der Vollständigkeit noch einmal kurz angesprochen (Abb. 55).

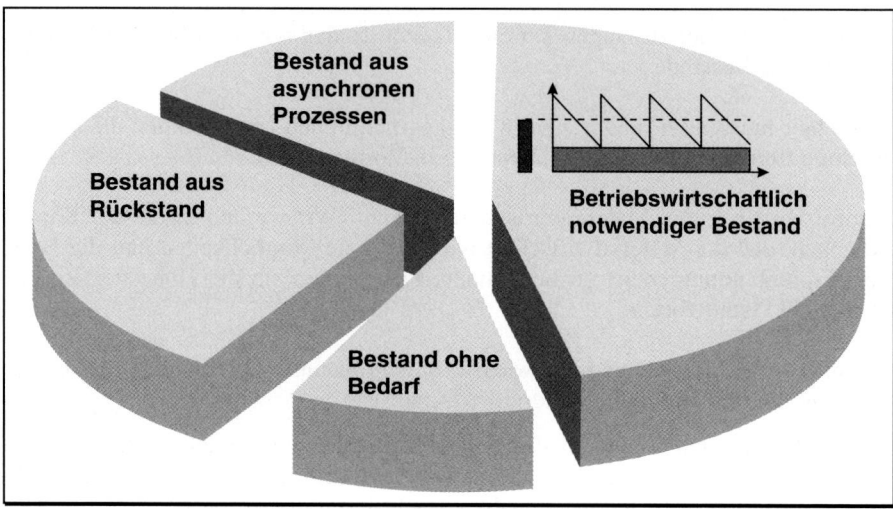

Abb. 55 Analyse des Vorratsvermögens

18.1.1   Die viel zu langen Durchlaufzeiten

Lange Durchlaufzeiten der Vorräte vom Wareneingang bis zum Versand bedeuten lange Verweilzeiten der Vorräte in Ihrem Unternehmen und damit hohe Vorräte.

18.1.2   Der nicht harmonisierte Leistungsprozeß

Die geradezu katastrophale Wirkung von vorher nicht harmonisierten Kapazitäten oder das nicht erkannte Fehlen einzelner Komponenten auf die Termintreue haben wir hinreichend beschrieben. Terminverzug bedeutet immer das Zerreißen der Prozeßsynchronisation und Rückstand! Und dieser bindet völlig unnötig Vorräte.

Bei einer nicht harmonisierten Unternehmung hat die Materialwirtschaft keine Chance, diese unnötige Kapitalbindung zu verhindern, denn: Was muß die Materialwirtschaft disponieren und beschaffen, nachdem der Verkauf und die Produktion den Primärbedarf verabschiedet haben?

Es bleibt ihr gar nichts anderes übrig, als die Vorräte so zu bestellen, als würde es keine wesentlichen Beschaffungsprobleme für einzelne Komponenten bzw. Kapazitätsengpässe in der Produktion geben. Diese Annahmen sind aber ohne vorlaufende Harmonisierung völlig unrealistisch (Kap. 10.2.2, S. 59).

Unter diesen Umständen hat der Einkauf keine Chance, bestandssenkend Richtung 'Just in Time, JIT' zu beschaffen. Der Beschaffer ist gezwungen, entsprechend den theoretisch errechneten Bedarfsterminen zu beschaffen, und das ist eben immer wieder 'Just in Stau, JIS' (Abb. 20, S. 60).

Wer trägt aber dann die Verantwortung für die unnötige Kapitalbindung dieser Vorräte, die z.B. wegen Engpaßsituationen in der Produktion im Stau, im Rückstand stecken? Bedenken Sie:

Durchschnittlich ein Drittel aller Vorräte stecken im Rückstand!

18.1.3   Der unsichere, viel zu weit reichende Absatzplan

Diese Ursache ist nach dem Rückstand allgemein der zweitgrößte Verursacher unnötiger Bestände. Er ist aber gefährlicher, denn:

- Rückstand erzeugt zwar unnötig hohe Vorräte. Diese fließen aber in der Regel wieder ab.
- Eine Fehleinschätzung des Marktes erzeugt hohe Vorräte, die kaum noch abfließen, also programmierte Verschrottungsbestände.

Lange Lieferzeiten und lange interne Durchlaufzeiten führen zur unrealistischen Forderung an den Verkauf, weit in die Zukunft den Marktbedarf vorherzusagen. Die Ungenauigkeit dieser Vorhersagen und damit das Bestandsrisiko steigen exponentiell mit der Entfernung von der Gegenwart (Abb. 14, S. 43).

**Mit unseren langen Liefer- und Durchlaufzeiten
ist ein hohes Bestandsrisiko programmiert.**

18.1.4   Die sogenannten wirtschaftlichen Losgrößen

Eine weitere schlimme Ursache zu hoher Vorräte ist die weitverbreitete Fehlinterpretation der wirtschaftlichen Losgröße. Das sind jene Mengen, die

⇒ als Bestellungen und Abrufe von den Lieferanten oder

⇒ als Fertigungsaufträge von der eigenen Herstellung

gefordert werden. Welche Losgrößen sind nun betriebswirtschaftlich optimal?

Üblicherweise fragt der Betriebswirtschaftler danach: Welche Kosten verursacht ein Los? Daraus resultiert dann ein Riesenfehler: Die Rüstkosten treiben die Losgrößen unvertretbar hoch. Wir werden das im nächsten Kapitel erkennen.

In die wirtschaftliche Losgröße gehen nur vier dominierende Einflußgrößen ein:

$\Rightarrow$ künftiger Bedarf (BED),

$\Rightarrow$ Preis oder Herstellkosten dieser Sachnummer (Preis),

$\Rightarrow$ Lagerkostensatz (LKO) und

$\Rightarrow$ Einmalkosten eines Loses (FK).

Diese vier Größen finden Sie in jeder Losgrößenformel wieder, z.B. in der überholten, aber einfachen Andler`schen Formel für die wirtschaftliche Losgröße:

$$\text{Wirtschaftliche Losgröße} = \sqrt{\frac{200 \times BED \times}{LKO \times PREIS}}$$

Aus dieser Formel und aus dem gesunden Menschenverstand ergeben sich folgende Erkenntnisse:

- Nur der Preis ist eine ziemlich sichere Eingangsgröße für die Losgröße.
- Der zukünftige Bedarf ist häufig bereits unsicher.
- Die Lagerkosten und die Einmalkosten eines Loses sind zwei externe Parameter, die viel Spielraum für Interpretationen lassen und besonders differenziert gewertet werden müssen.

Bestellen wir täglich einen Tagesbedarf, erhalten wir extrem niedrige Losgrößen und damit auch eine sehr geringe Kapitalbindung mit geringer Zinsbelastung. Andererseits werden wir einen relativ hohen administrativen Aufwand haben.

Bestellen wir z.B. nur einmal im Jahr den Jahresbedarf, erhalten wir einen extrem niedrigen administrativen Aufwand. Andererseits werden wir eine hohe Kapitalbindung in Vorräten mit hoher Zinsbelastung haben.

Wo also ist jene Losgröße, die in der Addition der Lagerkosten und Einmalkosten die geringsten Gesamtkosten je bestellter Maßeinheit (Stück, kg, Liter, ...) darstellt?

Das wäre dann die sogenannte wirtschaftliche Losgröße. Die Abb. 56 zeigt die Zusammenhänge an einem Beispiel.

Die Betriebswirtschaftslehre stellt eine Vielzahl verschiedener Losgrößenformeln zur Verfügung. Wählen Sie eine einfache, leicht zu verstehende aus.

Sie sollte in der Lage sein, Bedarfsschwankungen zu berücksichtigen, wie es z.B. der 'Stück-Perioden-Ausgleich' macht.

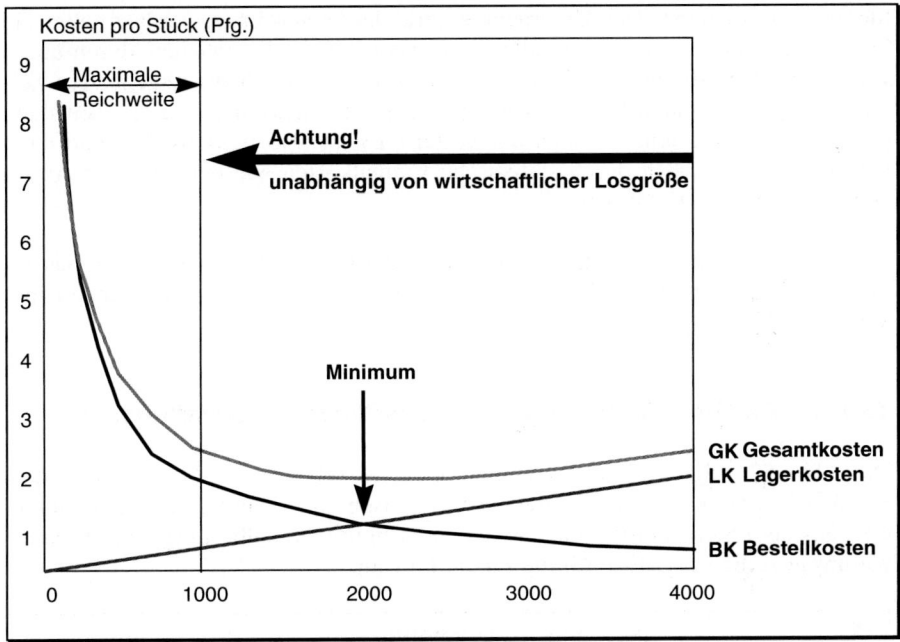

Abb. 56   Errechnung der „wirtschaftlichen Losgröße"

18.1.4.1 Die fehlinterpretierten wirtschaftlichen Fertigungslose

Wir haben also gelernt, daß hohe Einmalkosten zu großen Losen führen. Bei der Eigenfertigung sind dann also - so lehrt uns die Betriebswirtschaft - die Rüstkosten in diese Einmalkosten hineinzurechnen.

Aber Vorsicht! Die Rüstkosten werden üblicherweise wie folgt ermittelt:

- Rüstzeit x Maschinenstundensatz plus
- Rüstzeit x Lohn des Rüsters

Daraus ergeben sich erhebliche Einmalkosten, die die Losgrößen für Eigenfertigungsteile und damit die Kapitalbindung in Vorräten kräftig nach oben treiben.

Stellen Sie sich jetzt bitte folgende übliche Situation im Betrieb vor:

⇒ Ihre Produktion ist insgesamt gut ausgelastet. Einige Arbeitsplätze sind stark belastet, die meisten logischerweise nicht.

Stellen Sie sich jetzt bitte folgende Frage:

⇒ „Welchen Ertragsverlust erleidet Ihr Unternehmen, wenn eine nicht ausgelastete Maschine eine Stunde umgerüstet wird und damit stillsteht?"

Sie werden erkennen: Das Unternehmen erleidet keinen Ertragsverlust außer die Stunde des Rüsters, sofern er alternativ wertschöpfende Arbeiten durchführen würde oder Überstunden machen müßte. Warum nutzen wir die ungenutzten Zeiten der Maschine nicht zum häufigeren Umrüsten? Warum soll diese Zeit dann plötzlich den Maschinenstundensatz kosten? Es ist also betriebswirtschaftlicher Unsinn, die Losgrößen durch statistische Einmalkosten wie den Maschinenstundensatz nach oben zu treiben.

Die Losgrößen für alle Eigenfertigungsteile, die nicht über echte Engpaßmaschinen laufen, können Sie sofort stufenweise reduzieren. Entsprechend sinken Ihre Vorräte in Halbfabrikaten.

18.1.4.2 Die fehlinterpretierten wirtschaftlichen Beschaffungslose

Die Abb. 57 zeigt die extrem kapitalbindende Wirkung zu hoher Losgrößen. Schließlich ergibt sich der theoretische Durchschnittsbestand einer Sachnummer stets aus dem Sicherheitsbestand plus durchschnittliche halbe Losgröße. Schauen wir uns jetzt die Losgrößen für die Zukaufteile an.

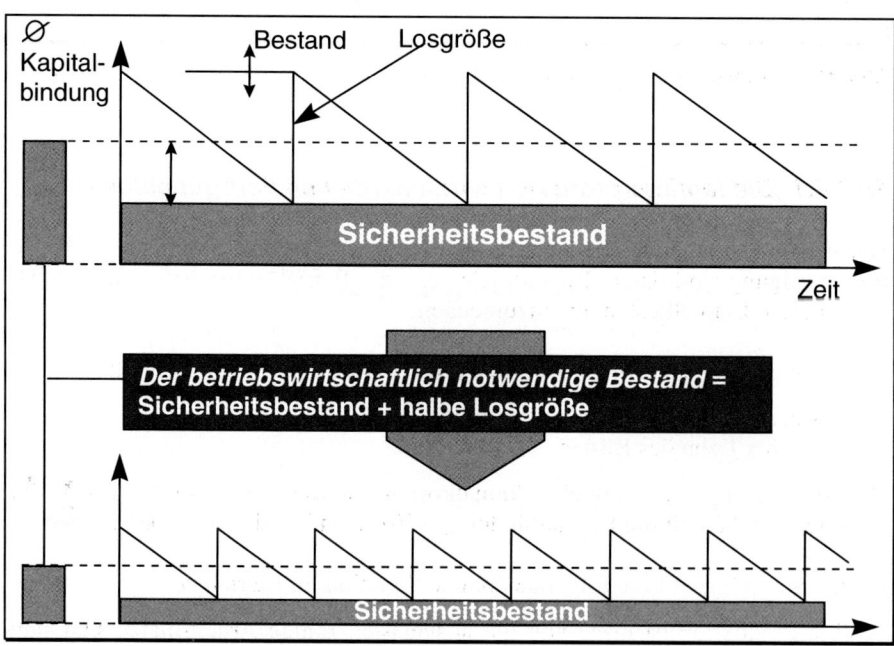

Abb. 57   Niedrige Losgröße und marktgerechte Sicherheitsbestände

Die Betriebswirtschaft lehrt uns:

Einmalkosten je Bestellposition ergeben sich aus der Umlage aller hiermit verbundenen administrativen Kosten aus Disposition, Einkauf, Beschaffung, Wareneingang inkl. Qualitätssicherung, Rechnungsprüfung, Kreditorenbuchhaltung, EDV, etc.

Daraus ergibt sich dann ein statistischer Kostensatz von z.B. 150 DM pro Bestellposition. Mit diesem Wert gehen wir dann in die Losgrößenformel und erhalten stolze Mengen, die sogenannten wirtschaftlichen Bestellmengen.

Falsch! Diese Denkweise unterstellt, daß jede zusätzliche Bestellposition den Ertrag des Unternehmens um den Kostensatz von z.B. 150 DM reduziert. Welch ein Unsinn!

Quintessenz:

Wir dürfen nicht fragen „Was kostet uns die Auslösung eines zusätzlichen Loses nach der herrschenden Betriebswirtschaftslehre?", sondern wir müssen fragen: „Welcher Ertragsverlust für das Unternehmen tritt durch ein zusätzliches Los ein?" Das ist dann nur ein Bruchteil. Entsprechend drastisch können Sie auch diese Lose reduzieren.

18.1.4.3 Die prozeßfeindliche Wirkung der wirtschaftlichen Losgrößen

Die so errechneten Losgrößen sind ein klassisches Beispiel von Suboptimierung im Leistungsprozeß. Diese Losgrößen verlängern den Gesamtprozeß, die Durchlaufzeiten und binden unnötig viel Kapital.

Hierzu ein praktisches Beispiel:

Ein sehr erfolgreicher Anlagenbauer ist trotz 'bescheidener' 25 Mio. Euro Jahresumsatz technologisch Weltmarktführer in seinem speziellen Angebotssegment. Im Zweifel warten die Kunden auf diese besonders anspruchsvollen Anlagen eben solange, bis sie fertig sind.

Dieser Anlagenbauer fing also erst dann an zu konstruieren, Material einzukaufen und zu fertigen, wenn der Kundenauftrag im Haus war. Er konnte also zu 100 % auftragsbezogen einkaufen, Teile fertigen und natürlich auch montieren.

Daß dieses Unternehmen trotzdem ein millionenschweres Zukauflager hat, mag wegen der von den Lieferanten geforderten Losgrößen - so spricht jedenfalls der Einkauf - noch akzeptabel sein.

Dieses Unternehmen hatte aber auch ein millionenschweres Halbfabrikatelager. Also ein Lager, in dem ausschließlich selbst gefertigte Einzelteile lagerten, obwohl eigentlich rein auftragsbezogen in die Montage hätte gefertigt werden können.

Des Rätsels Lösung Teil I:

Durch dauerhaft bestehende Rückstände in der Fertigung war die Synchronisation der Teileherstellung selten und dann eher zufällig gegeben. Also warteten die zuerst fertig gewordenen Teile auf die letzten in diesem Lager. Wenn dann endlich alles im Lager angekommen war, konnte die Montage beginnen.

Diese Schwachstelle und damit dieser Anteil des Halbfabrikatelagers wurde durch das später installierte PM systembedingt beseitigt.

Diese Bestände machten aber weniger als 50 % des Halbfabrikate-Bestandes aus. Wo kamen also die anderen Mio. Kapitalbindung her?

<u>Des Rätsels Lösung Teil II:</u>

Seit Jahr und Tag hatte die Kostenrechnung dieses Unternehmens für jedes Eigenfertigungsteil die sogenannte wirtschaftliche Losgröße errechnet und der Fertigung als Mindestlosgröße vorgegeben. Unterhalb dieser Losgröße durften die Teile nicht hergestellt werden.

Ergebnis: Auch wenn nur zwei Teile für einen Auftrag gebraucht werden, mußten z.B. mindestens zehn Stück hergestellt werden. Die acht zuviel produzierten Teile gingen dann in das Lager, in der Hoffnung, daß sie irgendwann einmal - hoffentlich ändert die Konstruktion nichts - wieder gebraucht würden.

Sie sehen also: Vorsicht bei den sog. wirtschaftlichen Losgrößen. Sie können teuer werden. Sie wirken oft lähmend auf die Schnelligkeit und Flexibilität des Unternehmens. Wo ist diese negative Wirkung in den 'ach so genauen' Losgrößenformeln berücksichtigt?

> **Die wirtschaftlichen Losgrößen stehen auf so tönernen Füßen,**
> **daß Sie sie ohne Hemmungen prozeßorientiert gestalten dürfen!**

18.1.5   Sicherheitsdenken und Sicherheitsbestände

Wann ist der Disponent im taglichen Betrieb ein guter Disponent?

Richtig! Wenn er keine Fehlteile hat. Und dafür sorgt er, wie es jeder von uns tun würde, durch entsprechende Sicherheitsbestände.

> **Achtung! Sicherheitsbestände sind**
> **programmierte Verschrottungsbestände!**

Je nach Bedarf reichen sie unterschiedlich weit (Abb. 58). Der Disponent wird durch die Erfahrung gezwungen, einen Sicherheitsbestand mit ausreichender Reichweite festzulegen.

Jedes Dispositionssystem der Welt wird jetzt dafür sorgen, daß der Sicherheitsbestand dispositiv und damit bei Ableben dieser Sachnummer am Lager liegt, eines Tages zur Verschrottung. Die aus der Karteikarten-Disposition stammenden Sicherheitsbestände müssen endgültig durch Sicherheitszeiten ersetzt werden.

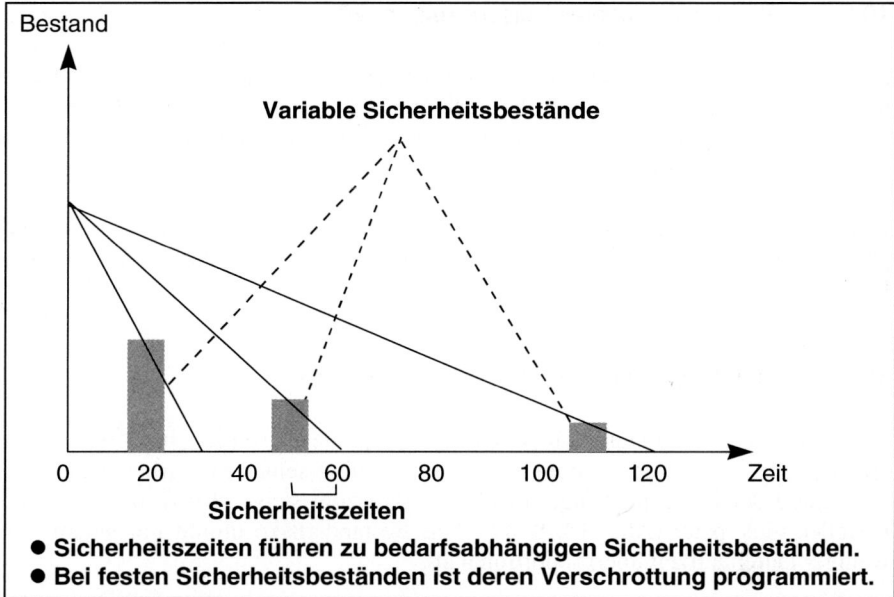

Abb. 58 Sicherheitszeiten statt Sicherheitsbestände

Diese führen dann sinnvollerweise bei zunehmendem Bedarf zu steigenden und beim Nachlassen des Bedarfs einer Sachnummer zu fallenden Sicherheitsbeständen (Abb. 58).

18.2 Der Weg zu niedrigen Vorräten

Entsprechend den Ursachen sind die Therapien zu gestalten. Insgesamt sollen wir ein Gesamtsystem entwickeln, welches folgender Generalforderung entspricht:

Wir müssen dazu kommen, daß das System, in dem wir arbeiten, systembedingt zu niedrigen Vorräten führt, deren Obergrenze von der Unternehmensführung bestimmt wird.

Dieses System wird vom PM gefahren, dem wir die Verantwortung für die Höhe der Vorräte übertragen.

18.2.1 Kurze Durchlaufzeiten

Der Weg dorthin ist bereits ausführlich beschrieben. Die Reduzierung der Verweilzeiten der Vorräte in Ihrem Unternehmen ist der Generalschlüssel zu drastisch niedrigeren Vorräten.

18.2.2   Rückstandsfreier Leistungsprozeß

Sobald wir die harmonisierte Leistungserbringung erreicht haben, gibt es keine Rückstände mehr. Die darin früher gebundenen Vorräte sind abgeflossen und Umsatz geworden. Im Durchschnitt sinkt dadurch Ihre Kapitalbindung der aktiven Vorräte um ein Drittel.

Der Einkauf kann jetzt endlich bedarfsgerecht 'Just in Time, JIT' beschaffen und gewinnt Zeit für das so wichtige Beschaffungsmarketing, u.a. zur Verkürzung der Lieferzeiten.

18.2.3   Der Absatzplan mit kurzer Reichweite

Wenn die Liefer- und Durchlaufzeiten deutlich reduziert werden, braucht sich der Verkauf erst viel später vor dem Bedarfstermin über seinen Primärbedarf äußern. Der Anteil der Kundenaufträge im Planungshorizont steigt. Wir disponieren und bestellen viel später (Abb. 14, S. 43). Das Bestandsrisiko nimmt mit jedem Tag weniger Durchlaufzeit überproportional ab.

18.2.4   Aktives Bestandsmanagement

In diesem Kapitel soll dargestellt werden, wie das PM jene Kapitalbindung realisiert, die von der Unternehmensführung als maximal tragbar, also als absolute Obergrenze vorgegeben ist. Zu diesem Thema ist in diesem Buch bis hierher nichts geschrieben. Das soll jetzt geschehen.

Üblicherweise werden folgende Ziele für die Vorratsdisposition genannt:

*   Niedrige Kapitalbindung in Vorräten
*   Hohe Lieferbereitschaft
*   Niedrige administrative Kosten (Bestellkosten als Einmalkosten)

Natürlich sind diese Ziele so unbrauchbar:

*   Sie sind weder quantifiziert noch terminiert.
*   Sie stehen z.T. im Zielkonflikt zueinander.

Wann sind also Ihre Bestände angemessen niedrig? Was halten Sie davon, wenn Sie Ihre Ziele quantifizieren und terminieren, z.B.:

„Innerhalb von 6 Monaten sind

*   die Bestände auf 70% zu reduzieren und
*   die Lieferbereitschaft in Serviceklassen zu differenzieren:
    *   ⇒ Klasse 1: 99 % für lebenswichtige Teile,
    *   ⇒ Klasse 2: 85 % für Standardteile,

⇒ Klasse 3: 70 % für schnell beschaffbare oder substituierbare Teile.

- die administrativen Kosten sollen dabei nicht steigen!

- Außerdem soll festgestellt werden, wieviele Bestände wir wirklich brauchen!"

An diesen Zielen können wir uns messen lassen. Wir werden einen einfachen Weg kennenlernen, die vom Unternehmer definierten Ziele zuverlässig zu erreichen.

18.2.4.1 Der betriebswirtschaftlich notwendige Bestand

Sicher können Sie den aktuellen Vorratsbestand im Unternehmen, mindestens aber den der letzten Bilanz, mühelos feststellen und sich erneut darüber aufregen.

Woher wissen Sie eigentlich, welcher Bestand gerechtfertigt wäre?

Sie vergleichen Ihre Werte mit Branchenkennzahlen?

Schmalenbach nannte den Vergleich eigener Werte mit Branchenkennzahlen oder mit jenem anderer Unternehmen „Schlendrian mit Schlendrian vergleichen".

Dabei ist es so einfach, den wirklich notwendigen Bestand zu ermitteln. Man muß es nur wirklich wollen.

Also analysieren wir: Wie setzt sich der Bestand eines gelagerten Teiles oder Erzeugnisses zusammen (Abb. 57, S. 154)?

- Es gibt einen Sicherheitsbestand. Bitte merken: Er entscheidet über die Lieferbereitschaft für dieses Teil.

- Die Losgrößen für die Nachlieferungen erhöhen periodisch den Bestand dieser Sachnummer, der sich dann bis zum nächsten Lagerzugang dispositiv wieder auf den Sicherheitsbestand abbaut.

Die in Abb. 57 dargestellte altbekannte Sägezahnkurve stellt diesen trivialen Zusammenhang idealisiert dar.

Es ist zu erkennen, daß der für dieses Lagerteil zutreffende Durchschnittsbestand leicht errechnet werden kann. Er ergibt sich aus dem Sicherheitsbestand plus dem halben durchschnittlichen Lagerzugang.

Dieser Durchschnittsbestand entspricht exakt dem betriebswirtschaftlich notwendigen Bestand dieser Sachnummer, nachdem Sie Ihre Parameter, wie z.B. Vorratszins, festgelegt haben.

Errechnet man aus diesem Bestand den Bestandswert und macht dieselbe Rechnung auch für alle anderen Lagerteile inkl. Erzeugnisse, addiert die so gefundenen Vorratswerte für alle Sachnummern, so gewinnt man den betriebswirtschaftlich notwendigen Bestand, solange Sie Ihre Parameter zur Sicherheitszeit- und Losgrößenrechnung beibehalten.

Einzelfertiger sollten die tatsächlich im Haus benötigten Kommissionsteile für die Ermittlung des betriebsnotwendigen Bestandes termingerecht hinzurechnen.

Vergleichen Sie dann Ihren tatsächlichen Bestand mit dem errechneten betriebswirtschaftlich notwendigen Bestand, erkennen Sie Ihren Handlungsbedarf. Denn der Quotient aus tatsächlich vorhandenem Bestand und betriebswirtschaftlich notwendigem Bestand ist eine äußerst wichtige, ständig zu beobachtende Führungszahl, die bei der ersten Rechnung erfahrungsgemäß über 2,0 liegt. Das heißt: Der tatsächliche Bestand ist mindestens doppelt so hoch wie der aufgrund Ihrer Parameter betriebswirtschaftlich notwendige.

Wenn wir Bestände beeinflussen wollen, müssen wir uns vor Augen führen, wie sie entstehen. Wir wissen: Für jede lagermäßig geführte Sachnummer setzt sich der Durchschnittsbestand zusammen aus:

- Sicherheitsbestand plus
- halbe durchschnittliche Losgröße.

Die Abb. 57 zeigt, wie unterschiedlich sich der Durchschnittsbestand bei unterschiedlicher Mentalität zweier Disponenten darstellen kann.

Die Chance, die Kapitalbindung in Vorräten selbst zu bestimmen, steckt darin,

- die Sicherheitsbestände und
- die Losgrößen

gezielt zu beeinflussen.

18.2.4.2 *Marktorientierte Sicherheitsbestände*

Sicherheitsbestände sind sehr kapitalintensiv. Sie entscheiden aber über die Lieferbereitschaft einer Sachnummer. Um stets lieferbereit zu sein, werden Sicherheitsbestände entsprechend hoch angesetzt und bleiben dort trotz sinkendem Verbrauch 'sicherheitshalber' bis zur anstehenden Verschrottung so groß stehen. Das bedeutet unnötig hohe Kapitalbindung, Abwertungen und Verschrottungskosten.

Wir dürfen also auf keinen Fall mehr mit von Disponenten vorgegebenen Sicherheitsbeständen arbeiten. Sie sind längst durch die überlegenen Sicherheitszeiten ersetzt. Sie werden per EDV bedarfsabhängig in jene Sicherheitsbestände umgerechnet, welche die gewollte Sicherheitszeit gerade abdecken (Abb. 58, S. 157):

- Bei steigendem Bedarf (Linie a) steigt der Sicherheitsbestand.
- Bei abnehmendem Bedarf (Linie b) sinkt der Sicherheitsbestand.
- Die Sicherheitszeit bleibt mit z.B. 10 Tagen konstant.

- Ein fester Sicherheitsbestand bliebe unberührt vom veränderten Bedarf stehen und stünde bei abnehmendem Bedarf sicher zum Verschrotten an.

Abhängig vom voraussichtlichen Bedarf paßt sich der so ermittelte Sicherheitsbestand an und sinkt bei abnehmendem Bedarf gegen Null (Abb. 58).

Noch besser ist es, sogar die Sicherheitszeit von der EDV periodisch neu rechnen zu lassen. Dazu muß man allerdings wissen, warum Sicherheitszeiten nötig sind.

Sicherheit braucht man immer dann, wenn Unsicherheit herrscht. Es ist zum Beispiel gar nicht sicher, daß

- der Lieferant pünktlich liefert (Lieferunsicherheit)
- der Buchbestand (EDV) mit dem tatsächlichen Bestand tatsächlich übereinstimmt (Bestandsunsicherheit) und
- der voraussichtliche Bedarf im Voraus nicht sicher nach Mengen und Terminen vorausgesagt werden kann (Bedarfsunsicherheit).

Aus diesen Unsicherheiten ist eine gute EDV-Dispositionssoftware in der Lage, die jeweils zutreffende rechnerische Sicherheitszeit zu ermitteln.

- Bei steigenden Lieferzeiten steigen die Sicherheitszeiten.
- Bei abnehmenden Verbrauchsschwankungen fallen die Sicherheitszeiten.
- Bei steigenden Inventurdifferenzen steigen die Sicherheitszeiten, usw.

Es gibt bewährte Algorithmen, mit denen die Sicherheitszeiten per EDV-Programm errechnet und dem Umfeld (z.B. längeren Lieferzeiten, höheren Bedarfsschwankungen,...) ständig angepaßt werden können.

Jetzt wollen wir diese errechneten Zeiten im Sinne einer gewollten Bevorratung für die bestmögliche Marktversorgung beeinflussen.

18.2.4.3 *Serviceklassengerechte Sicherheitszeiten*

Die rechnerische Sicherheitszeit ist bisher ausschließlich aus den o.a. Einzelunsicherheiten entstanden. Die vom Disponenten gewünschte individuelle Serviceklasse kann über den Serviceklassenfaktor SKLF realisiert werden, mit dem die rechnerische Sicherheitszeit korrigiert wird, z.B.:

Serviceklasse 1 = Sachnummer darf nie fehlen: SKLF = 3,0
Serviceklasse 2 = Normaler Service: SKLF = 1,0
Serviceklasse 3 = Schnell beschaffbar: SKLF = 0,0

Damit Sie die Sicherheitszeiten und damit die Sicherheitsbestände zusätzlich über alle Sachnummern um dieselben Prozentsätze senken - oder auch anheben - können, gibt es noch einen politischen Faktor „FPO", der im EDV-Programm beim

Start auf 1,0 gesetzt ist, also vorerst wirkungslos ist. Verändern Sie diesen Faktor z.B. auf 0,9, wird ab sofort mit 10 % weniger Sicherheitsbeständen disponiert. Die Sicherheitsbestände werden um diese 10 % sinken. Das ist z.B. ein Weg, wie Sie überhöht erscheinende Sicherheitsbestände wirkungsvoll und sicher senken können.

Die serviceklassengerechte Sicherheitszeit je Sachnummer sollte periodisch immer wieder neu errechnet werden:

Sicherheitszeit	=	Rechnerische Sicherheitszeit
	x	Serviceklassenfaktor (SKLF)
	x	Politischer Faktor (FPO)

Mit den periodisch neu errechneten Sicherheitszeiten, die Sie je nach gewünschtem Servicegrad und je nach maximal tolerierter Kapitalbindung direkt beeinflussen können, haben Sie die Kapitalbindung aller Sicherheitsbestände zu einer vom Fachmann bestimmbaren Größe gemacht. Sie sind in der Lage, diesen Teil der Kapitalbindung in Vorräten nach den Vorgaben der Unternehmensführung zu realisieren. Die Disponenten sind von der praktisch ohnehin nicht durchführbaren Pflege von Sicherheitsbeständen oder gar Sicherheitszeiten entlastet.

18.2.4.4 Durch Losgrößen verursachte Bestände

Die zweite und letzte betriebswirtschaftlich bedingte Ursache für die notwendige Kapitalbindung in Vorräten von Lagerteilen stellen die Losgrößen dar (Abb. 57, S. 154).

Wir hatten bereits festgestellt, daß die Losgrößen nicht auf der Basis von Maschinenstundensätzen und statistischen Einmalkosten für externe Bestellungen errechnet werden dürfen. Das ergäbe eine ungerechtfertigt hohe Kapitalbindung.

Erinnern wir uns daran, daß die Losgrößen neben den Einmalkosten durch eine zweite von Ihnen zu bestimmende Einflußgröße bestimmt wird, durch die Lagerkosten.

Sie werden in Prozent angegeben. Ein Lagerkostensatz von 25 % bedeutet, daß jährlich 25 % der Kapitalbindung in Vorräten anfallen, um diese zu finanzieren, zu verwalten, zu lagern, etc.

Den relativ größten Anteil an den Lagerkosten stellen die Vorratszinsen dar. Sie haben den Vorteil, daß jeder Unternehmer frei ist, diesen Zinssatz selbst zu bestimmen und auch zu verändern, abhängig davon, was ihm zusätzliche Liquidität gegenwärtig wert ist.

Indem er den Vorratszins anhebt, sinken alle Losgrößen. Die Kapitalbindung in Vorräten geht systemimmanent zurück (Abb. 56, S. 152).

Durch die Veränderung des Vorratszinses können Sie die Kapitalbindung in Vorräten zusätzlich steuern.

Inzwischen haben Sie kennengelernt, daß Sie die sogenannten wirtschaftlichen Losgrößen durch das Beschränken der Kosten auf die wirklich ertragsrelevanten und durch den von Ihnen frei zu wählenden Vorratszinssatz massiv beeinflussen dürfen und sollten.

Die Losgrößen, an denen Sie sich in der Praxis orientieren sollten, ergeben sich durch das direkte Einsetzen des gewollten Vorratszinses und der ertragsrelevanten Kosten als Einmalkosten in die Losgrößenformel.

Erfahrungsgemäß gestalten sich die Bemühungen im Unternehmen, die ertragsrelevanten Einmalkosten festzustellen, wegen des notwendigen Umdenkens von Führungskräften und Kostenrechnern als sehr zeitaufwendig.

Wenn Sie den Mut zu einfachen Wegen für den schnellen Erfolg aufbringen, können Sie Korrekturfaktoren definieren, welche die in Ihrem heutigen EDV-System errechneten Losgrößen nach oben oder - in der Regel - nach unten korrigieren:

Tatsächliche Losgröße = errechnete Losgröße x Korrekturfaktor

---

Den Korrekturfaktor legen Sie je Teileart z.B. wie folgt fest:

- Für Teile, die nicht über Engpässe laufen: = 0,5 fallend
- Für Teile, die über Engpässe laufen: = 1,3 steigend
- Für Zukaufteile: = 0,6 fallend

Selbstverständlich bleibt es Ihnen zusätzlich freigestellt, die Losgröße einer Sachnummer außerdem durch die Definition einer maximalen Reichweite zu beschränken (Abb. 56).

Außer bei verderblichen Gütern sollten Sie diese Losgrößenbeschränkung erst bei äußerster Liquiditätsanpassung oder unsicherem künftigen Bedarf verwenden.

18.2.4.5 *Echte Engpaßarbeitsplätze und ihre Losgrößen*

Wie bereits ausführlich geschildert, gefährden echte Engpässe ständig die Termintreue und treiben durch ihre hohen Losgrößen - sofern Rüstzeiten relevant -

die Bestände hoch. Glücklicherweise gibt es nur sehr, sehr wenige echte Engpässe.

In jedem Fall können Sie trotz möglicher einzelner Engpässe folgende lohnenden Maßnahmen zur zügigen Bestandssenkung durchführen:

- Stellen Sie fest, welche Arbeitsplätze echte Engpässe sind. Sie werden sehr wenige finden. Lassen Sie diese z.B. in Pausenzeiten nicht mehr abstellen und geben Sie Geld aus, die Rüstzeiten dieses echten Engpasses zu senken.
- Geben Sie kein Geld aus, die Rüstzeiten jener Maschinen zu senken, die keine Engpässe darstellen, das lohnt sich selten.
- Lassen Sie Ihre EDV ermitteln, welche Eigenfertigungsteile über Ihre echten Engpaß-Arbeitsplätze laufen.
- Isolieren Sie den 'Engpaß-Arbeitsgang' in einem eigenen Arbeitsplan.
- Erhöhen Sie stufenweise die Losgrößen dieser 'Engpaßteile'.
- Senken Sie sofort stufenweise alle Losgrößen jener Teile, die nicht über Engpässe laufen, um mindestens 50 %. Es ist der Löwenanteil Ihrer Teile.

**Die Kapitalbindung Ihrer Eigenfertigungsteile inkl. Erzeugnisse
wird fast auf die Hälfte zurückgehen.**

Sie werden keine negativen Überraschungen erleben. Deutlich niedrigere Vorräte, weniger Lagerplatz und geringere Zinsbelastung, das sind leicht erreichbare Nutzen.

Noch einmal:

Es kann nur ganz wenige echte Engpaß-Arbeitsplätze geben. So ein Arbeitsplatz läuft dreischichtig und samstags. Er ist nicht substituierbar. Haben Sie davon wirklich welche? Erhöhen Sie nicht die Losgrößen, bevor Sie sich nicht wirklich davon überzeugt haben, daß es sich um einen echten Engpaß handelt.

Es versteht sich von selbst, daß sich Investitionen zur Entlastung der Dauerengpässe besonders lohnen.

18.2.4.6 Sie bestimmen Ihre maximalen Bestände und Ihre Lieferbereitschaft selbst

Wir haben inzwischen erkannt, daß wir durch die geschickte Verwendung von Parametern nahezu jeden gewünschten Bestand und jede Lieferbereitschaft realisieren können.

Die Abb. 59 zeigt, welche Möglichkeiten dann bestehen.

"What, if ... ?" Betrachtungen

Ziele / Maßnahmen		Kapital-bindung	Verwaltungs-Rüstaufwand	Lieferbereit-schaft
Losgrößen	Vorratszins ⇧	⇩	⇧	—
	Vorratszins ⇩	⇧	⇩	—
	Engpaßfaktor ⇧	⇧	⇩	—
	Engpaßfaktor ⇩	⇩	⇧	—
	Max. Reichweite ⇧	⇧	⇩	—
	Max. Reichweite ⇩	⇩	⇧	—
Sicherheits-bestände	Serviceklasse ⇧	⇧	—	⇧
	Serviceklasse ⇩	⇩	—	⇩
	Polit. Faktor ⇧	⇧	—	⇧
	Polit. Faktor ⇩	⇩	—	⇩

Abb. 59 Aktives Bestandsmanagement

Die Unternehmensführung definiert daher als Restriktion jene Vorratshöhe, die auf keinen Fall überschritten werden darf. Der Verkauf, die Produktion inkl. Montage sowie der Einkauf teilen dem PM die von ihnen für notwendig erachteten Servicegrade je Sachnummer bzw. Sachnummerngruppe z.B. wie folgt differenziert mit:

- Serviceklasse 1:   Darf niemals fehlen
- Serviceklasse 2:   Normaler Servicegrad
- Serviceklasse 3:   Keine Sicherheit erforderlich

Der Verkauf ordnet seine Erzeugnisse diesen Klassen zu, die Produktion ihre Zukaufteile, Materialien und Halbfabrikate. Diese Festlegungen erfolgen in enger Abstimmung mit dem PM.

Serviceklasse 1 wären z.B. jene Erzeugnisse, die

- einen besonders hohen Deckungsbeitrag bringen und/oder
- wegen stärkstem Wettbewerb nur bei Sofortlieferung
  verkauft werden können, usw.

Die Produktion wird z.B. jene Zukaufteile und Halbfabrikate in die Serviceklasse 1 nehmen, aus denen sehr schnell zu liefernde Varianten hergestellt werden können. Für dieses Halbfabrikat schafft sich das Unternehmen dann eine gewollte Bevorratungsebene mit bewußt höherer Kapitalbindung, um schnellstmöglich - z.B. durch Schnellmontage - wichtige Varianten liefern zu können.

Wenn das PM diese Erkenntnisse in gezielte Aktionen umsetzt, kann es durch

what, if ...-Betrachtungen in einer EDV-Vorratssimulation

so lange die o.a. Parameter verändern, bis die von der Unternehmensführung vorgegebene

– maximal geduldete Kapitalbindung in Vorräten und
– die gewünschte Lieferbereitschaft

erreicht sind (Abb. 60).

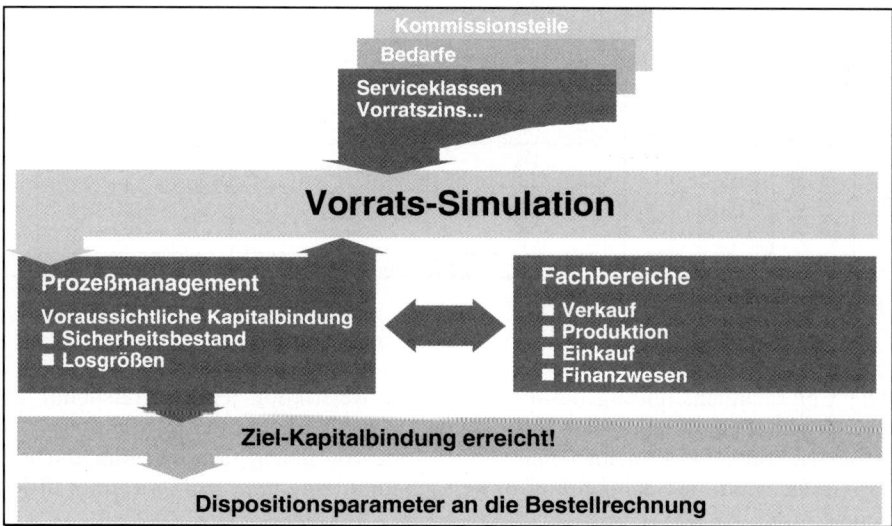

Abb. 60   Sie bestimmen Ihre künftige Kapitalbindung in Vorräten selbst

Sobald bei dieser Vorratssimulation der voraussichtliche Bestand mit dem von der Unternehmensführung vorgegebenen Bestand übereinstimmt, werden die so gefundenen Parameter und Sicherheitszeiten an die Bestellrechnung gegeben.

Dort bestimmen dann

• die Sicherheitszeiten, um wieviele Tage früher als rechnerisch notwendig das nächste Los vom Lieferanten oder von der eigenen Fertigung geliefert werden soll und

• die Vorratszinsen, Engpaßfaktoren und begrenzte Reichweiten, wie groß die Lose ausfallen sollen.

Mit dieser einfachen Vorgehensweise können die Unternehmensführer endlich auch das Vorratsvermögen in den Griff bekommen.

**Die Unternehmensführung bestimmt selbst
die Höhe der Vorräte in der Bilanz!
Das Prozeßmanagement realisiert sie.**

18.2.4.7 Sichern Sie Ihre Lieferbereitschaft durch marktgerechte Bevorratungsebenen

Den gesamten Materialfluß kann man sich im Leistungsprozeß, dem bereits beschriebenen Leistungs-Ypsilon (Abb. 13, S. 31) vorstellen.

Für viele Millionen DM liegen Vorräte zwischen Wareneingang und Versand auf oder zwischen den Wertschöpfungsstufen. Wenn wir schon für viele Millionen Vorräte zwischen Wareneingang und Versand finanzieren, sollten wir sie dann nicht dorthin steuern, wo sie uns den größten Nutzen bringen?

Wer entscheidet heute, auf welchen Wertschöpfungsstufen die Vorräte mit welcher Lieferbereitschaft für Kundenaufträge disponiert werden sollen?

Was halten Sie davon, wenn wir die Vorräte gezielt auf jene

Bevorratungsebenen

steuern, die unsere Lieferbereitschaft bei begrenzten Gesamtbeständen bestmöglich sichern?

Müssen wir z.B. für ein Eigenfertigungsteil 'T2' (Abb. 61), das wir binnen Stunden aus einem Rohmaterial 'R8' herstellen können, irgendeinen Sicherheitsbestand haben? Müssen wir die selten gefragte Erzeugnisvariante 'E7' am Erzeugnislager haben, wenn wir sie aus seinen bewußt hoch bevorrateten Bauteilen, z.B. 'BG8' durch Schnellmontage herstellen können?

Abb. 61 zeigt ein Beispiel, wie durch die intelligente Schaffung von Bevorratungsebenen und nach Serviceklassen bewerteten Komponenten eine hohe Lieferbereitschaft bei beherrschten Beständen erreicht werden kann.

Welche Serviceklassen je Sachnummer notwendig sind, sollte durch genaue Betrachtung der Wertschöpfungsketten vom Wareneingang bis zum Erzeugnislager bzw. Außenlager gemeinsam mit den betroffenen Bereichen Verkauf, Produktion, Materialwirtschaft, etc. festgelegt werden.

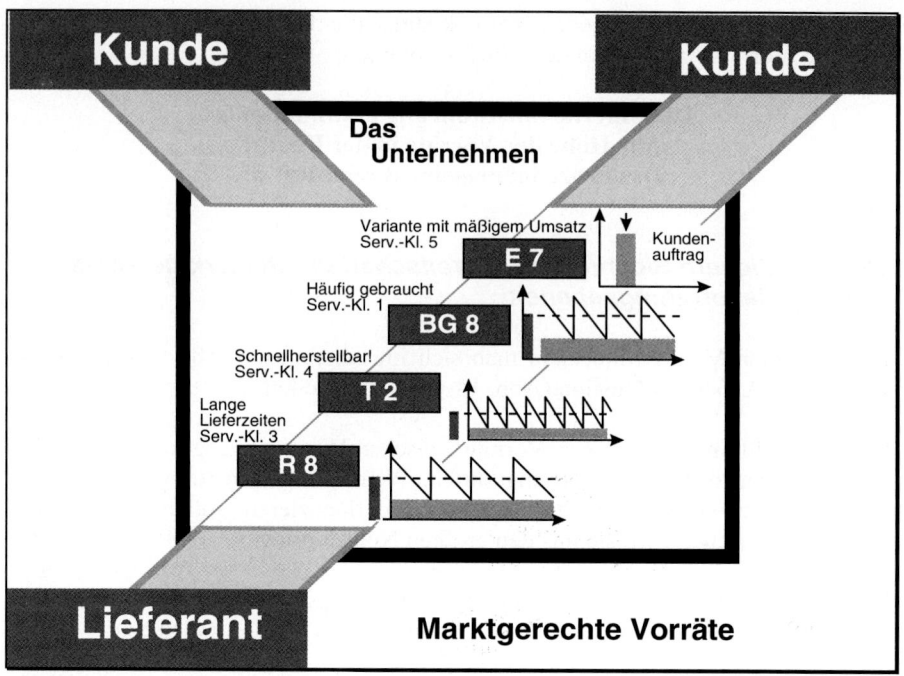

Abb. 61 Serviceklassen auf Bevorratungsebenen

Werden die Wünsche unrealistisch, holt uns die beschriebene Vorratssimulation (Abb. 60) wieder zurück zum Machbaren, indem sie die zu hohe Kapitalbindung voraussagt.

Die Unternehmensführung hat eine maximale Kapitalbindung vorgegeben. Nur in diesem Rahmen dürfen sich die Fachbereiche bewegen. Daß dieses geschieht, dafür ist das Prozeßmanagement verantwortlich.

> **Maximal die von der Unternehmensführung**
> **freigegebene Kapitalbindung**
> **wird im Leistungsprozeß marktgerecht positioniert.**

18.2.4.8 Wir erkennen die unnötigen Bestände

Nachdem wir durch die Vorratssimulation festgestellt haben, wie hoch unsere Bestände eigentlich sein dürfen, vergleichen wir diese mit den tatsächlich in unserem Unternehmen vorhandenen.

Der Schreck wird groß sein! Denn erfahrungsgemäß finden wir mehr als doppelt so viele Bestände, als wir nach der Festlegung von Serviceklassen und Losgrößenparametern tatsächlich haben dürften (Abb. 55, S. 150).

Dieses zeigt uns, welches gewaltige Bestandssenkungspotential in unserem Unternehmen vorhanden ist. Sie kennen die Symptome:

⇒ Wann ist der Disponent ein guter Disponent? Wenn er keine Fehlteile hat. Also sorgt er für 'gute' Bevorratung. Jeder von uns würde genauso handeln.

⇒ Jeder bunkert Vorräte und Pufferzeiten.

⇒ Wir lasten Maschinen ohne Not mit großen Losen aus, und wir kaufen große Lose ein, weil uns beigebracht wurde, dies sei wirtschaftlich.

⇒ Wir finanzieren hohe Vorräte und damit eine hohe Kapitalbindung und sind dennoch nicht durchgängig lieferfähig.

Schauen wir uns die unnötigen Bestände näher an, stellen wir als Hauptverursacher neben dem verbreiteten Sicherheitsdenken die Fehleinschätzungen des Verkaufs und den in der Regel weit unterschätzten Rückstand fest. Diesem kommen wir nicht durch geschickte Materialdisposition bei. Dazu brauchen wir das harmonisierte Unternehmen.

Aber alle anderen unnötigen Bestände können wir bewährten Analysen angehen. So werden wir ihre Ursachen finden und die daraus resultierenden Bestände zügig abbauen.

18.3   Analysen, Führungszahlen, Sofortmaßnahmen

Zur Steuerung und Kontrolle der Vorräte eines Unternehmens sowie zum Vergleich mit ähnlichen Unternehmungen hat sich die periodische Ermittlung bestimmter Analysen und Verfolgung verschiedener Kennzahlen bewährt.

Diese Kennzahlen sollte das PM ständig verfolgen, um den eigenen Fortschritt bei der Optimierung der Bestände und Lieferbereitschaften zu erkennen.

Ganz bekannte Kennzahlen sind die ABC-Analyse und die Umschlagshäufigkeiten. Wir empfehlen Ihnen, die EDV gerade in diesem Bereich besonders zu strapazieren, um sich weitere mindestens genauso aufschlußreiche Zahlen liefern zu lassen.

Die Analysen werden in der Regel periodisch oder nach Bedarf errechnet. Beim Vergleich der eigenen Kennzahlen mit evtl. Mitbewerbern oder Branchen sollten wir sehr vorsichtig sein, damit wir laut Schmalenbach

„Nicht Schlendrian mit Schlendrian vergleichen."

Wir dürfen gerade bei der äußerst kapitalintensiven Vorratspolitik und marktrelevanten Lieferpolitik niemals mit dem Erreichten zufrieden sein.

18.3.1   Die ABC/XYZ-Analyse zum Verbrauchsverhalten

Ein wesentliches Mittel zur Klassifizierung der Sachnummern sowie zur Steuerung von Disposition und Einkauf ist die sogenannte ABC-Analyse. Dabei ergibt sich in aller Regel folgende Verteilung (Abb. 62):

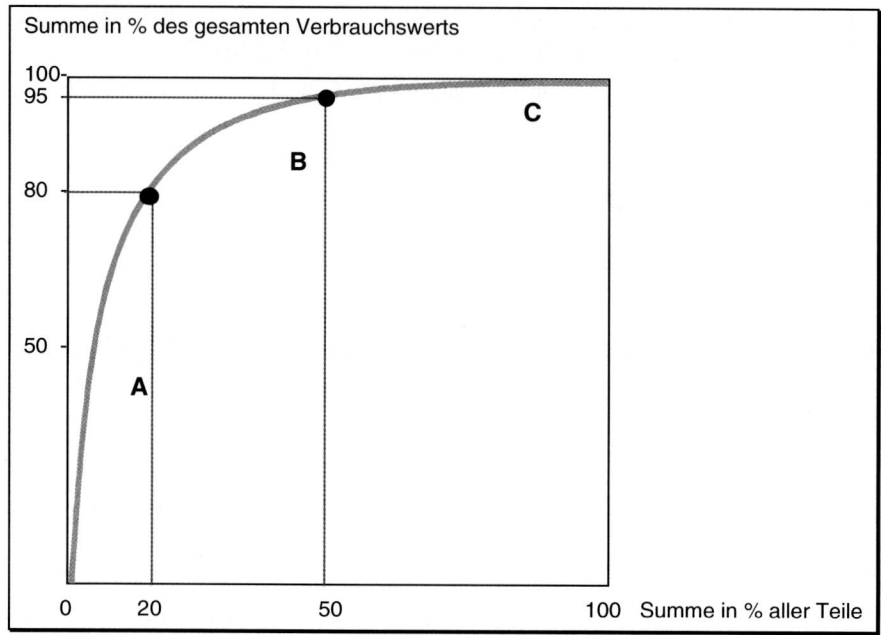

Abb. 62   Die ABC-Analyse

⇒ Max. 20 % aller Sachnummern repräsentieren 80 % des Gesamt-
   verbrauchswertes. Diese Sachnummern nennt man A-Teile.

⇒ Weitere ca. 30 % aller Sachnummern repräsentieren 15 % des
   Verbrauchswertes. Diese Sachnummern nennt man B-Teile.

⇒ Die restlichen 50 % aller Sachnummern verursachen nur 5 % des
   Verbrauchswertes. Diese Sachnummern nennt man C-Teile.

Da nur 20 % aller Sachnummern (= A-Teile) schon 80 % des Bedarfs-/Verbrauchswertes ausmachen, sollte sich die Disposition auf diese besonders konzentrieren. Unzweckmäßig wäre es, für die wenig kapitalintensiven C-Teile ein aufwendiges Dispositionssystem einzuführen. Für viele C-Teile kann ein einfaches Dispositionsverfahren eingesetzt werden.

Aber aufgepaßt! C-Teile sind nicht unbedingt billige Teile und A-Teile nicht unbedingt teure Teile. Ein sehr häufig gebrauchtes A-Teil kann durchaus billiger sein als ein selten gebrauchtes C-Teil! Deswegen sollten Sie weitere Kriterien berücksichtigen, bevor Sie eine Sachnummer einer Bedarfsermittlungsmethode zuordnen.

Die XYZ-Analyse zum Verbrauchsverhalten

Das Verbrauchsverhalten einer Sachnummer ist eine wesentliche Kennzahl zur Auswahl des geeigneten Dispositionsverfahrens, zur automatischen Ermittlung des Glättungsfaktors ALPHA zur Sensibilitätssteuerung der Bedarfsvorhersage sowie für die Errechnung des jeweils notwendigen Sicherheitsbestandes.

Eine objektive, für alle Sachnummern vergleichbare Kennzahl zum Verbrauchsverhalten kann per EDV periodisch neu errechnet werden.

Sie legen Grenzwerte fest, nach denen jede Sachnummer ihrer „Verhaltenskategorie" zugeordnet wird:

⇒ Klasse X: Geringe Verbrauchsschwankungen

⇒ Klasse Y: Mittlere Verbrauchsschwankungen

⇒ Klasse Z: Extreme Verbrauchsschwankungen

Die Kombination der ABC- und XYZ-Ergebnisse hilft bei der Konzentration der Dispositionsaktivitäten auf die wichtigen, besonders kritischen Sachnummern (Abb. 63).

	X	Y	Z
A			Beste Disponenten einsetzen
B			
C	Weitgehend automatische Disposition möglich		

z.B.: CX-Teile sind problemloser zu disponieren als AZ-Teile

Abb. 63   Kombination der Analysen ABC und XYZ

Beispiel:

Eine 'AX'-Sachnummer hat zwar einen hohen Verbrauchswert, aber geringe Verbrauchsschwankungen. Sie kann also durchaus für eine verbrauchsgesteuerte (stochastische) Disposition geeignet sein. Sollte die stochastische Disposition dieser Sachnummer durch verändertes Verbrauchsverhalten zum Risiko werden, kann das EDV-Programm dieses sofort feststellen und Ihnen eine Umstufung auf z.B. die bedarfsgesteuerte (deterministische) Disposition vorschlagen.

18.3.2   Umschlagshäufigkeit

Diese Kennzahl gibt an, wie oft sich der Lagerbestand pro Jahr umgeschlagen hat. Sie ergibt sich je Sachnummer nach der Formel

$$\text{Umschlagshäufigkeit} = \frac{\text{Jahresverbrauch}}{\text{Durchschnittsverbrauch}}$$

Sortiert man die so ermittelten Umschlagshäufigkeiten aufsteigend, findet man am Beginn dieser Analyse jene Sachnummern, die sich äußerst selten umschlagen und am Ende der Aufstellung die Schnelldreher.

Eine geringe Umschlagshäufigkeit belastet das einzelne gelagerte Teil naturgemäß mit hohen Lagerkosten (lange Verweilzeit im Lager).

Die Umschlagshäufigkeit über alle Sachnummern ist ein Maß für die Qualität der Gesamt-Vorratspolitik. Vergessen Sie dabei bitte nicht den bereits zitierten 'Schlendrian-Vers' von Schmalenbach!

18.3.3   Reichweitenbetrachtung

Obwohl viel weniger angewendet als die Umschlagshäufigkeit, ist die Analyse und Wertung der Bestands-Reichweiten deutlich aufschlußreicher und nicht aufwendiger herzustellen.

Die Reichweite in Tagen errechnet sich undifferenziert über alle Sachnummern betrachtet:

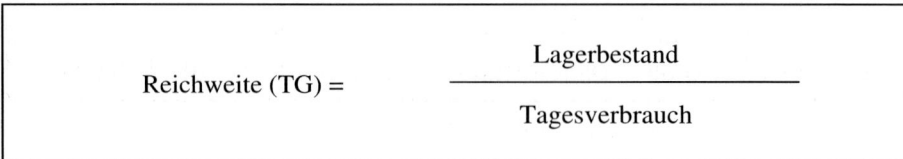

$$\text{Reichweite (TG)} = \frac{\text{Lagerbestand}}{\text{Tagesverbrauch}}$$

Insofern ist die Reichweite der reziproke Wert zur Umschlagshäufigkeit. Denn eine Reichweite von vier Monaten entspricht einer Umschlagshäufigkeit von drei, denn dreimal im Jahr schlägt sich der Lagerbestand um.

Die Reichweite gibt also jenen Zeitraum an, für den der Lagerbestand den voraussichtlichen Bedarf abdecken wird.

Interessanter wird es, wenn wir die Reichweite je Sachnummer errechnen. Dann ergeben sich natürlich ganz differenzierte Reichweiten. Sortieren Sie diese absteigend nach Reichweiten, werden Sie im Kopf dieser Aufstellung Sachnummern mit nahezu unendlichen Reichweiten erhalten und zum Ende der Aufstellung Reichweiten von wenigen Tagen.

Natürlich liegt es jetzt nahe, sich mit jenen Disponenten zuerst zu unterhalten, welche für die Sachnummern mit extrem großen Reichweiten verantwortlich sind.

Vorsicht Falle! Es kann in Einzelfällen, z.B. bei billigen C-Teilen, durchaus gerechtfertigt sein, eine lange Reichweite zu haben, wenn Sie z.B. billige Teile, wenig gebrauchte Teile selten und dann in Losgrößen bestellen.

Wir wollen aber nur jenen Reichweiten nachgehen, die wirtschaftlich unsinnig sind. Wie können wir diese ermitteln?

Fragen wir uns: „Wie hoch darf der Bestand einer Sachnummer maximal sein? Welchen Bestand kann der Disponent verantworten?"

Erinnern Sie sich bitte an die Sägezahnkurve. Richtig: Maximal gerechtfertigt ist der Wert aus z.Zt. gültigem Sicherheitsbestand plus eine ganze Losgröße. Dieser maximale Bestand kann theoretisch immer nur dann erreicht sein, wenn gerade eben eine Zulieferung erfolgt ist (Abb. 64).

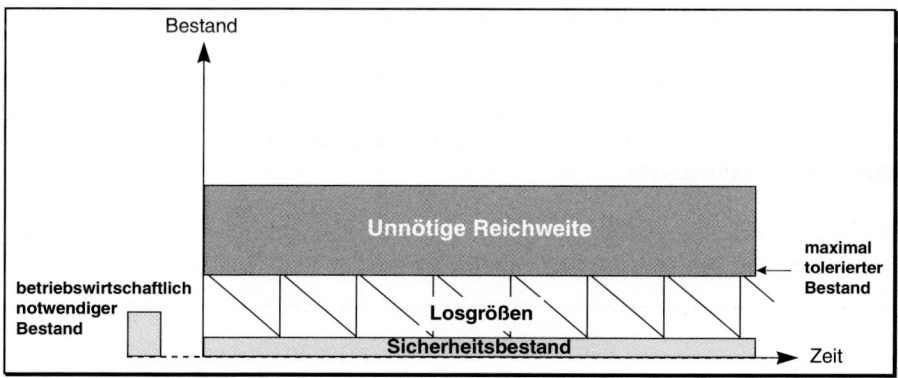

Abb. 64   Unsinnige Kapitalbindung durch unnötige Reichweiten

Nennen wir diesen Bestand den **maximal tolerierten Lagerbestand**.

Zum Auffinden der unnötigen Reichweiten und damit der unnötigen Bestände müssen wir also je Sachnummer nicht nur die absoluten Reichweiten errechnen lassen, sondern insbesondere die unnötigen Reichweiten:

$$\text{Unnötige Reichweite (Tage)} = \frac{\text{LBEST} - (\text{SIBE} + \text{DULO})}{\text{Tagesverbrauch}}$$

Dabei bedeuten:

LBEST: Lagerbestand
SIBE: Sicherheitsbestand
DULO: Durchschnittliche Losgröße

Jetzt kennen wir die unnötigen Reichweiten je Sachnummer, lassen diese absteigend sortieren und sprechen über die größten Ausreißer - der Wert ist wichtiger als die Reichweite - mit den verantwortlichen Disponenten. Wir suchen die Ursachen und beseitigen sie so, daß sie nie wieder vorkommen können. Dieses ist eine Aktivität, die Sie sofort realisieren können. Sie sorgt unmittelbar für niedrigere Vorräte.

18.3.4   Führungszahl 'Dispositionsqualität'

Im Kapitel „Aktives Bestandsmanagement" haben wir die Möglichkeit kennengelernt, ständig jenen Lagerbestand zu ermitteln, der aus betriebswirtschaftlicher Sicht eigentlich nur notwendig wäre, die von Ihrem Unternehmen geforderten Leistungen zu erbringen. Wir nannten diesen Bestand

den betriebswirtschaftlich notwendigen Bestand.

Jetzt ist es natürlich interessant, ob und um wieviel unsere tatsächlichen Lagerbestände (BEST) höher sind als der eigentlich notwendige. Daraus entsteht jetzt eine hochinteressante, von der Unternehmensführung mindestens monatlich zu betrachtende Führungszahl.

Sie ergibt sich als Quotient aus tatsächlichem Lagerbestand und betriebswirtschaftlich notwendigem Lagerbestand:

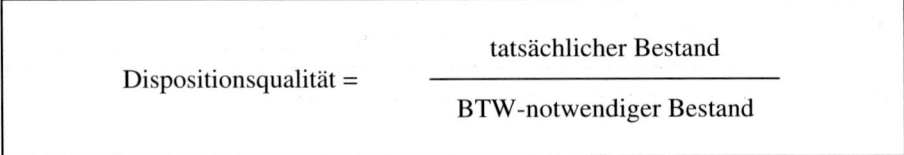

$$\text{Dispositionsqualität} = \frac{\text{tatsächlicher Bestand}}{\text{BTW-notwendiger Bestand}}$$

Diese Führungszahl ist bei der ersten Errechnung stets größer als 2,0. Das bedeutet: Wir haben mehr als doppelt so viele Vorräte am Lager als wir eigentlich benötigen.

Das PM hat nun die Aufgabe, gemeinsam mit den Fachbereichen die Ursachen der Überbestände aufzuspüren und sie zu beseitigen.

Wie schnell und gut das gelingt, sagt allen Interessierten

die Führungszahl „Dispositionsqualität".

Diese Betrachtung können Sie natürlich ebenfalls für jeden Disponenten anstellen um zu sehen, wie weit der einzelne vom Optimum entfernt ist.

In jedem Fall kennen Sie jetzt Ihren betriebswirtschaftlich notwendigen Bestand und brauchen sich nicht mit zweifelhaften Branchenkennziffern zu vergleichen.

18.3.5   Bestände im Rückstand

Der üblicherweise größte Verursacher unnötiger Bestände ist der hinreichend kritisierte Rückstand. Damit dieser ständig genau beobachtet werden kann, sollten wir dem PM aus der Simulation mitteilen lassen:

⇒ Wieviele Kunden- und Fertigungsaufträge stecken mit welchen Werten im Rückstand?

⇒ Wieviele Bearbeitungsstunden sind im Rückstand?

⇒ Wieviele TDM Kapital ist in jenen Vorräten gebunden, die im Rückstand stecken?

Spätestens die ertragsfressende, unnötige Kapitalbindung in den Rückständen wird den letzten Zweifler für die eingangs geforderte vorlaufende Ressourcenharmonisierung motivieren.

Bei vorlaufend harmonisierten Ressourcen verschwindet der Rückstand.

**Die Höhe des Rückstandes ist eine hervorragende Führungszahl,
die Qualität der PM-Arbeit zu beurteilen.**

18.3.6   Bestand ohne jeden Bedarf

Wie kann es sein, daß wir jede Menge Bestände ohne jeden Bedarf haben? Außer dem üblichen Sicherheitsdenken mit dem oft unerschütterlichen Glauben an große Lose finden wir den Hauptverursacher in der nicht grundsätzlich zu ändernden Ohnmacht des Verkaufs, den künftigen Absatz an Erzeugnissen zuverlässig vorauszusagen. Hier sei an das Bestandsrisiko zu langer Planungshorizonte erinnert.

Die so programmierten Abweichungen zwischen aktualisierten Absatzplänen und dem tatsächlichen Auftragseingang programmieren

- einerseits Fehlteile und
- andererseits Lagerhüter.

Sobald die Höhe dieser Bestände ohne Bedarf - oder besser: mit verlorenem Bedarf - in Mio. DM bekannt wird, gewinnen wir zusätzliche Freunde für

- kurze Liefer- und Durchlaufzeiten, die dieses Bestandsrisiko deutlich reduzieren (Abb. 14, S. 43) und
- vom AZ initiierte Anstrengungen, daß der Verkauf diese sonst zu verschrottenden Bestände in bisher verkaufbaren Erzeugnissen zu günstigen Konditionen in evtl. neue Märkte verkauft.

Einfallslos, dumm und teuer ist es, diese nicht mehr benötigten Vorräte bis zum Verschrottungstag liegen zu lassen.

18.3.7   Potential 'Sicherheitszeit'

Wer legt heute die Sicherheitsbestände oder - besser - Sicherheitszeiten fest? Klar ist:

**Ein Tag weniger Sicherheitszeit
entspricht einer Vorratsreduzierung
um einen ganzen Tagesverbrauch.**

Sobald diese Zahl bekannt wird, steigt das Interesse an der richtigen Gestaltung der Sicherheitszeiten. Erinnern Sie sich bitte an die verschiedenen Möglichkeiten, die Sicherheitszeiten marktgerecht zu gestalten.

18.3.8   Lagerhüteranalyse

Lassen Sie sich nicht nur zur Abwertung, sondern zur Ursachenforschung und evtl. doch noch ertragsrelevanten Verwendung alle Bestände geben, die z.B. länger als ein Jahr nicht verbraucht sind.

18.3.9   Der Wert nicht pünktlich gelieferter Bestellungen

In einem harmonisierten Leistungsprozeß führen zu späte Zulieferungen garantiert zu den gefürchteten Rückständen, sofern der Lieferverzug nicht durch entsprechende Sicherheitszeiten abgefangen ist.

Stellen Sie sich vor, ein KFZ-Zulieferer liefert Endmontageteile nur wenige Stunden später als gefordert. Das Montageband kommt zum Stillstand. Das kostet ihn viel Geld. Darum kommt es dort auch selten vor! Wie kann es sein, daß in Unternehmen anderer Branchen viele Zulieferungen um viele Tage oder gar Wochen zu spät kommen und trotzdem weiter produziert werden kann? Welche Sicherheitsbestände stecken dahinter?

Den Wert aller terminlich überfälligen Bestellungen sollten Sie aus mindestens zwei Gründen genau beobachten:

Überfällige Lieferungen

⇒ kosten das Unternehmen unnötige Kapitalbindung in Sicherheitsbeständen und

⇒ gefährden darüber hinaus unseren harmonisierten und synchronisierten, termintreuen Leistungsprozeß als unnötige Schnee- und Regenereignisse.

Sobald Sie in einer nicht harmonisierten Unternehmung feststellen, welcher Bestellwert in der Vergangenheit liegt, werden Sie erschrecken. Denn: Um genau diesen Wert würde Ihre Kapitalbindung nochmals höher sein, wenn Ihre Lieferanten alle pünktlich liefern würden.

Sobald Sie sich von diesem Schrecken erholt haben, können Sie aus diesem Wert einen Teil Ihres erheblichen Bestandssenkungs-Potentials erkennen. Denn: Eigentlich dürfte Ihre Produktion nicht fertigen können bei so vielen verzögerten Zulieferungen. Wenn doch, dann läßt das eben auf viel zu hohe Sicherheitsbestände und Rückstände - diese haben hier dieselbe Wirkung - schließen.

18.3.10   Anzahl Rahmenverträge

Nicht immer empfindet der Einkauf dieselbe Marktorientierung wie sie für den Verkauf lebenswichtig und selbstverständlich ist.

Wir haben bereits die ertragsrelevante Bedeutung kürzerer Lieferzeiten und kleinerer Lose herausgearbeitet.

Beides und sogar noch günstigere Preise sind mit Rahmenverträgen erreichbar. Deswegen lassen Sie sich vom Einkauf angeben, für wieviele Sachnummern aller lagermäßig geführten Zukaufteile es Rahmenverträge welcher Art gibt. Vereinbaren Sie mit ihm Termine, zu denen eine definierte Anzahl weiterer Rahmenverträge abgeschlossen sind.

18.3.11   Reichweite freigegebener Fertigungsaufträge

Freigegebene Fertigungsaufträge haben Frozen-Zone-Charakter. Obwohl der Markt schnellstmögliches Agieren, zumindest aber Reagieren erfordert, ändert der Betrieb logischerweise ungern bereits freigegebene Aufträge.

Schon deshalb müssen wir versuchen, Fertigungsaufträge mit ihren Unterlagen so spät wie möglich in den Betrieb zu geben. Unsere beschriebene Organisation der Arbeitsvorräte entschärft dieses Thema ganz erheblich. In jedem Fall sollten wir die Reichweite und das Arbeitsvolumen der freigegebenen Fertigungsaufträge genau beobachten, um sowohl die Reichweite als auch das Volumen möglichst klein zu halten.

18.3.12 Durchlaufzeiten und Wertschöpfung

Wie eingangs festgestellt, ist der Wertschöpfungsanteil an den Durchlaufzeiten für Kundenaufträge und Materialien mit meistens deutlich weniger als 5 % beklagenswert niedrig und stellt damit <u>die</u> Ertragsreserve in Ihrem Unternehmen dar.

Zur ständigen Erfolgsbewertung der verbesserten Organisation und Motivation für alle Beteiligten sollte das inzwischen erreichte Wertschöpfungsverhältnis monatlich neu errechnet und der Unternehmensführung mitgeteilt werden.

18.4   Die richtige Dispositionsart

Für die ertragsmaximierende Disposition unserer Vorräte haben wir verschiedene Dispositionsarten zur Verfügung wie

⇒ Mindestbestand,

⇒ verbrauchsgesteuerte (stochastische) Disposition,

⇒ bedarfsgesteuerte (deterministische) Disposition und

⇒ die Disposition durch den Disponenten selbst (heuristisch).

Pro Sachnummer kann unter bestimmten Umfeldbedingungen immer nur eine Dispositionsart die beste sein.

**Welche Sachnummer soll also
mit welcher Dispositionsart disponiert werden?**

Schauen wir uns dazu zunächst einmal die Dispositionsarten näher an:

18.4.1 Mindestbestand

Einfache Methode: Immer wenn dieser, wie auch immer definierte Bestand unterschritten ist, wird eine meistens fest definierte Losgröße nachbestellt. Diese Methode ist früher bei der Karteikartendisposition auch für die „Bestellpunkt"-Disposition verwendet worden. Mindestbestände sind programmierte Verschrottungsbestände. Deswegen ist diese Methode heute nur noch geeignet und gerechtfertigt für:

• Ersatzteile für eigene Anlagen (Wartung),

• Exotenteile und -Erzeugnisse, die sich der Verkauf leisten will, sowie

• Schüttgüter geringsten Wertes.

18.4.2   Die verbrauchsgesteuerte Bedarfsermittlung

Vorhersagemodelle ermöglichen eine statistische Bedarfsvorhersage. Sie basiert auf dem bisherigen Verbrauchs- oder künftigen Bedarfsverlauf einer Sachnummer. Ein einfaches, leistungsfähiges Vorhersagemodell ist die 'exponentielle Glättung erster Ordnung'.

Zur Ermittlung der neuen Bedarfsvorhersage wird die Differenz zwischen der Vorhersage und dem tatsächlichen Verbrauch der letzten Periode mit einem Glättungsfaktor ALPHA bewertet und der alten Bedarfsvorhersage zugeschlagen nach der Formel:

Aktuelle Vorhersage = VA + ALPHA (T - VA)

Dabei bedeuten:

VA   =   Alte Vorhersage, bisher gültig
ALPHA   =   Glättungsfaktor (0,1 bis 0,3)
T   =   Tatsächlicher Verbrauch in der soeben vergangenen Periode
              (meistens 10 Arbeitstage)

Dieses Prognoseverfahren benötigt nur wenige Informationen, ist für jeden Anwender einfach nachzuvollziehen und äußerst effizient. Unterschiedliche ALPHA-Werte verändern die Sensibilität der Vorhersage. Bei starken Verbrauchsschwankungen wird eine geringe Sensibilität (kleines Alpha) verlangt, wie die Abb. 65 mit dem ALPHA = 0,1 zeigt.

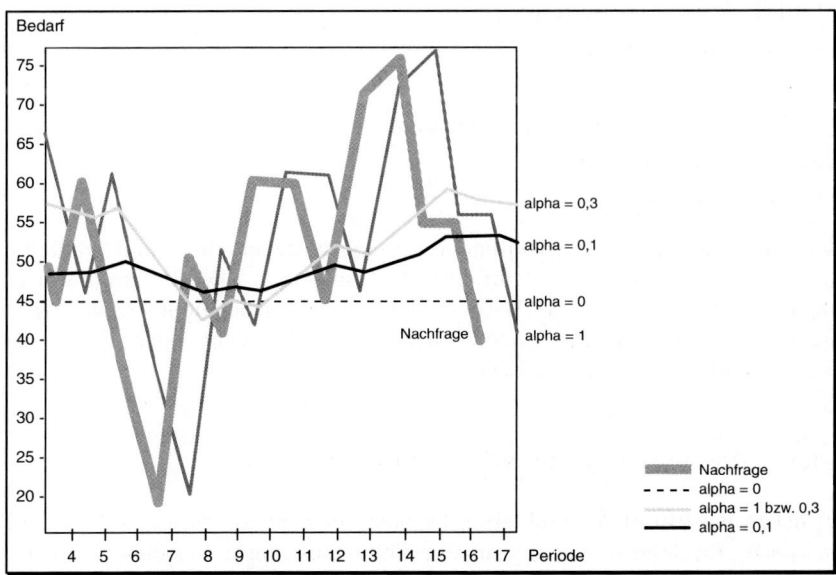

Abb. 65 Vorhersage mit verschiedenen Glättungsfaktoren

Bei geringen Verbrauchsschwankungen sollte die Sensibilität stärker (großes Alpha) sein, um Trends schneller folgen zu können.

Zur Entlastung der Disponenten sollte der Glättungsfaktor ALPHA vom EDV-Programm automatisch dem aktuellen Verbrauchsverhalten angepaßt werden. Es gibt sehr komplizierte Prognoseverfahren. Die Praxis zeigt, daß jede Prognose ungenau ist und im Einzelfall nur zufällig richtig liegt. Deshalb empfehlen wir dieses einfache Verfahren nach der alten Weisheit:

„In nichts erkennt man Unkenntnis mehr als in unnötiger Genauigkeit."

Die exponentielle Glättung erster Ordnung eignet sich gut für alle Sachnummern mit hohem Verbrauch, geringer Verbrauchsschwankungen und niedrigen Werten. Mangels Alternative wird es häufig auch für die Prognose zur Absatzplanung herangezogen.

Mit einem festen Glättungsfaktor Alpha von 0,1 eignet sich dieses Prognoseverfahren hervorragend, zusätzlich Durchschnittsbestände, Durchschnitts-Losgrößen usw. periodisch fortzuschreiben.

Sofern Sie ein Prognoseverfahren für den künftigen Bedarf von Sachnummern verwenden, sollte Ihnen das EDV-Programm herausfiltern, welche Ihrer Sachnummern überhaupt prognosefähig sind. Es ist z.B. unsinnig, den Bedarf einer Sachnummer prognostizieren zu wollen, die im ganzen letzten Jahr nur wenige Male vom Lager entnommen wurde.

Kriterien für die Prognosefähigkeit sind z.B.:

* Verbrauchswert (ABC-Klasse)
* Verbrauchsschwankungen (XYZ-Klasse)
* Verbrauchshäufigkeit
* Preis bzw. Herstellkosten der Sachnummer
* Beschaffungs-/Herstellzeit
* Neue Sachnummer

Soweit Sachnummern ausschließlich verbrauchsgesteuert disponiert werden sollen, können diese Prognosen natürlich sofort im selben EDV-Programm in einer einfachen Nettobedarfs- und Bestellrechnung zu Dispositionsvorschlägen wie Bestellungen, Mahnungen, Umterminierungen auf früher oder später sowie Teilstorni und Storni endgültig bearbeitet werden.

18.4.3   Die bedarfsgesteuerte Bedarfsermittlung

Hier haben wir es mit der exaktesten Dispositionsmethode zu tun, sofern die Primärbedarfe, die über Stücklisten in ihre Sekundärbedarfe ausgelöst werden, aus echten Kundenaufträgen bestehen.

Sind die Primärbedarfe auf der Basis von Prognosen entstanden, wird mit der bedarfsgesteuerten Bedarfsermittlung nur eine gefährliche Scheingenauigkeit vorgetäuscht.

In diesem Fall ist dann die verbrauchsgesteuerte Disposition der Zukaufteile und Komponenten dieser Scheingenauigkeit vorzuziehen. Denn die Prognose ist auf der Erzeugnisebene wegen des hohen Wertes der Erzeugnisse gefährlich und wegen der begrenzten Verbrauchshäufigkeit unsicher. Die Prognose-Eignung wird auf den unteren Fertigungsstufen ständig besser, weil

- die Verbrauchshäufigkeit dort ständig zunimmt und
- das Prognoserisiko wegen der geringeren Preise und Herstellkosten auf den unteren Wertschöpfungsstufen viel geringer ist (Abb. 66).

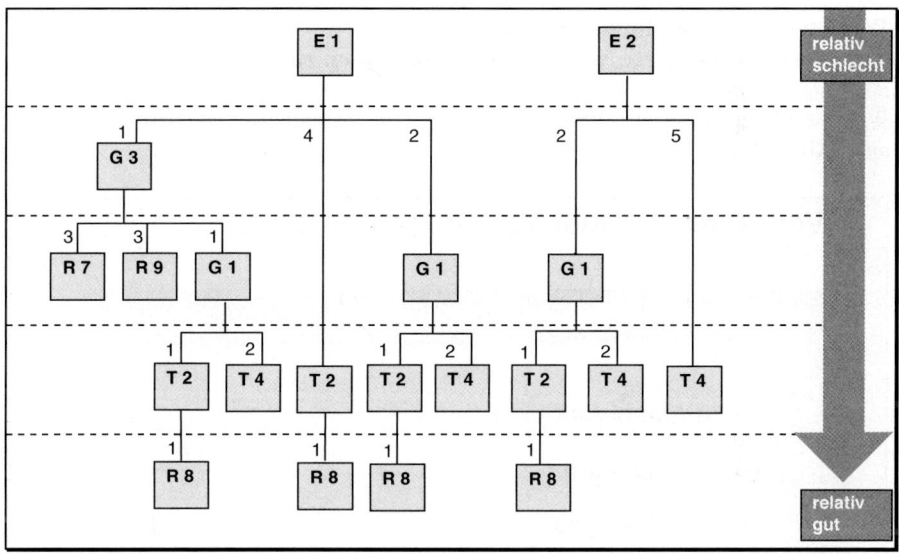

Abb. 66 Prognoseeignung

18.4.4   Die heuristische Disposition durch den Disponenten

In Einzelfällen wie

- neue Sachnummer,
- Lieferzeit länger als Planungshorizont,
- teures Teil mit extremen Verbrauchsschwankungen (AZ-Teil),

sollte sich der beste Disponent die Bedarfsermittlung persönlich vorbehalten. Seine Kenntnisse und Einschätzungen sind der EDV-Logik in diesen Einzelfällen weit überlegen.

18.4.5   Auswahl der geeigneten Dispositionsart

Wichtig ist, daß Ihr EDV-Programm nach von der Disposition definierten Kriterien (Bedingungen) ständig herausfiltert, welche Sachnummern mit welcher Dispositionsart disponiert werden sollten. Periodisch sollte Ihr EDV-Programm nach von Ihnen festgelegten Kriterien überprüfen, ob die bisherigen Zuordnungen der einzelnen Sachnummern zu den Dispositionsarten noch zutreffen und bei Abweichungen der ermittelten von der praktizierten Dispositionsart den Disponenten entsprechende Dispositionswechsel vorschlagen.

Um bei Vorliegen bestimmter Bedingungen zu gewollten Maßnahmen zu finden, eignet sich die Entscheidungstabellentechnik sehr gut. Es geht hier immer um „Wenn ... , dann ... -Entscheidungen“:

Wenn bestimmte Bedingungen vorliegen,
dann sind vordefinierte, vereinbarte Maßnahmen zu treffen.

Wie Sie als Autofahrer: Wenn die Bedingung 'Ampel rot' ist, dann 'halten Sie an'. (Abb. 67).

- Verhalten an einer Verkehrsampel -

		Qualitativer Teil		Quantitativer Teil	
Bedingungen	wenn Ampel rot	J	–	–	–
	wenn Ampel grün	–	J	–	–
	wenn Ampel gelb			J	J
	wenn Polizei da	U+	U+	J	N
Maßnahmen	dann fahren		X		X
	dann halten	X		X	

Abb. 67   Entscheidungstabellentechnik

Abhängig von den Ergebnissen z.B. der ABC- und XYZ-Analyse sowie weiteren relevanten Kriterien (Abb. 68), teilt die Entscheidungstabelle die einzelnen Sachnummern zur Entlastung der Disponenten den möglichen Dispositionsarten zu, wie:

- Mindestbestand,
- stochastisches Verfahren,

- deterministisches Verfahren,
- Disposition durch Sachbearbeiter.

Bedingungen:	R1	R2	R3	R4	R5	Rn
Stücklistenteil?						
Prognosefähig?						
Basis Kundenauftrag?						
Verbr.-Häufigkeit/Pers.						
Preis in DM						
ABC-Klasse						
XYZ-Klasse						
Besch.Zt. > 0,8 Pl.Hor. ?						
Besch.Zt. < 5 Tage ?						
Service-Klasse						
Maßnahmen:						
Mindestbedarf						
verbrauchsgesteuert						•
bedarfsgerecht						
Disponent						

Abb. 68   Ermitteln gewollter Bedarfsermittlungsart per System

Die Kriterien und Grenzwerte können dem EDV-Programm von der Disposition mit Hilfe einer Entscheidungstabelle ohne große Schwierigkeiten mitgeteilt werden.

Der Disponent weiß am besten, bei welchen Bedingungen welche Dispositionsart zum Einsatz kommen soll. Der Disponent kann natürlich die automatische Zuordnung für einzelne Sachnummern übersteuern. Er trägt die Verantwortung.

Mit dieser einfachen Logik ist ab sofort sichergestellt, daß jede Sachnummer stets nach der für sie am besten geeigneten und für das Unternehmen wirtschaftlichen Bedarfsermittlungsart disponiert wird. Das geschieht dann weitgehend automatisch. Der Disponent ist von dieser Routinearbeit frei und kann sich auf lohnendere Vorhaben zur Ertragssteigerung Ihres Unternehmens konzentrieren.

19　Ihre Mitarbeiter als Unternehmer

Der gegenwärtige und - noch stärker - der künftige Wettbewerb wird zeigen, daß jenes Unternehmen im Markt und Ertrag die Nase vorn hat, welches das Ideen- und Produktivitätspotential seiner Mitarbeiter durchgängig über alle Hierarchiestufen am besten zu nutzen weiß. Edward de Bono stellt sicher zutreffend fest:

> **„In Zukunft wird die Kreativität eines Unternehmens über seinen Erfolg entscheiden."**

Der Mensch im Unternehmen ist der einzige Produktionsfaktor mit Kreativitäts- und Problemlösungspotential. Wie gehen wir damit um?

19.1　Ursachen begrenzter Produktivität und hohen Krankenstandes

Hier soll nur auf die mitarbeiterbezogenen Ursachen eingegangen und beispielsweise die wesentlichen Sünden wider die Menschen aufgezeigt werden.

19.1.1.　Die Hierarchie erdrückt Ideen

Hierarchien lassen die Wertschöpfer oft verzweifeln. Selbst erlebtes Beispiel:

Als Maschinenschlosser-Lehrling machte ich in meinem Berichtsheft einen simplen, konstruktiven Verbesserungsvorschlag. Das führte dazu, daß ich erstmals den zuständigen Konstruktionsleiter zu sehen bekam. Er fragte mich, ob ich oder er für die Konstruktionen verantwortlich sei. Die Kollegen machten sich über meine Naivität lustig. Niemand stand mir zur Seite. Für mich war sofort klar: 'In dieser Firma machst Du keinen Verbesserungsvorschlag mehr!'

Welche Motivation ein erfahrener Wertschöpfer auf der Hierarchie-Ebene 4, 5 oder gar 6 hat, noch einmal einen Verbesserungsvorschlag zu wagen, kann man sich gut vorstellen.

Institutionalisierte, in Abständen tagende Verbesserungsvorschlagskommissionen versuchen trotz hoher Prämienangebote mit begrenztem Erfolg, das Wissen der Basis für höhere Produktivität und bessere Qualität zu nutzen.

Wer selbst einmal an der Basis gearbeitet hat, kennt die psychologischen Hindernisse, sich offen mit Verbesserungsvorschlägen zu artikulieren.

19.1.2   Die praktizierte Entlohnung

In einer von Mißtrauen geprägten Kultur sind natürlich Leistungsanreize über z.B. Akkordentlohnung erforderlich, damit die zu erledigenden Arbeiten einigermaßen effizient erbracht werden. Dabei weiß jeder, der einmal im Akkord oder ähnlicher Leistungsentlohnung gearbeitet hat, welche vom Leistungslohn verdeckten Potentiale unserer Mitarbeiter für das Unternehmen ungenutzt bleiben.

Die Spielregeln sind programmiert:

- Für zu knappe Vorgabezeiten klagt man mit Erfolg längere ein.
- Bei zu großzügig vorgegebenen Zeiten rechnet man einen Leistungsgrad ab, mit dem man nicht auffällt.

Nicht auszudenken, wenn ein Mitarbeiter auf die Idee käme, mit seinem Verbesserungsvorschlag eine Reduzierung der Vorgabezeiten zu bewirken! Wie werden seine Kollegen mit ihm umgehen?

Obwohl es bei den Wertschöpfern an der Basis unendlich viele Ideen für schnellere, bessere und kostengünstigere Leistungserbringung gibt, kommen sie systembedingt kaum an die Oberfläche.

Machen wir uns doch nur einmal die ertragsfressende Tatsache klar, daß viele pfiffige Wertschöpfer längst über Werkzeuge und Vorrichtungen für bessere Produktivität verfügen, von denen die institutionalisierte Arbeitsvorbereitung gar nichts weiß. Sie setzen diese leider nur ein, um den vom Unternehmen 'tolerierten' Leistungsgrad leichter zu erreichen.

Sie agieren für sich bereits heute absolut unternehmerisch, nämlich: Mit möglichst wenig Aufwand möglichst viel Geld verdienen. Leider entspricht dieses ihnen aufgezwungene Verhalten nicht Ihren Unternehmenszielen.

Wir dürfen durchaus feststellen: Der üblicherweise praktizierte Leistungslohn zwingt den Wertschöpfer dazu, dem Unternehmen einen Teil seiner Leistungsfähigkeit vorzuenthalten.

Mehr oder weniger offene Zeitaufnahmen dokumentieren überzeugend die Mißtrauenskultur im Unternehmen. Dabei ist besonders interessant, daß dieses Mißtrauen (Stoppuhr und Akkordsysteme) ausschließlich die ständig weniger werdenden Wertschöpfer trifft.

Was ist mit der Effizienz der sogenannten Gemeinkosten-Mitarbeiter? Das sind inzwischen oft viel mehr Mitarbeiter als Sie reine Wertschöpfer im Leistungslohn beschäftigen. Wie stellen Sie also die Leistung der Gemeinkosten-Mitarbeiter sicher?

Wer ausgerechnet seine Wertschöpfer mit dokumentiertem Mißtrauen kontrolliert und die Wertschröpfer - also die GMK-Mitarbeiter - laufen läßt, muß der sich wundern, wenn seine Wertschöpfer in seinem Unternehmen längst die

freizeitorientierte Schonhaltung

praktizieren, damit sie dann in ihrer Freizeit erstaunliche Leistungen bringen können?! Haben Sie sich schon einmal dafür interessiert, was Ihre Mitarbeiter in ihrer Freizeit leisten? Sie werden überrascht sein.

Beobachten Sie einmal, wie Ihre Mitarbeiter bei Schichtbeginn durch das Werkstor bummeln. Schauen Sie sich dann dieselben Menschen an, wie beflügelt sie nach der 'schweren' Arbeit bei Schichtende Ihr Werk verlassen.

Und dann fragen Sie sich, ob Sie diesen wertvollen Mitarbeitern nicht ein soziales und organisatorisch so interessantes Umfeld schaffen wollen, daß Ihre Mitarbeiter mit zunehmender Begeisterung in Ihrem Unternehmen wirken.

19.2   Der Weg zu deutlich besserer Produktivität

Wir wissen, daß es im Unternehmen viele gute Ideen zur Verbesserung von Herstellungsverfahren und Ablauforganisationen gibt. Also müssen wir ein Klima, eine Motivation, eine Kultur schaffen, die dieses Wissen automatisch an die Oberfläche spült.

Der in diesem Buch beschriebene Weg ist dafür vorzüglich geeignet, denn:

- Die Prozeß-Mitarbeiter gruppieren sich zu kleinen Unternehmern, zu den sogenannten Davids. Sie werden endlich nachhaltig und dauerhaft aufgewertet.
- Alle Mitarbeiter bekommen ein unternehmerisches Entlohnungssystem, mit dem sie bei mehr Arbeitsfreude mehr Geld verdienen können.
- Die Aufbauorganisation wird flacher, der Weg des Mitarbeiters zur obersten Entscheidungsinstanz wird verkürzt.
- Das PM initiiert immer wieder Arbeitstreffen für das Finden und Ausmerzen ganz besonderer Schwachstellen. Hier sind alle Hierarchieebenen vertreten. Jeder Mitarbeiter wird dort ernst genommen.
- Durch die ständige Transparenz des Leistungsprozesses und die vorlaufend gesicherte termintreue Machbarkeit aller Aktivitäten entwickelt sich eine versachlichte, von steigendem gegenseitigem Vertrauen getragene Unternehmenskultur.

- Die für das bisherige Chaos-Management benötigte Energie, insbesondere der ersten Führungsebene (z.B. der Meister), wird frei für die persönliche und fachliche Betreuung der Mitarbeiter.

- Es sollte ein Entlohnungssystem realisiert werden, das die kleinen Unternehmer für die Verbesserungen unternehmerisch belohnt.

Die Wertschöpfer als kleine Unternehmer

Stellen Sie sich bitte vor, Sie fassen Ihre Prozeßtreiber in Gruppen zusammen, die für bestimmte Einzelleistungen verantwortlich sind. Dann ergibt sich auf dem Leistungs-Ypsilon eine Kette von Gruppen, unsere Davids, die sich im Kunden-/Lieferanten-Verhältnis gegenseitig zuliefern (Abb. 48, S. 125). Aufgrund der Spielregeln mit dem PM weiß jede Gruppe, daß sie ihren terminierten Arbeitsvorrat schaffen wird. Jede Gruppe ist auch für die Qualität ihrer Leistungen verantwortlich.

Stellen Sie sich vor, eine Gruppe liefert der nächsten - ihren im Wettbewerb stehenden Kollegen - schlechte Qualität. Sie werden sich die Selbsterziehungskräfte vorstellen können.

Die Gruppen organisieren sich selbst. Es ist ihnen z.B. überlassen, wer in jeder Gruppe welche Einzelarbeit erledigt.

Die ideale Gruppengröße wird immer wieder mit 5-10 Personen angegeben. Hier kann aber getrost abgewichen werden. Das viel Wichtigere ist die Motivation fördernde Erkenntnis der Basis: „Man nimmt uns wirklich ernst als wertvolle Partner, die jene Leistungen erbringen, die unser Unternehmen erfolgreich machen."

Eine Gruppe kann aus einer Person bestehen - ein einziger absoluter Spezialist - oder aus 20 und mehr Mitarbeitern, z.B. als Montagegruppe.

Der Sprecher der Gruppe kann von dieser Gruppe gewählt werden. Er ist nicht der Personalverantwortliche für die Gruppen-Mitarbeiter. Er arbeitet wertschöpfend wie seine Gruppenkollegen. Er ist ihr Sprecher und der Ansprechpartner für das PM.

Sportlicher Wettbewerb belebt das Geschäft. Jede Gruppe möchte die beste sein. Es entwickelt sich ein die Gruppen motivierender Wettbewerb im Unternehmen.

Bilden Sie die Gruppen intelligent, prozeßorientiert, durchaus über heute bestehende Abteilungsgrenzen hinaus!

Wenn Sie z.B. erkennen, daß acht Mitarbeiter ein Produkt von der Materialbereitstellung bis zur Fertigstellung ganz allein herstellen können, bilden Sie diese Gruppe! Sie ist beispielhaft für Ihre prozeßorientierte Organisation. Beachten Sie dabei, daß dieser David überwiegend eigene Ressourcen (Maschinen, Werkzeuge,...) zur Verfügung hat.

Diese Idee kann äußerst interessant für Serienfertiger sein, die immer wieder einzelne Varianten und Sondererzeugnisse in Auftrag nehmen. Bringen Sie Ihre hocheffiziente Serienfertigung damit nicht durcheinander, sondern bilden Sie einen David für Sondererzeugnisse. Dort darf der Konstrukteur seine Ideen gern als einfache Skizzen an seine Spezialisten geben.

Bei der Gruppenbildung passiert es immer wieder, daß Sie z.B. für Konstrukteure und Arbeitsplaner selbständige Gruppen bilden. Die Konstruktionsgruppe liefert dann den Arbeitsplanern zu. Überlegen Sie, was das mit prozeßorientierter Gruppenbildung zu tun hat.

Nutzen Sie die Chance, Konstrukteure und Arbeitsplaner in Gruppen zusammenzufassen. Sie kennen die Vorteile, die sich nicht nur in Zeitgewinn, Kostensenkung und Qualität erschöpfen.

Die Davids stehen jetzt durchaus auch im Wettbewerb zu externen Leistungsanbietern. Damit lassen wir automatisch zunehmend marktwirtschaftliches Denken und Handeln in unser intern ansonsten planwirtschaftlich geführtes Unternehmen hinein.

Ihre Mitarbeiter - insbesondere die engagierten - werden in diesen Davids auch wegen des Wettbewerbs aufblühen. Sie werden Verbesserungsvorschläge machen, deren Zahl und Qualität Sie überraschen wird.

Herr Niefer, leider inzwischen verstorbener Aufsichtsrat von Daimler-Benz, erklärte dazu bereits im Juli 1992:

„Aus den Arbeitsgruppen hören wir heute Dinge, die wir früher nie erfahren hätten. Monotonie läßt Menschen nicht nur in die Routine flüchten, sondern auch in die Krankheit."

Sie werden sich auch auf eine geringere Abwesenheitsquote einstellen können, da die Arbeit in der Gruppe mehr Spaß macht, und der einzelne durchaus Verantwortung für seine Gruppe empfindet.

Wenn Sie eines Tages von dem Vorschlag einer Gruppe überrascht werden, daß diese sich wirklich selbständig machen will und Ihnen ihre Leistungen viel billiger anbieten will als Sie sie heute mit Ihren Gemeinkosten-Zuschlägen abrechnen, dann sind Ihre Mitarbeiter auf dem richtigen Weg. Ihre Organisation entwickelt sich in diesem Punkt systembedingt genau richtig marktwirtschaftlich.

Diese Mitarbeiter werden mit ihren Ressourcen ab sofort anders umgehen und Möglichkeiten finden, diese zusätzlich umsatzbringend für Dritte einzusetzen.

Als David tun sie genau das, was der Goliath kaum mehr zustande bringt.

19.3   Die unternehmerische Entlohnung aller Mitarbeiter

Die ganze Welt beneidet uns um die gute Ausbildung unserer Menschen, unser 'Human Capital'. Unsere freiheitliche Erziehung fördert die Kreativität jedes einzelnen von uns. Viele Basisinnovationen kommen nach wie vor aus dem Westen.

Welche Anreize geben wir den Mitarbeitern in unserem Unternehmen, ihre vielen Ideen zu artikulieren? Haben wir ein Innovationsklima in unseren Unternehmen?

Wir hatten bereits festgestellt, daß die herkömmliche Leistungsentlohnungen dazu nicht taugen.

Sie werden sehen:

Sobald Sie die ersten Schritte zum intelligenten Unternehmen realisiert haben, wird klar, daß Sie ein Entlohnungssystem schaffen sollten, welches die Entwicklung der Davids zu erfolgreichen Unternehmen nachhaltig unterstützt und auch alle anderen Mitarbeiter anreizt, sich den Unternehmenszielen entsprechend zu engagieren.

Wir müssen Kriterien finden, welche die Wertschöpfer zu ihrem eigenen Vorteil ermuntern, folgende Ziele zu verfolgen. Daran sollen sie auch finanziell teilhaben:

- Jeder David soll seine Leistungen termintreu erbringen. Doch Achtung! Bewerten Sie diesen Verdienst nicht zu hoch.

Nach den Spielregeln zwischen dem PM und den Davids ist es für die Davids kein besonderes Verdienst, sondern der Normalzustand, daß sie die vorher auf Machbarkeit geprüften Termine halten.

- Der David ist für seine Qualität verantwortlich. Fehlerhafte Produkte bewirken einen Malus. Sofern er die Qualität durch Nacharbeit wieder darstellen kann, kann der David den Malus zusätzlich durch Mehrarbeit vermeiden.
- Die Durchlaufzeiten in seiner Gruppe kann der David durch Verkürzung der Übergangszeiten oder gar Überlappungen minimieren, sofern er mehr als einen Arbeitsgang in seiner Gruppe durchführt. Der David meldet die kürzere Durchlaufzeit an das PM, das ab sofort auf dieser Basis plant und steuert.
- Die Prozeßzeiten seiner Arbeiten kann er durch mehr Fleiß, noch stärker aber durch bessere Abläufe, Vorrichtungen, Werkzeuge oder gar Vorschläge für Umkonstruktionen verkürzen.

Die jetzt systemimmanente Rückkopplung aus der Herstellung an die Konstruktion und Arbeitsplanung bedeutet, daß einmal fertiggestellte Konstruktionen inkl. Arbeitsplänen einem ständigen Verbesserungsprozeß derjenigen unterliegt, die vor Ort erkennen, was einfacher gemacht werden könnte.

Das bedeutet

eine deutliche Entlastung der indirekten Bereiche bei ständigen ertragsstärkenden Qualitäts- und Verfahrensverbesserungen.

Was muß also unser Ziel sein?

Wir müssen einen Weg finden, der es Ihren Mitarbeitern zur Freude macht, ihre vielen Kenntnisse und Ideen für den Erfolg Ihres Unternehmens einzubringen.

Der Prozeß der Produktivitätssteigerung inkl. Kostensenkung soll gestartet und permanent in Gang gehalten werden. Die Begeisterung für ständige Verbesserungen soll geweckt und erhalten werden.

19.3.1   Der Lösungsweg im intelligenten Unternehmen

Die harmonisierten Arbeitsplätze (Davids) liefern sich im Kunden-/Lieferantenverhältnis gegenseitig termintreu zu. Die Davids sollen als kleine Unternehmer agieren und ihre Arbeit selbst organisieren.

Die Prozeß-Simulation belastet die Kapazitäten aller Arbeitsplätze mit den bisher benötigten Zeiten (Vorgabezeit x Leistungsgrad). So werden drohende Engpässe von der Simulation zum frühestmöglichen Zeitpunkt erkannt. Sie werden beseitigt, bevor sie Rückstände verursachen können.

Warum dieses wichtig ist, wird auf den folgenden Seiten noch einmal deutlich.

Wir wollen, daß die Arbeitsgruppen wie Unternehmer bezahlt werden. Ideen, die dem Unternehmen mehr Ertrag bringen, sollen moratlich belohnt werden.

Sie zahlen Ihren Mitarbeitern monatlich jenen Betrag als Festeinkommen weiter, den sie z.B. in den letzten 12 Monaten durchschnittlich bekommen haben. In der Monatsabrechnung werden Sie bei den Arbeitern den Tarifanteil getrennt ausweisen, die Differenz zum Monatseinkommen nennen wir die 'Marktpreiskomponente' (Abb. 69).

Ein Leistungsabfall kann nicht eintreten, weil Sie und Ihr Betriebsrat in Ihrer Betriebsvereinbarung dokumentiert haben:

Alle Arbeitsplätze realisieren dieselben Zeiten wie bisher und bringen damit dieselbe Leistung.

Die Sicherung dieser zugesagten Leistung erreichen Sie, da das PM mit der Prozeß-Simulation die notwendigen Kapazitätsbedarfe ermittelt und diese im Dialog mit den Davids vereinbart. Ein Leistungsabfall ist unter diesen Umständen schon logisch nicht möglich.

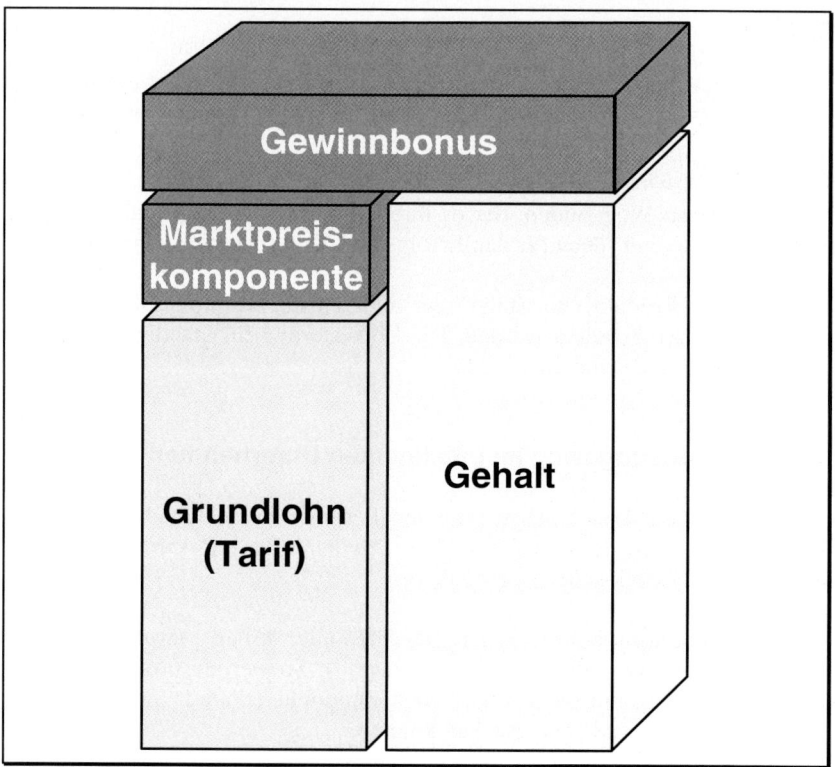

Abb. 69 Module des Entlohnungssystems

Zum Grundgehalt und der Marktpreiskomponente kommt der hochinteressante Gewinnbonus (Abb. 69). In der Betriebsvereinbarung legen Sie fest, daß monatlich Gewinnboni an jene Mitarbeiter inkl. Fach- und Führungskräfte gezahlt werden, die ertragsrelevante Verbesserungen realisiert haben.

Die Ertragswirkung wird in DM errechnet und den Mitarbeitern des Teams monatlich anteilig gutgeschrieben.

Beispiel:

Eine Gruppe von vier Mitarbeitern erklärt, daß sie ab sofort nicht mehr zehn Minuten, sondern nur noch acht Minuten für eine definierte Leistung (z.B. einen Arbeitsgang) benötigt. Die Kostenersparnis ist leicht zu errechnen. Üblicherweise wird diese dem Viererteam zunächst zu einem Drittel vergütet. Zu welchem Anteil jeder einzelne der Gruppe von diesem Drittel profitieren, legt die Gruppe selbst fest.

An jedem Monatsende ist in Ihrer EDV bekannt, wieviele Stücke hergestellt worden sind. Für die monatliche Gehaltsabrechnung (Abb. 70) können für jeden Mitarbeiter seine Boni leicht ausgerechnet werden.

Bruttolohn-Abrechnung:	
Name: David Mustermann	
1. Grundlohn (Tarif)	**2.560,00**
2. Marktpreiskomponente	**840,00**
3. Gewinnbonus 317 3.120 Stück á 0,10 DM	**312,00**
4. Gewinnbouns 381 1.200 Stück á 0,20 DM	**240,00**
Bruttolohn:	**3.952,00**

Abb. 70   Die einfache Bruttolohnabrechnung

In welchen Stufen über welche Zeit dieser Bonusanteil gezahlt wird, ist für die Betriebsvereinbarung auszuhandeln. Der Bonus-Prozentsatz beginnt in der Regel bei 30 % und nimmt über den künftigen Zeitraum ab, bis er nach 12 bis 18 Monaten Null erreicht.

19.3.2   Nutzen dieses Entlohnungssystems

Können Sie sich vorstellen, was Ihren Mitarbeitern jetzt alles einfällt, die Kosten in Ihrem Unternehmen zu senken und die Produktivität zu erhöhen? Einige typische Beispiele:

- Sehr schnell werden die zu großzügig ermittelten Vorgabezeiten auf die wirklich machbaren reduziert. Die Stoppuhr wird überflüssig. Sie finden systemimmanent zu den geringst möglichen Vorgabezeiten. Nicht nur Ihren Kalkulationen tut das gut. Zeitnehmer werden frei.
- Die Konstruktion wird von den Prozeß-Mitarbeitern gedrängt, fertigungsgerechter zu konstruieren, um schneller zu werden. Die pfiffigen Konstrukteure werden vermehrt in der Fertigung gesehen und erhalten ebenfalls ihren Bonusanteil.
- Es werden Werkzeuge und Vorrichtungen offengelegt und neue ausgedacht, weitere Zeiten zu sparen.
- Stillstandszeiten an Engpaß-Maschinen werden massiv angegangen.

- Ihre Mitarbeiter achten frühzeitig darauf, daß die ihnen anvertrauten Maschinen und sonstige Betriebsmittel durch bessere Pflege, vorbeugende Instandhaltung usw. eine möglichst hohe Nutzungsdauer haben.
- Wertschöpfer übernehmen GMK-Arbeiten, während ihre Maschinen laufen.
- Meister erklären, daß sie für ihren Verantwortungsbereich die Durchlaufzeiten um z.B. fünf Tage senken und erhalten als Führungskräfte ihren Bonusanteil.
- Disponenten kommen mit kürzeren Liegezeiten in den Lagern aus, ohne die Versorgung zu gefährden.

Was haben Sie sonst noch von diesem Entlohnungssystem?

- Der Aufwand für die Bruttolohnabrechnung geht auf fast Null zurück.
- Der Krankenstand sinkt. Unternehmer sind weniger häufig 'krank' als vom Mißtrauen verfolgte Leistungsbringer.
- Der Führungsaufwand wird viel geringer, weil zumindest in diesem für die Mitarbeiter wichtigen Bereich der Bezahlung die Ziele der Mitarbeiter mit den Unternehmenszielen identisch sind.

Im ganzen Unternehmen wirkt sehr bald eine positive Kultur gemeinsamen Unternehmergeistes.

Ihre in der Wirkung ohnehin begrenzten Appelle, Kosten zu reduzieren und die dafür bisher eingesetzten Mitarbeiter können Sie sich künftig sparen.

Systemimmanent erreichen Sie permanente Kostenreduzierung.

Sie werden lernen, Ihre besonders kreativen Mitarbeiter von einer Gruppe in andere zu versetzen. Diese nehmen ihre Bonusrechte mit. Stören Sie sich nicht daran, wenn diese innovativen Mitarbeiter sehr hohe Boni erhalten. Bedenken Sie, mindestens zwei Drittel des Nutzens erhält das Unternehmen, später zunehmend den gesamten Ertragsgewinn.

Der dominante Nutzen ist die Tatsache, daß nach und nach jeder einzelne in Ihrem Unternehmen seine bisherige 'freizeitorientierte Schonhaltung' aufgibt.

Nach und nach bringt jeder seine Kenntnisse und Ideen in Ihr Unternehmen ein. Können Sie sich einen wirksameren Produktivitätsschub vorstellen?

20   Die prozeßgerechte Aufbauorganisation

Leistung muß auch den Mitarbeitern an der Basis - unseren Prozeßtreibern - Spaß machen. Ein Beitrag dazu ist eine möglichst flache Aufbauorganisation.

Können Sie sich vorstellen, wie man sich auf Sole 5, 6 oder gar 7 (Hierarchie-Ebenen) fühlt, wenn man gern einen Verbesserungsvorschlag artikulieren würde?

Kennen Sie die eigene Einsamkeit und Entfernung von Ihren Basis-Mitarbeitern, welche die eigentliche Wertschöpfung im Unternehmen erbringen?

Wir werden von der ganzen Welt um die gute Ausbildung unserer Menschen, um unser 'Human Capital' beneidet. Und wie gehen wir mit diesen Menschen um?

Das Peter-Prinzip lehrt uns obendrein:

> **In einer Hierarchie verhält sich die Leistung**
> **umgekehrt proportional zu ihrer Höhe.**

Auch diese These finden wir im Vergleich von David und Goliath überzeugend bestätigt.

Wie gerechtfertigt die vielen Hierarchie-Ebenen gewesen sein mögen, in der In-formationsgesellschaft haben sie außer in der wichtigen Betreuungsfunktion keine Berechtigung mehr.

20.1   Das Prozeßmanagement kommuniziert direkt mit den Davids

Der beschriebenen Philosophie entsprechend kommuniziert das Prozeßmanage-ment (PM) direkt mit den Prozeßtreibern (Abb. 71). Das ist natürlich viel kürzer und effizienter als der langwierige Weg hin und zurück durch die Hierarchien.

Der Weg durch die Hierarchie würde nicht nur unnötig Zeit kosten, sondern die Botschaften analog der stillen Post und überlagert von politischen Interessen zur Ressortoptimierung verfälschen.

Uns ist kein rationales Argument gegen die direkte Kommunikation zwischen dem PM und den Basis-Mitarbeitern bekannt.

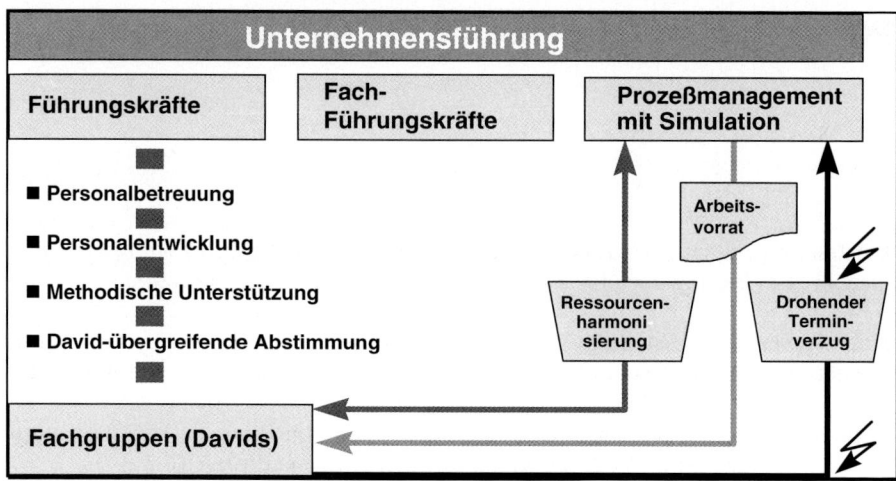

Abb. 71 Das Dienstleistungszentrum Prozeßmanagement

Über den direkten Kommunikationsweg werden im Tagesgeschäft im wesentlichen folgende Arbeiten erledigt:

- Ressourcenabstimmung, sobald die Simulation dem PM drohende Über- oder Unterlasten bzw. drohende Fehlteile oder zu hohen Bestandszulauf meldet.
- Versorgung der Arbeitsgruppen mit terminierten und synchronisierten Arbeitsvorräten, die in ihrer Machbarkeit vorher gesichert wurden.
- Meldung der Arbeitsgruppe an das Auftragszentrum, sobald sie einen ihrer Ecktermine ernsthaft gefährdet sieht und sie diesen Termin mit 'Bordmitteln' nicht mehr halten kann.

Gelegentlich findet man bei dem einen oder anderen Mittelmanager die Meinung, bei den Wertschöpfern gäbe es keine entsprechend qualifizierten Kommunikationspartner. Hier sei die Empfehlung wiederholt, sich einmal darüber zu informieren, zu welchen Leistungen ihre 'unfähigen' Mitarbeiter außerhalb der Arbeitszeit fähig sind. Sie werden staunen.

Muß es uns bei der heute weit verbreiteten Entmündigung der Basis wirklich wundern, daß inzwischen viele Mitarbeiter resignieren?

Dabei ist die Leistungsbereitschaft der allermeisten Mitarbeiter durchaus vorhanden. Ihre Verbesserungsideen sind eigentlich abrufbar. Warum ersticken wir dieses hochinteressante Verbesserungs- und damit Ertragspotential durch entmündigende Fremdsteuerung der übermächtigen, teuren und lähmenden Hierarchie?

Wie finden wir nun zur flachen, die Mitarbeiter motivierenden Aufbauorganisation?

20.2   Erfassen Sie zunächst Ihre tatsächliche Aufbauorganisation

Organigramme sind in ihrer Darstellung häufig politisch gefärbt und reichen selten hinunter bis zu den Basis-Mitarbeitern.

Machen Sie sich die Mühe. Erstellen Sie ein umfassendes, die Prozeßtreiber einschließendes Organigramm, zumindest für jene Unternehmensbereiche, die an Ihrem Akquisitions-, Betriebs- und Versorgungsgeschehen, also in Ihrem Leistungsprozeß, aktiv beteiligt sind. Verwenden Sie für die Darstellung große Papierformate. Die META-Plan-Blätter haben sich bestens bewährt. Es ist wichtig, daß Sie wirklich alle Mitarbeiter erfassen.

Haben Sie keine Hemmungen, die vielfältigen tatsächlichen Unterstellungen und Berichtswege aufzuzeichnen. Spätestens, wenn Sie diese Arbeit getan haben, sehen Sie jene Hierarchie, die sich Ihr Unternehmen tatsächlich leistet.

Bei der Wertung dieser Hierarchie erinnert Sie eine weitere Erkenntnis von Prof. Peter (das Peter-Prinzip):

> **„Jeder wird maximal so weit befördert,**
> **bis er die Stufe der Inkompetenz erreicht hat.“**

Wir wissen, daß jede unnötige Hierarchie-Ebene den Ertrag, die Beweglichkeit und Schnelligkeit Ihres Unternehmens behindert.

Mindestens genauso bedenklich sind die mit einer steilen Hierarchie zusätzlich geförderte Entmündigung der Basis und die Ressortgrenzen.

20.3   Wieviele Prozeßtreiber kann eine Führungskraft betreuen?

In der Fachliteratur und in der Praxis finden wir sogenannte 'Kontrollspannen' - welch ein Wort! - von 10 - 15 Personen. Fragen wir uns für den IST-Zustand:

Wieviel % ihrer Arbeitszeit haben die Führungskräfte (z.B. Meister) Zeit für die fachliche Anleitung und persönliche Betreuung ihrer wertvollen Mitarbeiter?

Wir hören Antworten von maximal 10 %. Wer sich das nicht vorstellen kann, möge einmal einen dieser Meister fragen, wann er das letzte Mal ein geplantes, gut vorbereitetes Förderungsgespräch mit einem seiner hoffnungsvollen Mitarbeiter ohne Störung durch das Tagesgeschäft geführt hat.

Was hindert den Meister heute daran, 100 % seiner Zeit für seine Mitarbeiter einzusetzen? Er hat nicht die Zeit, weil auch er sich ständig darum kümmern muß, daß wenigstens die wichtigsten Termine gehalten werden.

In der neuen Organisation sind die Personalverantwortlichen nicht mehr für Terminsteuerung verantwortlich. Schlimmer noch: Sie dürfen in die zwischen PM und Fachgruppen synchronisierten Arbeitsvorräte nicht eingreifen.

So haben diese Führungskräfte zwangsläufig nahezu 100 % ihrer Zeit für ihre Mitarbeiter frei. Fragen wir uns jetzt:

Wieviele Mitarbeiter kann eine Führungskraft persönlich betreuen, wenn die Führungskraft nahezu 100 % ihrer Arbeitszeit dafür zur Verfügung hat? Wieviele Arbeitsgruppen (Davids) kann er also persönlich betreuen?

Die Antwort auf diese Frage geht sehr schnell in die Größenordnung von 50 bis 100 Personen. Bedenken Sie bitte, diese Führungskraft hat ausschließlich Zeit, sich um die ihr anvertrauten Mitarbeiter zu kümmern. Die Anforderungen an diese Vorgesetzten entsprechen wieder denen, für die sie eigentlich eingesetzt sind und bezahlt werden.

20.4   Wir bauen unsere flache Aufbauorganisation

Hier wollen wir zunächst kompromißlos feststellen, welche Leistungen in unserem Unternehmen erbracht werden müssen, um die Anforderungen unserer Kunden zu befriedigen. Dazu beantworten Sie für jede Arbeit bitte folgende Frage:

**„Das Fehlen welcher Funktion würde unmittelbar
zum Abriß des Leistungsprozesses führen?"**

Sehr schnell können wir diese Arbeiten identifizieren wie Verkaufen, Konstruieren, Beschaffen, Transportieren, Drehen, Bohren, Fräsen, Montieren, Lagern, Versenden, usw. Die Menschen, die diese Leistungen erbringen, finden Sie an den unteren Enden Ihrer IST-Aufbauorganisation.

Jetzt zeichnen Sie diese Personen - möglichst zu Arbeitsgruppen (Davids) grob zusammengefaßt - in ihrer wertschöpfenden Sequenz wiederum auf großformatigen Blättern (META-Plan) in einer Reihe auf, entsprechend der Abb. 72.

Bei der Davidbildung versuchen Sie bitte, durchaus mehrere Funktionen prozeßorientiert in einem David zusammenzulegen, wie z.B. die Technologie-Teams aus Konstrukteuren und Arbeitsplanern. Richten Sie sich bitte auf keinen Fall nach den heutigen Verantwortungsbereichen. Vergessen Sie diese total. Richten Sie sich allein nach den Zweckmäßigkeiten des Prozesses. Tun Sie so, als würden Sie Ihr Unternehmen 'auf der grünen Wiese' ganz neu planen. Tun Sie so, als hätten Sie alle Ihre Mitarbeiter inkl. Führungskräfte verlassen und Sie dürften genau jene neu einstellen, die Sie für den Leistungsprozeß Ihres Unternehmens wirklich brauchen.

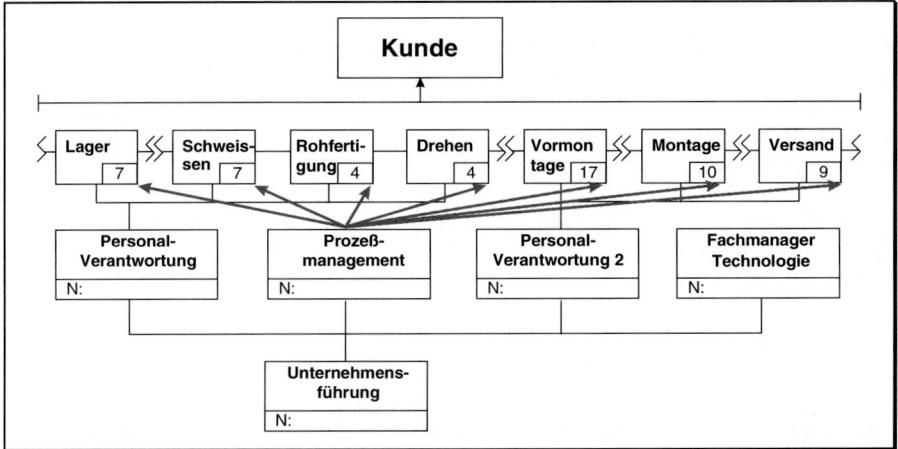

Abb. 72 Ziel-Aufbauorganisation

Wenn Sie das getan haben, erinnern Sie sich bitte, daß nach der beschriebenen Philosophie

- die terminliche Steuerung und Sicherung Ihrer Prozeßtreiber vom Prozeßmanagement erfolgt (Pfeile der Abb. 72) und

- die jetzt festzustellenden wahren Führungskräfte Zeit haben, sich nahezu ausschließlich um ihre Mitarbeiter zu kümmern.

Fassen Sie jetzt bitte, ohne zunächst an die z.Zt. tatsächlich bestehende Hierarchie zu denken, Ihre Arbeitsgruppen in ihrer Anzahl und in ihren Aufgaben so zusammen, wie sie von wirklich kompetenten Führungskräften persönlich betreut und gefördert werden können.

Sie werden erstaunt sein, wie wenige Führungskräfte Sie auf der ersten Ebene benötigen, die selbständigen Davids zu betreuen.

Diese in dem Beispiel in der Abb. 72 unter den Davids positionierten Führungskräfte fassen Sie nach der gewohnten Führungsspanne zusammen. Spätestens hier finden Sie dann in der Regel so wenige, daß diese dann wie das PM direkt an die Unternehmensführung berichten können.

In diesem absolut praxisnahen, eher zurückhaltenden Beispiel (Abb. 72) haben wir festgestellt, daß wir statt sechs Führungsebenen nur drei Ebenen benötigen.

Dabei hat die Anzahl der insgesamt notwendigen Führungskräfte überproportional abgenommen, weil auf den verbleibenden Ebenen weniger Führungskräfte notwendig sind, als Sie im IST antreffen.

Jetzt kehren Sie bitte in Ihre Welt zurück und schreiben in die verbliebenen Führungspositionen die Namen jener vorhandenen Führungskräfte hinein, denen Sie diese neue Führungsaufgabe zutrauen.

Dann prüfen Sie, ob es bei den noch nicht zugeordneten Führungskräften den einen oder anderen TOP-Fachmann für Anforderungen gibt, die der Markt Ihnen honoriert. Machen Sie diesen Mitarbeiter zum sogenannten Fachmanager, ohne jede Personalverantwortung. Er ist Ihnen als Fachmann zu wichtig, seine Zeit für Personalführung zu verwenden.

Die jetzt noch verbleibenden Führungskräfte versuchen Sie, in die Davids - also in den Leistungsprozeß - zurückzuführen.

20.5   Die Davids als kleine Unternehmer

Die überschaubaren Gruppen sollen eine möglichst hohe Eigenverantwortung haben. Sie sollen sich immer mehr wie kleine Unternehmer empfinden und auch so handeln. Die von so einer Gruppe zu erbringende Leistung muß wie die eines Zulieferers abgrenzbar und feststellbar sein.

Der mitarbeitende Sprecher der Gruppe ist u.a. der Ansprechpartner für das PM. Die Gruppe ist neben der selbstverständlich gewordenen Termintreue insbesondere für die Qualität ihrer Produkte, ständig kürzer werdende Durchlaufzeiten und die laufende Verbesserung der Produktivität ihrer Arbeit verantwortlich. Die Produktivität kann natürlich durch mehr Fleiß und Disziplin erreicht werden. Das ist nichts Neues. Viel interessanter sind aber Hinweise der Gruppe, den z.B. von der Arbeitsvorbereitung vorgegebenen Ablauf oder gar die Konstruktion zu vereinfachen, in jedem Fall zu verbessern. Außerdem wird die Gruppe Vorschläge für bessere Werkzeuge und Vorrichtungen machen.

Endlich erhalten die konstruierenden und vorplanenden Bereiche ein systemimmanentes Feedback von denen, die die Arbeit vor Ort durchführen.

Ein heute weitgehend ungenutztes Ertragspotential wird realisierbar.

Dabei werten Sie Ihre Mitarbeiter an der Basis kräftig auf. Sie werden eines Tages über ein Entlohnungssystem nachdenken, welches die an der Basis verborgenen Ertragspotentiale noch viel besser nutzt (Kap. 19, S. 185).

20.6   Die veränderte Qualifikation der Führungskräfte

In dieser neuen Organisation sind jene Führungskräfte gefragt, die eine hohe Motivationskraft und eine loyale, positive Grundeinstellung ausstrahlen.

Die Führungskräfte können sich endlich ihren eigentlichen Aufgaben zuwenden. Zum Beispiel wird eine Führungskraft aus der Produktion künftig folgende Aufgaben vorrangig wahrnehmen:

- Mitarbeiterauswahl
- Motivation der Mitarbeiter erhöhen
- Krankenstand senken
- Hohe Flexibilität (funktional, zeitlich, räumlich) erarbeiten
- Anforderungsgerechte Qualifikation sicherstellen
- Förderungsgespräche mit Mitarbeitern führen
- Hohe Sensitivität für die Mitarbeiter entwickeln
- Disziplin sichern
- Sauberkeit und Ordnung sicherstellen
- Sensibilisieren für Kundenorientierung, Bedeutung der Termintreue
- Ausbilden zum Denken und Handeln in kundengerichteten Prozessen
- Erziehen zum unternehmerischen Denken, Kostensensibilisierung
- Motivieren für Verbesserungsvorschläge
- Aktionen zur Reduzierung der Durchlaufzeiten antreiben
- Sich selbst auf dem aktuellen Stand der Verfahren und Techniken halten
- Visionär denken, um auch technisch den Wettbewerbern voraus zu sein
- Einfluß nehmen auf kostensenkende Produktgestaltung
- Visualisierung der Erfolge im Betrieb
- Maßnahmen zur Aufwertung der Wertschöpfer im Haus
- Hohe Verfügbarkeit der maschinellen Ressourcen inkl. Werkzeuge und Vorrichtungen sicherstellen
- Arbeitssicherheit gewährleisten
- Konstruktives Verhältnis zum Betriebsrat aufbauen

Es sind jene Führungskräfte nicht mehr gefragt, die aus dem früheren Terminchaos einen wesentlichen Teil ihrer sozialen Attraktivität gewonnen haben.

Es werden sogenannte Fachmanager frei, die sich - wie bereits erwähnt - ohne jede Personalverantwortung auf strategisch wichtige Aufgaben - z.B. intensive Beobachter der Wettbewerbsprodukte - konzentrieren können.

Sie können sich in der Weiterbildung Ihrer Fach- und Führungskräfte ganz differenziert darauf konzentrieren, diese entsprechend ihres besonderen Wertes für Ihr Unternehmen auszuwählen und zu fördern.

20.7   Die Realisierung der flachen Aufbauorganisation

Wichtig ist zunächst einmal, jene Aufbauorganisation zu kennen, die Sie anstreben wollen. Den Weg dorthin haben wir bereits beschrieben.

Abhängig vom Handlungsbedarf können Sie sich für die Realisierung dieser Hierarchie mehr oder weniger Zeit lassen. In jedem Fall werden Sie ab sofort jede personelle Veränderung nutzen können, Ihrer flachen Ziel-Aufbauorganisation immer näher zu kommen.

Da ein Unternehmer neben seiner Ertragsverantwortung - die nimmt ihm niemand ab - mindestens dieselbe Fürsorgepflicht für seine Basis-Mitarbeiter hat wie für seine sozial deutlich besser gestellten Führungskräfte, wird dem wahren Unternehmer die Realisierung seiner Zielorganisation auch ein soziales Anliegen zur Aufwertung und Motivation seiner Mitarbeiter an der Basis sein.

Der wirkliche Unternehmer wird jetzt seine Aufbauorganisation zielorientiert in überschaubaren Schritten

von der Entmündigungshierarchie
- die Wertschöpfer dienen den Führungskräften -

zur Betreuungshierarchie
- die Führungskräfte dienen den Wertschöpfern -

gestalten und sein Unternehmen damit

von der Mißtrauensorganisation
zur Vertrauensorganisation

entwickeln.

Die Führungskräfte in dieser neuen Organisation arbeiten in dem Bewußtsein:

Führen heißt Dienen!

20.8   Was bringt uns die flache Aufbauorganisation?

Oberflächlich betrachtet ist es zunächst die enorme Kostenreduktion, der stark geschrumpfte sogenannte Wasserkopf, den die flache Organisation zwangsläufig mit sich bringt.

Über diesen lukrativen Vorteil hinaus - und das ist wahrscheinlich noch viel interessanter - haben die Unternehmensführer mit ihren echten Führungskräften jetzt eine realistische Chance, ihre wertvollen Leistungserbringer an der Basis für ständige Verbesserungen im Leistungsprozeß zu gewinnen.

Können Sie sich vorstellen, wie man sich z.B. als Facharbeiter fühlt, wenn durch die direkte Kommunikation mit wahren Fach- und Führungskräften sowie mit dem marktnah agierenden Prozeßmanagement und der unmittelbar dahinter stehenden Unternehmensführung die eigene Leistung gesehen und anerkannt wird, statt von einer 6- bis 7-stufigen Hierarchie in der Anonymität verschüttet zu sein?

Entsprechend werden sich Ihre Mitarbeiter für Ihr Unternehmen einsetzen. Sie werden einen deutlich niedrigeren Krankenstand erleben. Viele heutige sogenannte Führungskräfte, welche entweder

- im Tagesgeschäft zu erlahmen,
- ihre soziale Attraktivität aus dem bestehenden Terminchaos schöpfen oder
- die Stufe der Inkompetenz erreicht haben,

werden ihre Energie zum Wohle des Unternehmens in Aufgaben investieren, die dem Unternehmen Nutzen bringen und bei denen sie sich selbst wieder wohl und akzeptiert fühlen.

Wirkliche Fach- und Führungskräfte werden in dieser neuen, von gegenseitiger Achtung und Offenheit getragenen Unternehmenskultur, ihr wertvolles Wissen gemeinsam mit den Basis-Mitarbeitern zur ständigen Produktivitäts- und Ertragssteigerung einsetzen.

Der strategische Nutzen der flachen Aufbauorganisation liegt in der sich verändernden Unternehmenskultur, in der Leistung, die zunehmend Spaß macht. Damit können Sie Ihren Wettbewerbern ein ganzes Stück davonlaufen.

Hat der IBM-Gründer Thomas J. Watson nicht recht mit seiner Feststellung?

> **„Philosophie, Geist und Schwung eines Unternehmens**
> **sind bei weitem wichtiger als alle anderen Ressourcen.“**

21   Schnell von der Produktidee zur Serienreife

Die Bedeutung des Geschäftsprozesses 'Schnelle und termintreue Entwicklung neuer Produkte' für Serienhersteller inkl. Automobil-Zulieferer muß nicht besonders betont werden. 'Come to market' ist eine zuhöchst ertragsrelevante Herausforderung.

Für die Anlagenbauer und Sondermaschinenhersteller ist dieses Thema - wenn auch nicht 100 %ig vergleichbar - 'täglich Brot'. Diese Aufgabe steckt in jedem individuellen Kundenauftrag.

Wie lösen unsere Anlagenbauer diese Aufgabe? Sie erreichen die schnelle, termintreue und kostengerechte Produktentwicklung bzw. Komponentenentwicklung ganz selbstverständlich mit der Wassermann-Philosophie auf der Datenbasis der Supply Chain.

Serienfertiger und KFZ-Zulieferer tun sich mit dieser Aufgabenstellung oft schwer. Die Gründe sind häufig:

⇒ Totale Konzentration der Planer und Steuerer auf das Serien-Tagesgeschäft, welches 'den Umsatz bringt',

⇒ Planungsmethoden aus der Serie sind eben nicht 1:1 auf die Entwicklung neuer Produkte zu übertragen.

So findet man häufig eine wenig professionelle Planung und Steuerung für die Entwicklung neuer Produkte bis zur Serienreife.

Eine übliche, aber wenig erfolgreiche Vorgehensweise besteht darin, sich je Auftrag von allen Beteiligten deren Ecktermine nach Erfahrung und Schätzung nennen zu lassen. Diese Termine gaukeln nur eine Scheinsicherheit vor, denn:

Mit jedem so erfragten Termin ist der Verzug bereits programmiert. Denn kein Beteiligter kann bei der Vielzahl der vorliegenden Vorgänge, ihren Abhängigkeiten voneinander und deren ständige Änderungen auch nur halbwegs verbindliche Ecktermine nennen oder gar einhalten. Die abgefragten Ecktermine sind die Energie nicht wert, sie zu ermitteln und das Papier nicht, sie aufzuschreiben.

Ohne durchgängige Berücksichtigung der vorhandenen und beschaffbaren Ressourcen sind geschätzte Terminangaben unrealistisch und führen trotz langer Durchlaufzeiten zu ständigen Terminüberschreitungen. Außerdem überfordert es jedes menschliche Gehirn, sich die Synchronisation der vielen, voneinander abhängigen Einzelaktivitäten vorzustellen, geschweige denn, diese Prozesse selbst zu synchronisieren und sie dann rückstands- und engpaßfrei zu planen, zu steuern und zu tunen.

Die schnelle Entwicklung neuer Produkte ist aber aus strategischer Sicht mindestens so wichtig wie der schnelle Durchlauf der Serienprodukte, denn:

- Je früher eine neue, gute Idee als Produkt auf dem Markt angeboten wird, desto länger kann man die Preise bestimmen.

- Ist man der Zweite auf dem Markt, muß die Entwicklung noch schneller sein, damit sich der Wettbewerb mit seinem Produkt nicht zu sehr etabliert.

KFZ-Zulieferer sehen zu Recht eine große strategische Chance in einer schnellen und auch organisatorisch professionellen Planung und Steuerung von Entwicklungen und Neuanläufen. Sie wirken bei den Kfz-Herstellern - ihren wesentlichen Auftraggebern - kompetent, gewinnen Attraktivität und in der Regel bei erfolgreicher termingerechter Entwicklung - auch die ersten Aufträge zu interessanten Konditionen.

21.1   Die Planung und Steuerung

Zur Lösung dieser organisatorischen Aufgabe 'Schnelle und termingerechte Entwicklung neuer Produkte' kann - analog der Einzelfertigung - folgendes empfohlen werden:

- Das PM ist die verantwortliche Stelle für schnellen termingerechten Durchlauf über den gesamten Entwicklungsprozeß.

- Diese Stelle hat dann bereits die besprochene Simulation zur Ressourcenharmonisierung.

- Aufteilen jedes Entwicklungsauftrages in jene Vorgänge, die terminlich überwacht werden sollen. Es entsteht die bereits behandelte Supply Chain je Auftrag.

- Simulation der Konsequenzen mit der Prozeß-Simulation.

- Ressourcenharmonisierung mit den Fachgruppen herbeiführen.

- Aktuellen Arbeitsvorrat mit verbindlichen Eckterminen an die beteiligten Stellen verteilen und die Termineinhaltung überwachen.

So können - wie in der Einzelfertigung - auch in der Produktentwicklung innerhalb weniger Monate erstaunlich kurze Duchlaufzeiten und eine durchgängig hohe Termintreue erreicht werden.

Die Auftraggeber (Kunden oder eigene Unternehmensführung) gewinnen Vertrauen in Terminzusagen. So sollte man sie mit dem hier ebenfalls empfehlenswerten Plotterbild über Struktur und Entwicklungsstand eines jeden Auftrages aus der Supply Chain ständig aktuell informieren, eine zusätzlich geschickte Marketingmaßnahme für diese wichtigen Aufträge.

21.2   Die prozeßgerechte Konstruktion

Jeder weiß, daß es logistisch günstig und damit kostensenkend wirkt, wenn die Standardisierung der Zukaufteile, Bauteile und Baugruppen gut gelöst ist. Dann greifen die Konstrukteure gern auf Vorhandenes zurück. Zu diesem Thema gibt es ganze Werke von Empfehlungen. Deswegen soll es hier nicht weiter vertieft werden.

An dieser Stelle sei aber die bereits vorher im Buch erwähnte Empfehlung wiederholt, die tayloristische Trennung zumindest der Konstrukteure und Arbeitsplaner aufzugeben und sie zu gemeinsam entwickelnden Technologie-Teams zusammenzufassen.

Eine andere Empfehlung an die Entwickler, Konstrukteure und Arbeitsplaner (besser: Technologie-Teams) wirkt ebenfalls sehr kostensparend und wird heute noch viel zu wenig beachtet:

**Die prozeßgerechte Gestaltung
des Wertzuwachses
Ihrer Produkte während der Herstellung.**

Die Wertauflaufkurve (Abb. 73) kann aus der Simulation für jeden Kostenträger gezeichnet werden.

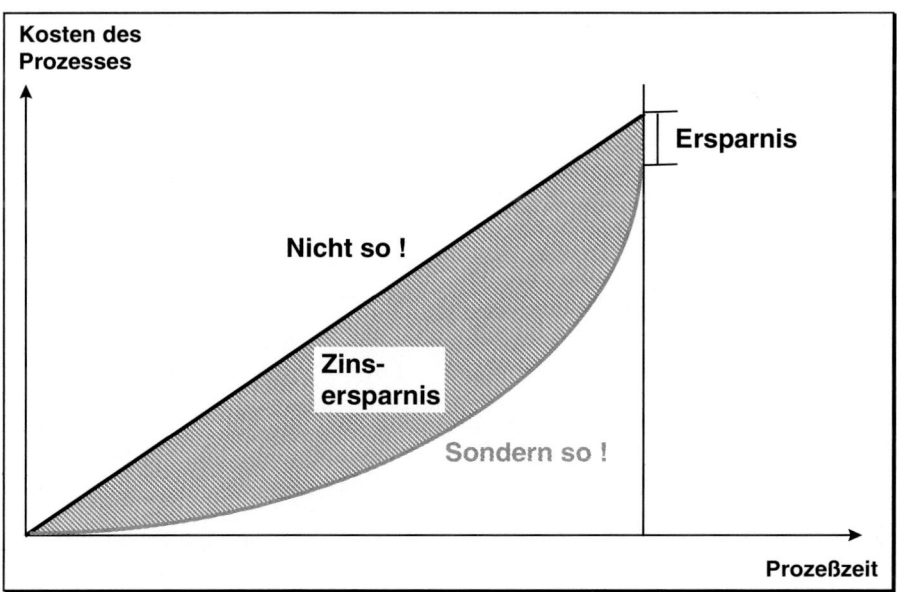

Abb. 73   Die Wertauflaufkurve

Herr Prof. Dr. Michael Schenk, Präsident des Fraunhofer-Institutes in Magdeburg, fordert zu Recht:

„Wenn Du den Prozeß gestalten willst, fang gefälligst
bei der prozeßgerechten Produktgestaltung an!"

Je besser es Ihren Entwicklern gelingt, die teuren Vorgänge und Komponenten erst zum Ende des Herstellungsprozesses in die Supply Chain einzuplanen, desto weniger Vermögen (inkl. Kapitalbindung in Vorräten) müssen Sie finanzieren.

Zusammenfassend gilt die in der Wassermann-Philosophie durchgängige Erfahrung:

Die Transparenz der Prozesse
- visualisierte Supply Chains -
macht diese zielgerecht gestalt- und beherrschbar.

Erst wenn der Prozeß transparent (z.B. geplottet) vor Ihnen liegt, können Sie ihn zeitsparend und kostensenkend verändern.

In den 70er Jahren gab es einen unternehmenspolitisch stark belasteten Experten-streit um das Thema „Mixed Hardware". Inzwischen hat sich die Idee der Mixed Hardware längst durchgesetzt. Die damals aus durchsichtigen Motiven verteufelte „Problematik" der Schnittstellen stellte sich als durchaus lösbare Aufgabe und als großer Vorteil für die Anwender heraus.

Inzwischen gibt es den gleichen Expertenstreit über das Thema „Mixed Soft-ware". Vieles spricht bereits heute (1998) dafür, daß die Mixed Software einen noch viel überzeugenderen Sieg erreichen wird. Dennoch entscheiden sich noch immer die allermeisten industriellen Software-Anwender für den Einsatz von flächendeckenden, hochintegrierten Software-Systemen aus einem Haus, also von einem Software-Hersteller.

Hohe Integration und komplexe Zusammenhänge der Module, sowie relativ große Rechnerkapazitäten mögen das 'Image' einer EDV-Abteilung durchaus erhöhen. Aber ist das wirklich ein Weg, der die Investitionen lohnt und Ihrem Unternehmen seine individuelle Flexibilität erhält oder gar fördert?

Auch wenn heute noch viele diesen Weg gehen, muß er dennoch nicht der richtige sein. Sollten Sie selbst geneigt sein, sich für eine hochintegrierte Software-Landschaft zu entscheiden, fragen Sie sich bitte, wie weit die Ergebnisse einer umfassenden Software-Studie - von einem unserer Kunden teuer bezahlt - zutref-fen:

- Keine neuen Organisationsansätze bei diesen Software-Anbietern.
- Ausschließlich betriebswirtschaftliche Standardlösungen - alte Paradigmen - sind integriert.
- Also kein betriebswirtschaftlicher Quantensprung.
- Leistungsprozeß und Wertschöpfung stehen nicht im Mittelpunkt.
- Ausrichtung primär auf die Software-Funktionalität.
- Hohe Integration, keine Individualität.
- Sehr lange Einführungszeiten (Aktivitätenorientierung).
- Hohe Kosten.
- Die besten Mitarbeiter werden für die System-Einführung jahrelang gebunden.
- Software-Know-how und Gesamtsystem sind nicht überschaubar.

Die Tatsache, daß sich z.Zt. immer noch viele Unternehmen für die hochinte-grierte Software-Landschaft entscheiden, ist die Chance für intelligente Unternehmer, die diese strategisch bedenkliche Entscheidung erkennen und einen anderen, wesentlich effizienteren Weg einschlagen, der sie obendrein strategisch viel besser sichert.

22.1   Die Ziele des intelligenten Unternehmers

Der intelligente Unternehmer weiß:

Bei vergleichbarem Leistungsangebot mehrerer Wettbewerber entscheiden die logistischen Eigenschaften das Überleben seines Unternehmens.

Eigenschaften wie

$\Rightarrow$ Termintreue,

$\Rightarrow$ kurze Lieferzeiten,

$\Rightarrow$ hohe Flexibilität und

$\Rightarrow$ günstige Preise.

Es geht also darum, sich gerade in diesen Eigenschaften von den Wettbewerbern positiv abzuheben.

Die Planung, Disposition und Steuerung des gesamten Leistungsprozesses, von der Auftragsgewinnung bis der Kunde die einwandfreie Leistung erhalten hat, ist so transparent, flexibel und schnell zu gestalten, daß dabei ein echter Wettbewerbsvorsprung herauskommt.

Es ist also jene Software-Landschaft zu konfigurieren, die am besten geeignet ist

$\Rightarrow$ Ihre Ziele zu realisieren,

$\Rightarrow$ Ihre gewollte Unternehmenskultur zu stärken,

$\Rightarrow$ Ihr individuelles flexibles Auftreten am Markt zu unterstützen und

$\Rightarrow$ diese Leistungen mit möglichst geringem Aufwand zu erbringen.

22.2   Ein praxiserprobter Lösungsweg

Wenn es um die richtige Anwendungssoftware geht, ist wie bei anderen wichtigen unternehmerischen Entscheidungen zu fragen:

Was trägt am meisten dazu bei, das Unternehmen schneller, besser und ertragreicher zu machen als die Wettbewerber?

Aus dieser Fragestellung leitet der Unternehmer zunächst ab, welche betriebswirtschaftlichen Funktionen überhaupt kunden- und ertragsrelevant sind. Denkt er an die rein administrativen Funktionen, noch dazu vom Gesetzgeber vorgeschriebene, wie Finanzbuchhaltung und Netto-Lohnabrechnung, so kann er dort beim besten Willen keine Möglichkeit erkennen, sich in Schnelligkeit, Flexibilität, Einfallsreichtum und Ertragskraft von den Wettbewerbern zu unterscheiden. Diese Aufgaben kann man durchaus einem Dienstleister übertragen, der darin seine Kernkompetenz hat.

Demgegenüber sind alle Funktionen, die hohe Flexibilität am Markt sowie schnelle und termintreue Lieferfähigkeit unterstützen, offensichtlich in höchstem Maß relevant für Wettbewerbsfähigkeit und Ertragskraft.

Was wird der Unternehmer also tun? Er wird zunächst <u>differenzieren zwischen</u>

- rein <u>administrativen</u>, z.T. vom Gesetzgeber vorgeschriebenen <u>Funktionen</u>, - hier darf er gar nicht kreativ sein - und
- den wirklich <u>ertrags- und kundenrelevanten Funktionen</u>.

Dem Unternehmer wird es schwerfallen, ein flächendeckendes Software-System zu finden, welches einerseits die administrativen Funktionen und die gesetzlich vorgeschriebenen 'betoniert' - weil vorgeschrieben - und andererseits seinen wettbewerbsentscheidenden Funktionen höchstmögliche Flexibilität gibt.

Beachte: Die hohe Integration flächendeckender Software betoniert leider auch die kunden- und ertragsrelevanten Funktionen. Damit kann jemand, der sich im echten Wortsinn als Unternehmer versteht, natürlich überhaupt nicht einverstanden sein. Er müßte damit leben, daß er durch seine Software nicht besser unterstützt wird als jeder andere Wettbewerber, der genau die gleiche Software im Einsatz hat.

<u>Was wird der Unternehmer also tun?</u>

Für die gesamten administrativen Abläufe wie Bestandsführung, Grunddatenverwaltung, Bestellschreibung, Fakturierung, Rechnungsprüfung, mit denen er sich vom Wettbewerber nicht wesentlich unterscheiden kann, und für jene Funktionen, die ohnehin gesetzlich vorgeschrieben sind, wird er ein bewährtes Softwarepaket eines zuverlässigen Herstellers kaufen. Damit hat er keine Probleme. Wahrscheinlich ist dieses mehrfach von Wirtschaftsprüfern testiert, so daß ihm hier Arbeit und Ärger erspart bleiben.

Für jene Funktionen aber, mit denen er der Konkurrenz davonlaufen kann, wird er eine Software wählen, die seine besten Mitarbeiter in der Auftragsabwicklung und im intelligent gestalteten Materialfluß nachhaltig unterstützt. Er wird nicht akzeptieren, daß kundenrelevante Entscheidungen vom Software-System getroffen werden. Dazu verlangt der Markt heute viel zuviel Fingerspitzengefühl.

Dazu spielen die unterschiedlichen Kulturen der Unternehmen eine zu wichtige Rolle. In den wettbewerbsentscheidenden Funktionen wird er sich also für jene Organisation und Software entscheiden, die ihm den größtmöglichen Wettbewerbsvorsprung und Ertrag verspricht.

Die Softwarelandschaft eines intelligenten Unternehmens wird also mindestens aus zwei Systemen bestehen:

(1) Eines für die sichere, preiswerte Abwicklung aller Geschäftsprozesse, die administrativ oder gesetzlich vorgeschrieben sind. Diese sind in keinem Fall kunden- oder ertragsrelevant. Die müssen laufen. Damit will der Unternehmer nichts zu tun haben.

(2) Eines für die individuelle Gestaltung der tatsächlich kunden- und ertragsrelevanten Geschäftsprozesse, mit denen er besser sein will als jeder Wettbewerber, mit denen er sich vom Wettbewerb abheben will.

Der intelligente Unternehmer konfiguriert seine individuelle Softwarelandschaft aus den für ihn besten Modulen und findet so zur Mixed-Software.

22.3   Ist Mixed Software zu verantworten?

Die heutige Diskussion über Mixed Software erinnert an die Diskussion der 60er Jahre über Mixed Hardware - heute überhaupt kein Thema mehr.

Genau so selbstverständlich und lukrativ wie es seit Jahrzehnten die Mixed Hardware ist, wird in wenigen Jahren die Mixed Software sein. Sie ist bereits heute weit verbreitet und findet immer mehr überzeugte Anhänger.

Die bereits bei der Mixed Software-Diskussion verteufelten sogenannten Schnittstellen - wir nennen sie „Brückenprogramme" - sind nicht nur gut beherrschbar, sondern ermöglichen, in diese Brückenprogramme individuelle Zusatzfunktionen hineinzuprogrammieren, die Ihrer Software-Landschaft eine zusätzliche Überlegenheit geben können (Abb. 74).

Brückenprogramme von einem Anwendungsmodul zu einem anderen können durch Zusatzfunktionen u.a. folgendes leisten:

- Sie können Daten interpretieren.
- Sie lassen nur relevante Daten durch.
- Sie fügen logisch - z.B. mittels Entscheidungstabellen - Daten hinzu.
- Sie ergänzen Arbeitsfolgen in Arbeitsplänen um Bereitstellungs-, Transport-, Versandvorgänge, usw.
- Sie erstellen Parallel-Arbeitsgänge für die Personalbedarfsplanung.
- Sie berechnen im Folgemodul benötigte Ergebnisse, z.B. Umrechnung von Maßeinheiten (kg in cm).
- Sie filtern Daten heraus, z.B. bei Ein-, Auslaufterminen.
- Sie führen Vollständigkeits- und Plausibilitätsprüfungen durch.
- Sie schotten teilautarke Systeme ab. Damit wird verhindert, daß sich Datenfehler sofort und ungeprüft durch die gesamte Software-Landschaft ziehen, usw.

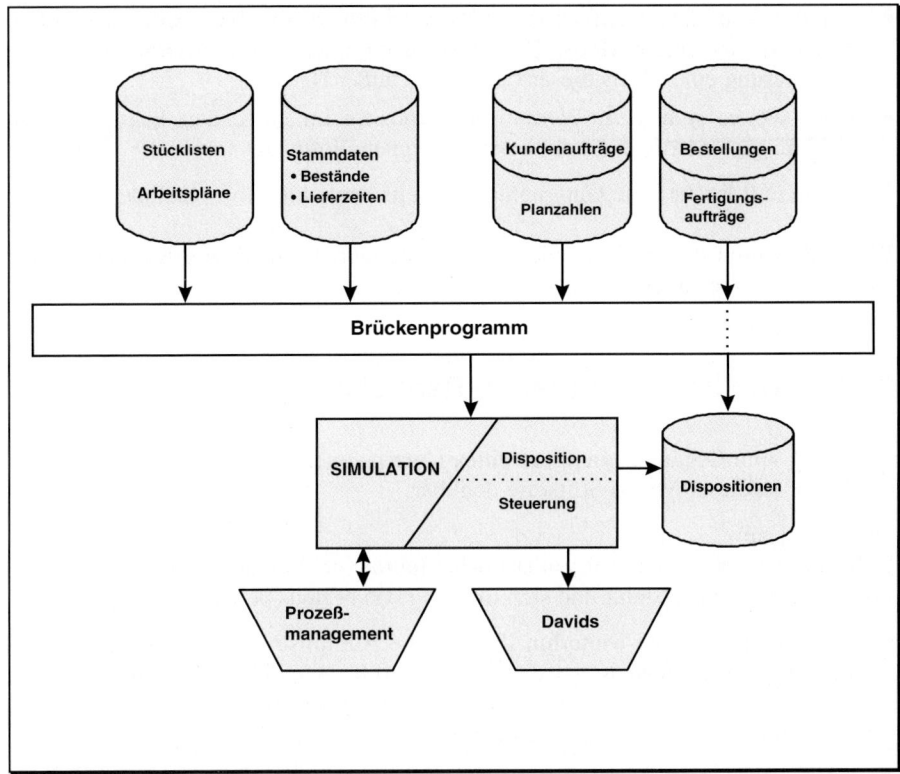

Abb. 74 Mixed Software mit harmonisierten Brückenprogrammen.

Sie erkennen, daß Sie mit diesen von Ihnen selbst bestimmten Zusatzfunktionen Ihre Software-Landschaft nicht nur übersichtlich und beherrschbar gestalten können. Vielmehr haben Sie die Chance, Ihre Software sehr individuell und intelligent zu gestalten und bei Bedarf zu verändern.

Damit schaffen Sie sich eine strategische Überlegenheit, die Ihr Wettbewerber mit seinem hochintegrierten und komplexen System gar nicht realisieren kann. So hat er gar keine Chance.

Der intelligente Unternehmer ist nicht bereit, wegen der integrierten Software Kompromisse in wettbewerbsentscheidenden Funktionen einzugehen.

Deswegen bauen sich wahre Unternehmer jene Software-Landschaft, mit der sie den Wettbewerbern am schnellsten davonlaufen können. Die Landschaft besteht in der Regel aus:

- Wertvollen vorhandenen Bausteinen. Darin steckt häufig viel individuelle, für Ihr Unternehmen und Ihre Kunden wertvolle Leistung. Warum sollten Sie diese verlieren?

- Für die Administration sichere, testierte Software mit betonierten Abläufen, durchaus aus <u>einem</u> Haus. Die zunehmend interessante Alternative ist die Verlagerung eines Teils dieser Leistungen außer Haus.

- Dort, wo er sich vom Wettbewerber positiv unterscheiden kann, z.B. im Y-Management, die dafür am besten geeignete Software.

Diese Zukunft ist für viele Unternehmen bereits heute lukrative Realität.

Wir praktizieren diesen Weg seit mehr als 12 Jahren und unsere Kunden wissen diesen Weg zu schätzen.

22.4   Die höchst lukrative Realisierung

Abhängig vom Organisationsstand eines Unternehmens sind sicher unterschiedliche Wege zu dieser Mixed Software denkbar.

Üblicherweise bietet sich folgender höchst lukrativer Weg an, der seine Software-Investitionen selbst bezahlt und sich in der Praxis bestens bewährt hat:

- Zunächst nutzen Sie weiterhin Ihre für die Administration vorhandenen Software-Systeme. Meistens ist die schnelle Ablösung dieser Systeme gar nicht notwendig. Welche betriebswirtschaftlichen Quantensprünge wollen Sie mit neuer administrativer Software machen?

- Kurzfristig ersetzen Sie Ihre bisher im Leistungs-Ypsilon eingesetzten Software-Bausteine durch z.B. die Prozeß-Simulation und Ihre Zusatzmodule für Disposition, Y-Steuerung, Prognosen, Vorratspolitik, GMK-Senkung, oder andere Sie überzeugende Module.

- Diese Module bringen Ihnen dann das Geld, mit dem Sie Zug um Zug - ohne Zeitnot - jene administrativen Altsysteme ersetzen, die Sie - z.B. wegen auslaufender Wartung - austauschen müssen.

Wir haben unsere Prozeß-Simulation an viele verschiedene EDV-Partnersysteme ohne Probleme angekoppelt. Wegen der Häufigkeit haben wir zu SAP und Baan Standard-Brückenstellen geschaffen.

22.5   Nutzenbetrachtung

Durch diese ingenieurmäßig gestaltete Software-Landschaft können Sie für jede kunden- und/oder ertragsrelevante Anwendung die beste am Markt angebotene Software einsetzen. Gemeinsam mit Ihren besten Fachleuten suchen Sie diese aus. Die Funktionen jedes Moduls in Ihrer Software-Landschaft sind Ihren Mitarbeitern bekannt. Ergänzt durch die Brückenprogramme gestalten sie intelligente Lösungen für Ihre Kunden und Ihren Ertrag.

Sie vermeiden die strategisch gefährliche Systemgläubigkeit jedes Wettbewerbers, der sich für ein komplexes, hochintegriertes Gesamtsystem entschieden hat, das seine Mitarbeiter nicht durchschauen.

Ein mittelständischer Unternehmer brachte seine Entscheidung, das jeweils best-geeignete Software-Modul für seine kunden- und ertragsrelevanten Anwendungen einzusetzen, auf den Punkt:

„Ich freue mich über jeden Wettbewerber, der sich für eine hochintegrierte, mög-lichst alle Funktionen des Unternehmens abdeckende Software entscheidet, denn:

- seine besten Mitarbeiter sind jahrelang durch dieses Vorhaben gebunden,
- auch in kunden- und ertragsrelevanten Einzelleistungen seines Hauses muß er ärgerliche Kompromisse eingehen,
- er investiert viele Millionen DM und belastet sich mit hohen laufenden Ko-sten,
- seine Mitarbeiter durchblicken diese komplexe Software nicht und werden daher systemgläubig und
- die endlich realisierten Abläufe betonieren seine kunden- und ertragsrelevan-ten Abläufe. Die individuelle Gestaltung gerade dieser Abläufe wird ihm nachhaltig erschwert."

Quintessenz:

Auf diesem Weg gestalten Sie sich in überschaubaren Stufen für viel weniger Geld und deutlich weniger Aufwand Ihre individuelle, von Ihren Mitarbeitern beherrschte, dem o.a. Wettbewerber weit überlegene Software-Landschaft.

23   Perspektiven dieser Organisation

Mit der Entscheidung für diese Organisation holen Sie u.a. die Chef-Funktion des Kleinbetriebes in Ihr größeres Unternehmen zurück, nämlich:

Das Prozeßmanagement.

Es empfiehlt sich, dieser ehemaligen Chef-Funktion viel Freiheit zu lassen alle Aktivitäten anzustoßen, die Ihren Ertrag und Ihre Kundenorientierung immer weiter verbessern. Und hier werden Sie nichts vergleichbar Geniales finden, als das ökonomische Prinzip zu verfolgen.

Bevor wir an Perspektiven denken, erinnern Sie bitte noch einmal, was die ersten Schritte - das Basisprogramm unserer Philosophie - sind:

- Ihr PM ist eingerichtet.
- Die Prozeß-Simulation ist mit Ihren Daten versorgt.
- Ihre Mitarbeiter sind in den Spielregeln geschult.
- Die Aufträge und Materialflüsse sind rückstandsfrei.
- Das relevante künftige Auftrags-, Betriebs- und Versorgungsgeschehen ist frei von Engpässen und Verschwendungen, die 'Grüne Welle' ist realisiert.
- Die Prozeßtreiber kommunizieren direkt mit dem PM und arbeiten entsprechend dem machbaren und damit synchronisierten Arbeitsvorrat.

Alle Kunden-, Lager- und Fertigungsaufträge, alle Ressourcenbelastungen, alle Supply Chains sind für jeden Betroffenen oder Interessierten im Unternehmen und evtl. für ausgewählte Kunden und Lieferanten absolut transparent.

Jetzt haben Sie einen Zustand in Ihrem Unternehmen erreicht, wie es ihn wahrscheinlich noch niemals vorher gegeben hat. Es kann sich der Eindruck breit machen, nun könne man zufrieden sein. Bitte nicht! Denn jetzt geht es erst los, die vielen nun möglichen Potentiale zu realisieren.

Obwohl wir viele weiterführende Ideen haben, werde ich mich im folgenden auf jene Leistungen beschränken, die von PMs über die o.a. Basisfunktionen hinaus bereits heute in Zusammenarbeit mit den Fachbereichen praktiziert werden:

- Sie senken Durchlaufzeiten inkl. Lieferzeiten auf einen Bruchteil der vorher üblichen.
- Bestandssenkungen ergeben sich analog.
- Sie richten Bevorratungsebenen im Materialfluß ein. Vom Lieferanten bis in die Bevorratungsebene (z.B. Baugruppen und Variantenteile) hat die wirt-

schaftliche Herstellung Priorität. Bis hierhin können Sie z.B. preiswerte verlängerte Werkbanken mit entsprechender Kernkompetenz einsetzen, trotz längerer Durchlaufzeit. Ab der Bevorratungsebene hat allein die schnelle Montage für den Kundenauftrag Priorität. Mit dieser Methode sparen sich Variantenanbieter außerdem die hohe Kapitalbindung im Erzeugnislager für alle möglichen Varianten.

- Sie sind also bestrebt, die vielen Millionen Euro Kapitalbindung in Vorräten im Leistungsprozeß so intelligent zu plazieren, daß
  - die Kunden ihren Anforderungen entsprechend beliefert werden und
  - die Kapitalbindung begrenzt bleibt.
- Sie initiieren ein professionelles Variantenmanagement.
- Sie realisieren die von der Unternehmensführung vorgegebene, maximal geduldete Kapitalbindung in Vorräten.
- Sie kümmern sich um einen zeit- und kostengünstigen Materialfluß.
- Bei Anlagenbauern und Sondermaschinen-Herstellern unterstützt das PM die schnelle und vollständige technische Klärung der Aufträge. Die Supply Chain ist hier eine unverzichtbare Hilfe, auch für den Verkauf in seinen Kundengesprächen.
- Sie unterstützen die schnelle, prozeßgerechte Gestaltung der Konstruktionen- und Entwicklungsprozesse inkl. der häufig vernachlässigten Teilestandardisierung.
- Sie dringen auf eine prozeßgerechte flache Aufbauorganisation.
- Sie ermutigen die Prozeßtreiber, kleine Unternehmen in Ihrem Unternehmen zu bilden.
- Sie entwickeln Vorschläge zur unternehmergerechten Bezahlung der Prozeßtreiber, Ihre Davids.
- Sie integrieren die Gemeinkosten (GMK) -Vorgänge in den Leistungsprozeß, dimensionieren die bisherigen GMK-Stellen bedarfsgerecht und steuern dann auch die GMK-Mitarbeiter, wie es bisher nur für die in den Arbeitsplänen identifizierten Wertschöpfer möglich war.
- Sie machen also aus den 'produktiven' Wertschöpfern und den 'unproduktiven' GMK-Mitarbeitern eine Prozeßkette, die ausschließlich aus produktiven Prozeßtreibern besteht.
- Sie plotten Supply Chains für Ihre A-Artikel oder A-Leistungen aus und sorgen für die Wertanalyse der Prozesse.
- Sie identifizieren Kostentreiber und drängen auf deren Bearbeitung.
- Sie geben dem Controlling weit über die heutige Kostenrechnung hinausgehende Kosteninformationen in Richtung Prozeßkostenrechnung und richten ein professionelles Prozeß-Controlling mit Benchmarking ein.
- Das PM ist z.B. ständig auskunftsbereit über Kostenabweichungen in den Prozessen, die Wertentwicklung der Werkstattbestände, etc.
- Sie senken überall Kosten, insbesondere Gemeinkosten.
- Das PM treibt die Prozeßkostenrechnung voran.

- Gemeinsam mit dem strategischen Einkauf treiben Sie die Senkung des Break-even-points in bester Kenntnis der Make-or-Buy-Informationen voran in Richtung „virtuelles Unternehmen".

- Sie dehnen die Gestaltung und Optimierung der Prozesse zu Ihren Lieferanten und Kunden aus und bilden Lieferketten (Supply Chains).

- Sie zeigen dem Verkauf Chancen besonders ertragsrelevanter Aufträge, die alternativ freie Kapazitäten und/oder Bestände ohne Bedarfe nutzen.

- Sie bieten an, verschiedene Produktmixe zu simulieren, um jenes Mix herauszufinden, welches den größten Ertrag bringen würde.

- Das PM wirbt im ganzen Unternehmen für die konsequente Prozeß- und damit Kundenorientierung auf der Basis des ökonomischen Prinzips.

Was das PM in Ihrem Unternehmen tun soll oder darf entscheiden Sie selbst, nachdem die Basisfunktionen erfolgreich realisiert sind.

Weitere bereits durchdachte Leistungen werden zur Zeit in der Praxis getestet. Alle basieren auf der durchgängigen Transparenz des gegenwärtigen und künftigen Unternehmensgeschehens inkl. der Prozeßkosten.

Trotz der vielen großartigen Erfolge wissen unsere Kunden und wir, daß wir erst am Anfang der Möglichkeiten stehen, die uns diese Philosophie bietet. Welche Chancen für alle, die die Basisfunktionen bereits realisiert haben und jetzt zügig die bereits praxiserprobten Perspektiven nutzen.

24   Voraussetzungen für den Erfolg

Die wichtigste Voraussetzung für den Erfolg ist die aktive, vorbehaltlose Unterstützung dieser neuen Organisation durch die Unternehmerführung. Es darf im Unternehmen kein Zweifel aufkommen, daß die Unternehmensführung dieses intelligente Unternehmen zügig realisieren <u>will</u>.

Denn es werden Veränderungen der Ablauf- und Aufbauorganisation durchgeführt, die nicht jedem gefallen. Der Erfolg wird erfahrungsgemäß weniger durch sachliche Aufgaben als durch emotionale Widerstände aufgehalten.

Da gilt es seitens der Unternehmensführer aufzuklären und durchzuhalten. Unbelehrbare „Reichsbedenkenträger" müssen notfalls isoliert werden.

Sachliche Argumente, diesen Weg nicht zu gehen, sind dem Verfasser bisher nicht bekannt geworden.

Schließen wir mit der Antwort des Herrn Burda an seinem 70. Geburtstag auf die Frage:

„Was ist Erfolg?"

**„Erfolg hat man mit einer guten Idee,
mit dem Entschluß, diese Idee zu realisieren,
und der Kraft, diese Idee zum Erfolg zu führen."**

Sie werden die Basisfunktionen dieser Reorganisation (PM plus Simulation) nach erfahrungsgemäß ca. sechs Monaten realisiert haben und im praktischen Einsatz erleben.

Dann arbeitet Ihr Unternehmen rückstands- und engpaßfrei und damit termintreu mit deutlich weniger Ressourcenbedarf und viel höherer Produktivität.

Auf dieser Basis werden Sie Ihren Wettbewerbern innerhalb Jahresfrist in Ertrag, Schnelligkeit, Flexibilität und Produktivität davongelaufen sein. Eine positive, kämpferische, von Vertrauen getragene Kultur wird sich in Ihrem intelligenten Unternehmen immer weiter entwickeln.

Das durchgängige, ertragsrelevante Tunen Ihres gesamten Leistungsprozesses (Y) wird niemals enden!

Stellen Sie Ihren PM-Chef frei für Tuningaktivitäten in Ihrem Unternehmen! Wenn Sie die richtige Person ausgewählt haben, wird er Ihnen mit Ihren weiteren positiven Kräften Ihres Unternehmens auf viele Jahre erstaunliche Verbesserungen in Schnelligkeit, Flexibilität, Qualität und Ertrag einfahren.

Rechnen Sie aber auch damit, daß diese Person - der Chef Ihres PM - in dieser Funktion persönlich und fachlich sehr schnell wächst und 'ministrabel' wird.

Die abschließende Frage: „Funktioniert diese einfache Logik?" brauchen Sie sich nicht mehr zu stellen. Der beschriebene, zuhöchst lukrative Weg ist in der Praxis zigfach erprobt.

Es bleibt nur die Frage an Sie:

„Wollen Sie das?"

„Wenn ja, werden Sie es schaffen!"

Die erfolgreichen PMs bestätigen ständig die These von Edward de Bono:

**„Was wir tun, verhält sich zu dem, was wir tun könnten,
wie die Wellen des Ozeans zu seiner unendlichen Tiefe!"**

25 Wirtschaftlichkeitsbetrachtungen

Eine Reorganisation nach der Wassermann-Philosophie ist derart ertragsrelevant, daß sich die Investitionen dafür in wenigen Monaten amortisieren. Nichts geht über das ökonomische Prinzip!

Diese Reorganisation greift genau dort, wo das größte Ertragspotential in den Unternehmen steckt, im Leistungsprozeß auf dem Leistungs-Ypsilon, im Auftragsdurchlauf und Materialfluß.

Wenn Sie die Potentiale erinnern, wird deutlich:

- Termintreue setzt rückstandsarme Leistung voraus. Das im Rückstand gebundene Kapital in Vorräten (30 % der aktiven Vorräte) verschwindet.
- Halbierte Durchlaufzeiten halbieren die aktiven Vorräte. Überschlagen Sie allein den gewonnenen Zins und den Platzgewinn!
- Die gewollte Steuerung aller Bestände inkl. der Sicherheitsbestände und Losgrößen wird die verbliebenen Vorräte noch einmal um mindestens 30 % senken. Welche weitere Zinseinsparung?
- Halbierte Lieferzeiten und die Termintreue machen Sie am Markt stärker. Mehr Umsatz? Bessere Preise? Weniger Verzugsstrafen?
- Termintreue Davids liefern sich synchronisiert im Kunden-/Lieferantenverhältnis zu. Rechnen Sie mit mindestens 10 % zusätzlicher Produktivität!
- Ihre Produktentwicklung wird schneller und termintreu.
- Sie werden mit deutlich weniger Hierarchie auskommen. Das sind nicht nur die Personalkosten. Sie werden obendrein schneller und flexibler!
- Sie gestalten Ihre Aufbauorganisation prozeßgerecht.
- Der Krankenstand sinkt, weil den Mitarbeitern die Arbeit wieder mehr Spaß macht. Sie fühlen sich aufgewertet, mit Recht wichtig.
- Sie wandeln Gemeinkosten in Einzelkosten und fahren sie runter.
- Sie integrieren die Gemeinkosten in Ihren Leistungsprozeß.
- Sie senken Ihren Break-even-point durch geschickte Auswärtsvergaben (virtuelles Unternehmen).
- Sie optimieren Ihren Leistungsprozeß über Ihr eigenes Unternehmen hinaus zu Ihren Lieferanten und Kunden (Supply Chain Management).
- Ihre Mitarbeiter beginnen immer mehr, in Prozessen zu denken. Das 'Ab-teilungsdenken' hat keinen Platz mehr.
- Die Gemeinkosten sinken ständig, die Kostentreiber sind identifiziert.

- Die Software-Landschaft ist als strategische Waffe effizient und transparent gestaltet.
- Ein unternehmerisches Entlohnungssystem setzt die brach liegende Produktivität der Basis frei. Sie werden viel mehr Verbesserungsvorschläge bekommen.
- Auch die vorgelagerten Bereiche wie Konstruktion und Arbeitsplanung können sich prozeßgerecht organisieren:
    - - Sie sollten sich zu Technologie-Teams vereinen,
    - - die Teilestandardisierung vorantreiben und
    - - die teuren Teile zum Schluß einlaufen lassen (Wertauflaufkurve).
- Das ökonomische Prinzip ist in Ihrem Unternehmen begriffen. Die Ressourcen werden systemimmanent immer flexibler. Sie finden immer mehr zu jenem Auftragsmix, der Ihnen den größtmöglichen Ertrag bringt.
- Mit Ihrem Prozeßmanagement haben Sie das ständige Tuning Ihres gesamten Leistungsprozesses institutionalisiert. Das PM sorgt ständig für kreative, ertragsmaximierende Unruhe im Unternehmen. Zunehmend denken alle kundenorientiert in Prozessen.
- Sie können jetzt die Stärken des größeren Unternehmens (Goliath) mit der Beweglichkeit des kleinen Unternehmens (David) kombinieren. Endlich können Sie im Wettbewerb mit Ihrer ganzen Markt- und Finanzmacht ähnlich schnell, flexibel, produktiv und kostengünstig wie ein Kleinunternehmen agieren.

Sie erhalten sich zu der jetzt erreichten Transparenz und Beweglichkeit der kleinen Davids zusätzlich die Vorteile des mächtigen finanzstarken Goliath. Sie bekommen billigere Kredite als die Kleinen, zahlen weniger für Ihre Zukaufteile und verfügen über einen Verkauf, der den Markt kennt. Der Markt kennt Sie und schätzt Ihr Unternehmen.

Können Sie sich vorstellen, welches Unternehmen schneller, flexibler und ertragsstärker sein sollte als das Ihre, wenn Sie Ihr Unternehmen der Wassermann-Philosophie entsprechend organisieren?

Sie werden längst erkannt haben, daß allein die zu erwartenden, quantifizierbaren Nutzen so interessant sind, daß die Kosten der Reorganisation dagegen verblassen. Sie betragen erfahrungsgemäß deutlich weniger als die quantifizierbaren Nutzen eines halben Jahres.

Wenn organisatorische Investitionen im Wettbewerb zu Maschinen- oder Entwicklungsinvestitionen stehen, sollten Sie sich die strategische Dimension von Verfahrensinnovationen vor Augen führen.

- Produktinnovationen lassen sich relativ schnell kopieren.
- Verfahrensinnovationen bieten dagegen dauerhafte, strategische Wettbewerbsvorteile. Sie werden nicht schon im voraus, etwa aus Patentschriften bekannt, sondern frühestens, wenn Ihre Kunden Ihren Wettbewerbern davon erzählen.

- Verfahrensinnovationen sind wesentlich schwerer und langwieriger zu kopieren.

- Ganz besonders hervorzuheben ist die deutliche Veränderung der Unternehmenskultur. Dank der neuen Transparenz versachlichen sich die Diskussionen. Die Menschen, insbesondere die Mitarbeiter im Leistungsprozeß und die jung gebliebenen kompetenten Führungskräfte können qualifiziert mitreden, sind aufgewertet. Es macht ihnen viel mehr Spaß, ihre Arbeit zu tun und ihre Ideen einzubringen.

Trotzdem können Sie nicht ganz ausschließen, daß Sie ein Wettbewerber mit einer noch attraktiveren Leistung, als Sie sie bieten, vorübergehend überholt.

Mit Ihrem die Menschen in den Vordergrund stellenden, intelligenten Unternehmen haben Sie die besten Chancen, diesen Vorsprung Ihres Wettbewerbers sehr schnell auszugleichen und ihn nun Ihrerseits mit Ihrem Vorsprung zu überraschen.

Die Investition für das intelligente Unternehmen amortisiert sich zwar in wenigen Monaten. Sehen Sie bitte mindestens gleichgewichtig die besondere strategische Chance, die in Ihrem intelligenten, konsequent kunden- und ertragsorientierten Unternehmen steckt.

Mit der Wassermann-Philosophie schaffen Sie sich die ertragsstärkste Organisation, die man sich nach Erkenntnissen weltweit führender Betriebswirtschaftler auf absehbare Zeit vorstellen kann.

Wann war es jemals so leicht, auf der Basis einer durch und durch logischen und leicht nachvollziehbaren Reorganisation

**ein dauerhaft ertragsstarkes,
schnelles, flexibles und
kundenorientiertes Unternehmen**

zu realisieren?

Den Führungskräften des intelligenten Unternehmens ist bewußt, daß ihre Wettbewerber ähnliche Probleme und Aufgaben bewältigen müssen, um zu bestehen.

Sie wissen, sie müssen die Chancen im eigenen Unternehmen und die im Umfeld (Interessenten, Kunden, Lieferanten, Kapitalgeber, u.a.) nur etwas besser nutzen als der Wettbewerber, dann hat ihr Unternehmen gewonnen.

Kennen Sie folgende Geschichte?

Zwei TOP-Manager entspannen sich auf einer Mehrtages-Wanderung in Alaska. An einem Nachmittag machen sie an einem Waldrand Rast. Sie wollen gerade aufbrechen, da schreitet der schwerbewaffnete Förster aus dem Wald und warnt unsere beiden wandernden Manager, durch diesen Wald zu gehen. Es gäbe darin einen menschenfressenden Bären.

Dummerweise liegt die für die Nacht vorgebuchte komfortable Herberge genau auf der anderen Seite des Waldes. Ein Umwandern des Waldes ist nicht möglich. Also entscheiden sich die beiden für das Durchschreiten des gefährlichen Waldes. Schließlich hatten sie in ihren Jobs schon ganz andere Probleme lösen dürfen.

Nach einigen 100 Metern hören die Manager hinter sich ein lauter werdendes Knacken im Unterholz. Einer von beiden tauscht sofort seine schweren Wanderschuhe gegen die für den Abend vorgesehen Turnschuhe.

Der andere bleibt verwundert stehen und fragt: „Glaubst Du denn etwa, Du bist mit Deinen Turnschuhen schneller als der Bär?"

Antwortet der intelligente Unternehmer: „Das ist gar nicht nötig. Ich muß nur schneller sein als Du!"

Genau darauf kommt es an. Im ähnlichen Umfeld die Chancen besser nutzen als der Wettbewerber. Ihnen dazu Anregungen zu geben, ist der Zweck dieses Buches. Ich freue mich auf einen Dialog mit Ihnen.

Literaturverzeichnis

DE BONO, Edward
Denkschule - Zu mehr Innovation und Kreativität
mvg verlag
ISBN 3-478-07000-7

DEDERER, Günter
Das leise Lächeln des Siegers
Was wir von Japan lernen können
Econ-Verlag
ISBN 3-430-12312-7

GOLDRATT, Eliyahu M. / COX, Jeff
Das Ziel - Höchstleistung in der Fertigung
McGraw-Hill Book Company GmbH, 1984
ISBN 3-89028-077-3

GOLDRATT, Eliyahu M. / FOX, Robert E.
The Race
North River Press, Inc., 1986
ISBN 0-88427-062-9

KAIZEN, Masaaki Imai
Der Schlüssel zum Erfolg der Japaner im Wettbewerb
Wirtschaftsverlag Langen Müller/Herbig, 1992

PETER, Lorenz
Das Peter-Prinzip oder die Hierarchie der Unfähigen
Rowohlt Taschenbuchverlag

VAHLFELD, Hans Wilhelm
Japan - Herausforderung ohne Ende
Deutsche Verlagsanstalt
ISBN 3-421-06538-1

VERLAG Wolfgang Mewes
Die kybernetische Managementlehre (EKS)

WASSERMANN, Otto
Erfolgsfaktor Durchlaufzeiten
Verlag TÜV Rheinland, 1989
ISBN 3-88585-699-9

WOMACK, James P. / JONES, Daniel T. / ROOS, Daniel
Die zweite Revolution in der Autoindustrie
Campus Verlag Frankfurt/Main, 1991
ISBN 3-593-34548-X

Sachverzeichnis

Druck: Mercedesdruck, Berlin
Verarbeitung: Buchbinderei Lüderitz & Bauer, Berlin